上海财经大学上海国际金融中心研究院(SIIFC)系列丛书
Shanghai University of Finance and Economics Shanghai Institute of International Finance Center Series

金融观察与评论

Financial Survey and Review

(2019年第2辑)

上海财经大学上海国际金融中心研究院　**编著**

上海财经大学出版社

图书在版编目(CIP)数据

金融观察与评论. 2019年. 第2辑/上海财经大学上海国际金融中心研究院编著. —上海:上海财经大学出版社,2020. 12
(上海财经大学上海国际金融中心研究院(SIIFC)系列丛书)
ISBN 978-7-5642-3677-9/F·3677

Ⅰ. ①金… Ⅱ. ①上… Ⅲ. ①金融—研究—中国—2019 Ⅳ. ①F832

中国版本图书馆CIP数据核字(2020)第218532号

责任编辑:刘　兵
封面设计:张克瑶

金融观察与评论　2019年第2辑

编　　著: 上海财经大学上海国际金融中心研究院
出版发行: 上海财经大学出版社有限公司
地　　址: 上海市中山北一路369号(邮编200083)
网　　址: http://www.sufep.com
经　　销: 全国新华书店
印刷装订: 江苏凤凰数码印务有限公司
开　　本: 787mm×1092mm　1/16
印　　张: 12.25
字　　数: 253千字
版　　次: 2020年12月第1版
印　　次: 2020年12月第1次印刷
定　　价: 45.00元

金融观察与评论

Financial Survey and Review

序　言

上海财经大学上海国际金融中心研究院(简称研究院)作为上海高校智库,紧密对接国家和上海的重大发展战略,开展持续深入的研究。为了汇集校内外众多专家、学者的智慧,研究院搭建了开放的协同研究平台。自2015年起,研究院结合自身研究领域,每年安排专项经费用于其自设课题的研究。自设课题由研究院专家团队及其学术委员会成员提出建议,并经学术委员会审定后对外发布、公开招标,支持校内外的优秀研究团队围绕研究院精心筛选的重大课题展开研究。其中,“一带一路”倡议、长三角一体化建设以及上海国际金融中心建设均是研究院重点关注的几个领域。本期挑选的四篇研究报告,分别在上述领域展开了深入研究,并提出了相应的建议。

研究院副院长谈儒勇负责的课题对我国民营企业参与“一带一路”建设进行了深入分析。课题组结合现状展开了细致分析,发现由于我国金融机构在“一带一路”沿线的布局步伐较慢,能够为民企提供的跨境金融服务有限,加上民企自身存在的各种问题,导致民企既得不到投资所在地金融援助,又难以从国内获得相应支持。最主要的问题是现有金融格局与民企需求的不匹配,具体表现为:现有金融体制更倾向于为大企业及国企服务,相对缺乏服务于民企的政策性金融机构,金融机构的海外布局不适应民企的需要,银行的强避险意识、金融的强监管减缓了民企“走出去”的脚步,国内民企的高债务及高杠杆限制了其海外融资,等等。针对以上问题,课题组提出了加大针对民企的金融服务供给、提升金融对沿线的辐射力、加大金融服务创新、补足中长期出口信用保险“短板”、注重金融基础设施先行等建议。

研究院客座研究员、上海海事局海事技能训练中心主任王勇负责的课题对上海国际金融中心与上海国际航运中心、上海自由贸易港如何联动发展进行了深入研究。课题组首先介绍了两个中心的发展现状,探讨阻碍航运金融建设发展的深层次问题,然后通过分析自由贸易港有关改革创新的举措,提出上海国际金融中心支持航运中心建设的对策及建议。

研究院客座研究员、上海财经大学教授吴一平负责的课题对长三角科创一体化建设进行了深入分析。课题组首先基于十八大以来党中央出台的各项战略规划和方针政策分析了长三角科创一体化建设的背景。然后从长三角区域协同创新的顶层框架设计、资源开放共享机制、地区间优势互补机制、要素顺畅流动机制和渠道等方面分析了长三角地区科创一体化的建设现状,在此基础上对于建设成效进行了评判。课题组分析了长三角科创一体化建设中存在的短板和瓶颈,在借鉴国内外发展经验的基础上,提出了切实可行的改革措施。

研究院数据库主任闵敏负责的课题,主要从银行间债券市场跨市场风险传染的角度分析了银行面临的系统性风险。课题组从我国银行间债券市场微观结构的视角出发,利用各类数量化工具对银行间债券市场的风险度量和传染方式进行了分析,在此基础上提出了相应的监管对策及建议。

谨此代表研究院感谢上述专家的精辟分析与精彩观点,以及社会各界专家一直以来对研究院的鼎力支持!期待更多的专家、学者能够参与到研究院的决策咨询研究中来,为国家及上海发展贡献真知灼见!

马文杰

上海财经大学上海国际金融中心研究院副院长

2020 年 4 月 24 日

目　　录

民企参与“一带一路”倡议的金融支撑研究

◎ 谈儒勇[①]

摘要：当下，民企无论是响应国家号召还是出于自身发展需要，都有参与“一带一路”建设的意愿。但是，相对于央企、国企，民企更容易遇到金融瓶颈问题。由于我国金融机构在“一带一路”沿线的布局步伐较慢，能够为民企提供的跨境金融服务有限，加上民企自身存在的各种问题，导致民企既得不到投资所在地金融援助，又难以从国内获得相应支持。最主要的问题是现有金融格局与民企需求的不匹配，具体表现为：现有金融体制更倾向于为大企业及国企服务，相对缺乏服务于民企的政策性金融机构，金融机构的海外布局不适应民企的需要，银行的强避险意识、金融的强监管减缓了民企“走出去”的步伐，民企国内的高债务及高杠杆限制了其海外融资，等等。针对以上问题，课题组认为民企参与“一带一路”建设离不开金融力量的支持，因此需要加大金融供给侧结构性改革，构建有效的金融支撑系统，包括加大针对民企的金融服务供给、提升金融对沿线的辐射力、加大金融服务创新、补足中长期出口信用保险“短板”、注重金融基础设施先行等。

一、引　言

国家信息中心“一带一路”大数据中心发布的《“一带一路”大数据报告(2017)》显示，在“一带一路”影响力排名前50的企业中，民企占42%，民企已成为“一带一路”建设的主力军。

当前，民企参与“一带一路”的热情高涨，许多民企通过自身的业务拓展和品牌宣传，在“一带一路”沿线国家的影响力开始显现。从涉及的行业来看，制造业、建筑业、农业等是民企的重点分布领域。与国企相比，民企在“一带一路”沿线的投资更加灵活，对一些产业机会的捕捉也更加敏锐。例如，民企在很多“一带一路”沿线国家中标了公用事业和大型基建项目，其中不乏公路建设、轻轨建设、大型火电厂建设等优质项目。这些主要得益

① 谈儒勇，上海财经大学上海国际金融中心研究院副院长，上海财经大学金融学院副教授。

于民企领导人在当地市场的人脉关系和快速决断的能力。

但是，民企参与“一带一路”的进程仍处于初级阶段，大部分企业存在单打独斗的现象，并且自身普遍存在一些问题，制约了金融资源的获得。一是民企的抗风险能力不强。相比于国企，民企在信用评级和担保抵押上处于劣势，许多民企在海外的资产不能抵押，而国内资产规模又不够，难以获得银行的融资服务。二是民企对外投资存在一定盲目性。一些民企在对沿线国家整体情况了解不透的情况下贸然进行项目投资，自身风险认识和管控能力不强。

二、文献综述

（一）关于金融支持“一带一路”建设的研究

“一带一路”建设对资金的需求是巨大的，金融在其中的作用十分明显。上海作为中国的金融中心，应当为该战略的推进提供必要的金融支持。贾儒楠和韦娜（2016）通过分析“一带一路”建设中金融的地位与作用，总结了金融支持“一带一路”建设的现状与问题，并在此基础上，提出金融支持“一带一路”的若干建议，主张加快跨境人民币业务政策创新、完善金融机构支持体系，将自贸区金融支持模式复制或辐射至“一带一路”沿线国家，加强与“一带一路”国家的金融市场合作等。杨枝煌（2015）提出“一带一路金融＋”战略构想，指出“一带一路”沿线国家存在政府管控、利率市场化程度低、金融产品同质化、金融服务低端化等金融压抑现象，但其发展又存在大量金融需求，因此主张以制度锚定“一带一路”金融合作发展，从文化制度上创建“一带一路”金融生态基础。

在类似“一带一路”建设的非纯商业行为中，研究者对政策性金融和开发性金融的作用较为关注，对二者作用的讨论也较多。“一带一路”建设中大部分项目早期商业利润不显著，因而政策性金融的先发带头、引领后续资本和金融服务跟进的作用就显得尤为重要。在国外，日本学者小滨裕久和奥田英信等认为政策性金融作为金融体系的组成部分，对经济社会发展有着不可或缺的重要作用（瞿强，2000）。政策性金融作为市场与政府的“巧妙结合体”，具有弥补市场失灵、优化资源配置等重要作用。政策性金融体现了政府从事国际经济活动的战略和意图，作为参加国际竞争的工具，是国内政策在国际的延伸。Dimitri Vitass 和 Akihiko Kawaura（1995）认为，日本政策性金融机构在企业对外投资过程中扮演着重要的角色，同时日本金融支持体系不同于欧美，这些都是日本经济快速提升的重要原因。Chalmers Johnson 等（1989）通过深入分析政府在金融系统中的重要作用，认为具有战略眼光的政府是非常重要的，日本之所以可以源源不断地将资金从传统部门转移到新兴部门，是因为其中政府部门以及日本政策性金融机构起到了中流砥柱的作用。国内也较早对政策性金融支持企业“走出去”进行了研究。黄人杰（2007）从提高政策性金融对跨境投资企业支持成效层面，提出“走出去”企业金融支持模式要以政策性金融为主，同时利用与商业性金融之间的互动关系，发挥其带动作用，带动社会资金进入经营业绩好的"走出去"企业，提出政策性金融带动民间金融，发挥政策性金融杠杆作用的模式。卓丽洪(2016)则指出，政策性金融机构在各国金融体系中已成为一种典型的制度性安排，主要发达经济体如美国、德国、日本、韩国等都建立了政策性金融机构支持本国企业和产业"走出去"的制度框架，服从且服务于国家战略和产业发展的实际需要，其职能跟随国家战略及全球形势变化动态调整，区域布局和产业战略都比较清晰。因此在"一带一路"背景下，中国应当充分借鉴吸收各国政策性金融机构支持企业和产业"走出去"的经验，重新定位中国政策性金融机构的功能，创新金融支持模式，进一步发挥政策性金融机构在支持企业和产业"走出去"中的引导和促进作用。丁铭军(2010)认为，政策性金融对企业"走出去"的支持主要体现在：第一，政策性银行可提供低成本资金，以增加资本供应量，同时还可以降低中国企业对外直接投资的整体融资成本；第二，政策性金融可以先行支持并引导商业性金融加大支持力度，在两方面共同作用下，最终引导其他资金积极参与支持企业"走出去"。

开发性金融作为政策性金融的深化和发展，能够更好地适应"一带一路"特点和中国的发展目标。蒋志刚(2014)和王剑(2015)都认为开发性金融在"一带一路"建设中具有重要作用，前者还特别指出交通和基础设施建设是"一带一路"建设的重点，而金融合作是弥补巨大资金缺口的重要举措；同时他也指出目前包括中国在内的"一带一路"沿线国家金融发展水平相对较低，金融合作层次不深，缺乏大局意识和长远眼光，金融合作仍需较长期的努力。赵志刚(2015)指出"一带一路"需要基建融资、贸易融资、人民币结算和保险服务等金融服务，并据此提出壮大开发性金融、完善多元化的筹资模式、加快人民币国际化和推动跨境保险业发展等政策建议。综上所述，在上海国际金融中心建设过程中，应当重点关注政策性金融的作用，支持中国企业"走出去"，带动更多资本投入"一带一路"建设。

此外，还有一些文献强调金融供给与需求的匹配。卢峰等(2015)指出，"一带一路"倡议需要构建针对性、差异化、多元化和综合性的金融服务支撑体系。郑联盛(2019)认为，根据国家、市场、产品、客户、项目等不同，沿线经济体存在差异化、多元化和技术性的金融服务需求。例如，出口信贷、债券发行、股权投资、信用增级、信息咨询、监管合规、法律及会计等金融支持和专业服务，这些需要专业性金融或工商服务机构提供金融服务及相关支持。从"一带一路"金融服务全流程看，"一带一路"建设中典型的金融服务需求基本覆盖项目运作的全流程，同时与宗主国和东道国的金融、贸易与投资关系紧密相连。主要表现在六个领域：一是基础设施的投融资需求；二是贸易融资的金融服务需求；三是产业投资需求，特别是外商直接投资的相关金融服务需求；四是发展融资需求，特别是软贷款、技术援助、赠款等，包括教育、环境保护、医疗卫生以及减贫等；五是金融市场和服务双向开放等制度性需求；六是金融基础设施与金融政策合作协调的需求。

"一带一路"倡议项目的融资规模巨大，金融服务需求非常多元化，亟待一个完善的金融服务供给体系与之相对应。但是,从目前"一带一路"倡议项目建设的金融服务供求匹配看,金融服务供给体系整体难以匹配多元化的金融服务需求,尤其是巨大的投融资需求(郑联盛,2019)。

(二)关于"一带一路"金融合作与风险防范的研究

"一带一路"建设具有开放合作的精神。朱显平和邹向阳(2006)在国内较早提出新丝绸之路经济带构想,他们认为新丝绸之路是中国与中亚国家的带状经济合作体,其目的是实现中国与中亚国家的经济发展和带动效应;推动建设"丝绸之路经济带",有助于中国和中亚国家化解全球化风险,更好地参与到全球化建设中,以实现中国和中亚国家经济健康发展。翟崑(2015)考察了"一带一路"倡议的源起并评估了其初步效应,肯定了取得的成绩,但也提出了存在的诸多问题,今后需要不断调整优化。总体来看,"一带一路"建设所体现的正是中国变通发展、兼顾矛盾、突破困境的外交辩证法。但是面对"一带一路"建设的快速发展,西方难免产生忧虑,担心其成为第二个"马歇尔计划"。在国外,Theresa Fallon(2014)认为中国"一带一路"的地缘政治目标在于转向欧洲,以此来降低对美国的依赖。Patrick Burnso(2015)认为"一带一路"倡议或许是中国试图在北极圈加强影响的行为,而这一行为将会深化"太平洋沿岸地区"的含义。面对西方的质疑,中国学者也进行了有力的回应。金玲(2015)指出"一带一路"与"马歇尔计划"存在根本差别,前者以共同发展为根本属性,后者能为前者的实施提供正反两方面的经验和教训。刘卫东(2015)分析了"一带一路"与经济全球化及世界格局变化的关系,剖析了其空间内涵,认为"一带一路"具有多重空间内涵和跨尺度特征,是统筹中国全面对外开放的重大举措。

在"一带一路"建设中,跨境合作是必然手段,而金融合作又是其重要组成部分。从国际经验看,一国的金融发展水平和效率历来是影响同其他国家经贸合作的关键因素。李娅(2014)通过分析后金融危机时代背景下金砖国家金融合作现状,指出稳定和健康的金融合作体系会对实体经济产生显著的促进作用。徐义国(2014)研究得出金融贡献机制的优化和协同是区域经济金融化和体系化的重要前提。厉无畏和许平(2014)认为如何利用金融合作与创新为丝绸之路经济带的建设提供资金是我国深化国际金融合作面临的首要问题,并从建设区域金融中心、设立自贸区、发展互联网金融和推动金融产品合作创新四个方面指明未来发展路径。杨久源(2011)在分析了欧洲、拉美、东亚区域金融合作实践成果的基础上,指出构建国际金融合作体系在减少区域金融风险、防止金融问题累积对宏观经济效率构成破坏等方面具有不可替代的作用。他同时指出,中亚国家间的金融合作是维护国家间经济与能源安全的重要途径。

"一带一路"沿线风险较高,上海国际金融中心建设理当为相关企业的风险防控提供支持。孙亚(2009)研究发现,由于宣传不足、企业自身风险意识不强以及国内出口信用保险公司能力弱等原因,导致中国对"走出去"企业的政策性保险渗透率较低。因此,政府应当强化“走出去”企业的风险意识，上海可以设立专项基金用于“走出去”企业特定项目的保险，上海政府也可以联系协调“走出去”企业注册所在地的各级地方政府给予适当保费补贴。由于“一带一路”沿线经济政策不确定性大，双边协议成为一种有效的事前鼓励措施。宗芳宇等（2012）强调双边投资协定的重要性，研究发现双边投资协定对母国企业直接投资进入东道国市场具有促进作用，并能弥补东道国制度环境的不足。同时，当投资母国的制度环境对本国企业对外直接投资的支持不均衡时，双边投资协定能够显著促进非国有企业在东道国的投资。李平等（2014）基于制度距离的视角研究了双边投资协定对中国对外直接投资的影响，发现制度距离对中国对外直接投资的流出具有抑制作用，但双边投资协定的签订促进了中国企业“走出去”，即双边投资协定的签订对制度距离的抑制具有明显的反向调节效果，对对外直接投资的影响也存在显著的国别差异。

企业在“走出去”过程中不可避免产生对各类金融服务的需求。王雅丽和刘洋（2015）通过研究那些为对外投资企业提供境外金融服务的金融机构，发现为企业提供境外金融支持已经成为金融机构新的业务增长点，同时强调了银行在支持对外投资方面存在的优势以及政府引导银行支持对外投资的重要性。针对“一带一路”沿线国家风险较高的情况，路兰新和刘广（2012）通过考察国外企业“走出去”的经验，认为德国、日本、印度等国在“走出去”的过程中金融服务到位，并且政府提供的专项基金、法律咨询服务、信息咨询服务以及宽松的融资条件等，使得这些国家的企业在“走出去”过程中比较顺利，值得中国借鉴。因此，中国应加大政府扶持力度，助力企业对外直接投资。

当然，在支持“一带一路”建设中，中国金融也能够得到反哺从而实现较快发展。以人民币国际化为例，Chen（2010）认为人民币作为一种新兴经济体货币，其潜力得到中国经济快速增长的支撑，从中可以观察到中国金融市场发展和开放的双方面加强。黄卫平和黄剑（2015）指出“一带一路”有助于人民币从周边化发展到区域化，最终实现国际化。保建云（2015）指出“一带一路”为人民币国际化提供了历史机遇，但人民币在“走出去”过程中仍然面临着诸多不确定因素。

（三）关于上海参与和支持“一带一路”建设的研究

大部分研究者认为“一带一路”倡议能够与上海自身发展有机结合，实现与“一带一路”沿线国家的双赢。姜睿（2015）从上海在“十三五”期间积极参与“一带一路”建设的基本逻辑出发，研究了上海在其中的角色定位，指出应当以“一带一路”建设、上海“四个中心”建设和自贸区建设为三个支撑点，构建具有战略意义的“三角互动关系”，上海应该在参与“一带一路”建设过程中将这三大战略有机融合、相互促进。邹磊（2016）认为上海作为中国海陆双向开放的重要节点具备区位优势，自身亦具有综合实力强、国家政策支持、国际化程度高等多方面比较优势，并且特别指出上海在“一带一路”建设中真正的突破方向不在于具体项目，而在于搭建高端、高效的合作平台，创新开放型经济机制，提升自身在全球经济中的话语权。上海市人民政府发展研究中心课题组(2015)指出上海参与“一带一路”建设应当服务于国家战略,发挥区位优势,增加公共产品,共建合作规则,等等。在实际操作中,上海可采取以下原则:分类指导,分步推进,分段出击,流程控制;对接存量,形成增量,盘活原有项目;市场化运作,风险评估与应急预案在先,融资与保险跟进。本课题认为重大项目合作是实质性切入点。

刘乃全(2015)则提出上海服务“一带一路”倡议的时空布局应当结合自身建设全球城市的目标,依托现实基础和比较优势,成为与中国世界地位相适应,能够参与、引领全球化的重要窗口。在具体的服务路径上,他认为上海应当聚焦自贸区、人民币国际化进程、海内外企业服务等,致力改革、开放与创新突破,强化全球资源配置、国际金融中心及资本控制中心的功能,如此能够更好地适应“一带一路”倡议。陈友骏(2017)更加关注技术创新,认为未来上海必须协同推进“一带一路”与上海“四个中心”建设,并系统性地融入“科创中心”战略,强调了上海的科技研发企业应当积极发挥技术主导优势,锁定产业链的技术核心,引领“一带一路”产业链和贸易链。周宇(2017)认为上海参与“一带一路”建设必须利用其国际金融中心的特殊地位,将上海建设成为支持“一带一路”的金融营运中心,在金融对外开放、人民币国际化、金融创新、金融人才培育和金融市场建设等方面全面对接“一带一路”倡议,从而进一步将上海打造成为服务“一带一路”的投融资中心、跨境资金清算中心、金融服务中心、金融大数据中心和金融风险评估中心。

(四)文献评价

从现有文献中正确认识到,“一带一路”建设需要大量的资金支持与融资服务,需要有效的风险管理,也需要保险服务。金融保险业对“一带一路”建设的支持与服务深刻体现其回归服务实体经济的本源。正是在这个意义上,本课题认为上海国际金融中心建设迎来了重要的历史机遇,牵住服务“一带一路”倡议这个“牛鼻子”,金融保险业的发展才会步入正轨,自身的风险才能得到有效控制;同时也符合国家战略导向,因而在业务开展、渠道延伸、产品创新、制度建设等方面面临的政策阻力与监管成本相对较低。

关于金融支持“一带一路”建设的研究,相关文献只是泛泛地讨论“一带一路”建设所需的金融支持体现在哪些方面,没有与上海的实际紧密结合。

关于“一带一路”金融合作与风险防范的研究,相关文献主要讨论国家层面的合作,没有考虑地方政府的作为。上海自贸区建设给上海提供了先行先试的机会,上海市委市政府在推进金融中心建设上完全可以步伐迈得更快些、胆子更大些。

关于上海参与和支持“一带一路”建设的研究,相关文献重点探讨了上海在支持“一带一路”建设中的作用,但没有聚焦金融保险业的作用,更没有将金融保险业在“一带一路”建设中发挥的作用置于推进国际金融中心建设的大框架、大战略之下。

三、民企“走出去”和参与“一带一路”的形式

当前，民营企业“走出去”已遍布全球多个国家和地区。在东南亚、中亚、南美洲、非洲等地区主要以建设工业园区、开展国际产能合作和资源开发为主；在北美洲、欧洲等地区主要以建立营销网络、设立研发中心为主；在中国港澳地区主要以设立平台和窗口公司为主。总体而言，“走出去”的民营企业主要是在资金、技术、人才、品牌上具有一定优势的大中型企业。中国民营企业基于自身生存发展的需要，采取了不同的方式和途径“走出去”。

（一）建立境外经贸合作区，实现上下游产业和东道国产业集群式协同发展

近年来，民营企业在境外建立的工业园区，已成为助推民营企业特别是中小企业走出去协同发展的重要平台。例如，华立集团在泰国建设的泰中罗勇工业园（2005 年由华立集团与泰国安美德集团在泰国合作开发），经过 13 年的建设和招商，目前入驻的中国企业已超过 100 家，在泰国具有一定的知名度和影响力，为当地带来了大量就业和税收。江苏红豆集团在柬埔寨建设的西哈努克港经济特区，吸引了来自欧美、日本、韩国等国家和地区多家企业入驻，解决了当地数万余人的就业问题。浙江康奈集团在俄罗斯建设的乌苏里斯克经贸合作区，新疆华凌集团在格鲁吉亚建设的华凌国际经济特区和免税工业园等，都为带动中小企业协同“走出去”和促进当地经济发展、解决就业做出了积极贡献。

（二）在境外投资建厂，实现国际产能合作和技术转移

例如，中国泛海集团联手中国电力建设集团，与印度尼西亚本土企业 KBN、KEN 合作，在雅加达努山达拉保税区投资 30 亿美元建设 2×100 万千瓦发电厂项目。福建圣力集团在越南投资建厂，年产钢坯 100 万吨，成为越南大型的钢铁企业。福建福耀集团在美国、俄罗斯等国家建立汽车玻璃生产基地，直接面向终端市场布局产能。河北长城汽车公司在俄罗斯投资建设整车工厂，在保加利亚、厄瓜多尔、马来西亚等 10 余个国家建立散件组装厂。广东华坚集团将国内制鞋业的优势产能和技术与非洲的生产要素优势结合，在埃塞俄比亚自主开发工业园逐步形成制鞋产业集群，不仅解决了当地大量的就业问题，还促进了当地技术的进步。

（三）承接对外工程和劳务合作，提供技术和产品服务，提升当地基础设施建设水平

新疆特变电工公司在塔吉克斯坦、印度、巴基斯坦、赞比亚等国家承接了电网、火电站、太阳能光伏电站等工程项目，把电力建设的节能化、智能化、自动化技术标准和经验带出国门。上海港湾集团将其在软地基处理工程领域的创新技术，向 20 多个国家和地区申请了专利，用科技服务提升了工程建设的附加值。辽宁远大集团依托其建筑幕墙系列产品优势在国际市场承包工程，集团产销规模和技术水平已经连续 8 年位居世界同行业之首。山东青建集团在 30 多个国家和地区开展建筑业工程承包和劳务合作。江苏亨通集团在欧洲、南美洲、南亚、东南亚等地区创建了 9 家海外产业基地及 30 多家营销技术服务

公司，承建了多项国际海洋通信光网工程，为提升东道国的基础设施发展水平做出了积极贡献。

(四)从事境外能矿、农牧等资源开发，延伸自身产业链，实现融合发展

部分民营企业为了延伸自身产业链，从事境外资源开发合作。例如，伊利集团与美国最大的牛奶公司DFA合作在当地建设奶粉生产厂，之后又在新西兰投资建设乳业一体化生产基地。四川新希望集团收购了澳大利亚大型肉牛企业KPC，并建设了万头奶牛牧场等。

总体而言，民营企业走出去呈现出两个鲜明特点：一是机制活。民营企业市场反应迅速、决策高效、善用人才，能很好地把握国际市场稍纵即逝的商业机会。二是民间性。民营企业走出去通过带动当地就业和增加民众收入，赢得民心，是不可忽视的民间外交力量。

四、现状分析

(一)总体情况

1. 贸易方面

“一带一路”建设以来取得的成就离不开民营企业的巨大贡献。2017年，中国民营企业对外贸易额已经占中国对外贸易总额的38.5%，且进口额增速明显高于出口额。与外资企业相比，民营企业的贸易伙伴中“一带一路”沿线国家占比更高，特别是通过跨境电子商务方式进口了大量的特色产品，已经成为我国和“一带一路”沿线国家共同提升双边贸易质量、促进进出口平衡发展的主要力量。在2017年500强民营企业中，有274家参与了“一带一路”建设，实现海外收入(不含出口)7 900多亿美元(中华全国工商业联合会，2018)。根据中国国家信息中心数据统计，2017年民营企业与“一带一路”相关国家的进出口总额达到6 000多亿美元。

2. 投资合作方面

改革开放40年，中国主要以承接国际产业转移的方式参与全球分工，融入全球产业链，为全球市场需求提供服务。在这一过程中，部分民营企业出于各种动机，如拓展海外市场、寻求资源保障、提升研发水平等，已陆续走出国门开展跨国经营，成为中国开展对外投资合作和“一带一路”建设的重要力量和生力军。

《2019中国民营企业“一带一路”可持续发展报告》显示，当被问及是否对海外运营和投资感到满意时，80%的受访企业表示满意。至于满意的原因，近1/3的企业认为海外活动有助于达到预期的经营目标。值得注意的是，32%的受访企业的海外业务推动了其国内业务的发展。海外业务收入占总收入的份额为26%，其中制造业公司海外业务收入占总收入的份额为28%，略高于其他行业。至于不满意的主要原因，是海外业务的不确定

性和信息的不对称，这也是受访企业最关注的问题。

总体而言，民营企业对其海外业绩表示满意，这也可以通过过去三年业务规模的扩大来解释。61%的受访企业已扩大其海外业务，另有32%的企业维持了现有的运营水平。当被问及未来三年的经营规模时，76%的企业认为将会继续扩张，21%的企业则希望保持当年的经营规模。至于抱有信心的原因，一是国际市场不断增长的需求和全球化的政策刺激，这是最重要的驱动因素；二是在全球供应链中的定位；三是企业的多元化，国内市场的激烈竞争也是一个关键因素；四是追求海外有竞争性的劳动力和其他资源，包括东道国较好的营商环境等。

从已有国际化经营的中国企业数量来看，中国民营企业已占到相当比重。《2017年度中国对外直接投资统计公报》数据显示，截至2017年末，中国对外直接投资企业为25 529家。其中，私营企业6 570家，占比25.7%；有限责任公司10 577家，占比41.4%；股份有限公司2 790家，占比10.9%。应该说明的是，有限责任公司和股份有限公司中均包含相当比重的私人资本。从行业领域看，无论是在农业，还是在机床、轻纺、汽车、家电等领域，中国民营企业都体现了相当的国际化活力。以农业为例，截至2017年底，中国共有717家企业在境外设立了851家涉农企业，2017年末的投资存量为173.3亿美元，与"一带一路"倡议提出前相比，翻了两番以上。从主体结构来看，由民营企业设立的境外企业有766家，占企业总数的90%，成为中国农业对外投资合作的中坚力量。但是也要看到，民营企业对外投资规模相对较小，其中民营农业企业对外投资规模仅为国有企业的1/8。又以机床行业为例，过去10多年中，机床工具行业实施了20起海外并购案，主体为民营企业的有8起（中国商务部，2018）。再以轻纺行业为例，埃塞俄比亚华坚国际轻工业城、红豆集团柬埔寨西哈努克港经济特区等项目早已成为中国与东道国互利共赢、共同发展的典范。总之，中国民营企业已经成为中国推动构建新型国际生产网络的重要力量，同时也推动了东道国当地经济发展和工业化进程。

从投资模式来看，民营企业利用并购等方式参与"一带一路"建设热情逐渐高涨。据不完全统计，截至2017年末，中国民营企业在"一带一路"沿线并购项目存量共计700宗左右。2017年，中国民营企业在"一带一路"沿线共计发起并购76起，其中有相当部分已完成交割。从规模看，2017年中国民营企业赴沿线国家和地区收购单个项目平均规模在96万美元左右①。从民营企业并购领域看，分布较为广泛。由于中国民营企业大多从加工制造业起家，并购也是以此为基础扩大企业规模，延伸产业链，其赴沿线国家和地区并购企业主要集中于传统制造业——机械制造、非金属矿物制品、橡胶、食品等行业，并购数约占民营企业赴沿线国家和地区并购总数的60%左右。如近年来浙江吉利控股集团有限公司收购马来西亚的路特斯汽车公司，卓尔航空工业（武汉）有限公司收购捷克空中领

① 根据毕威迪 BvD 统计数据库估算。

袖飞机公司，等等。此外，清洁能源、零售连锁、生物制药等行业的中国民营企业也不断加入海外并购行列中，如上海复星医药(集团)股份有限公司收购印度 Gland Pharma 有限公司，等等。当然，中国民营企业在新型服务业中的跨国经营也在逐步展开。例如，2017 年中国电商企业阿里巴巴集团再度投资 10 亿美元收购东南亚电商平台 Lazada Group，持股比例提高近 1/3，达到 83%；再如，腾讯控股收购印度叫车服务企业 ANI Technologies 股权。从国内省区分布来看，民营企业跨国经营活动在一些地区已成为融入国际分工体系的重要动力。例如，上海市对外直接投资主体构成以民营企业为主。2017 年，全年对外直接投资的民营企业有 482 家，中方投资额达 92.4 亿美元，分别占全部对外投资企业数的 79.3%和总额的 83.4%。再如，在较长时期内，国有企业一直是重庆市境外投资的主体。2000 年，27 家境外投资企业中，民营企业只有 4 家，仅占 14.8%。近年来，随着民营经济的发展壮大，民营企业对外投资日趋活跃。2017 年，民营企业成为重庆市对外直接投资的主力，占比达到 84.2%，成为参与“一带一路”建设的重要力量(中国商务部，2018)。

(二)受访企业情况

2019 年 4—7 月，由全国工商联牵头，各省市区工商联、各直属商会联动，共 917 家民营企业参与了“2019 年一带一路沿线中国民营企业现状问卷调查”(中华全国工商业联合会，2019)。以下是本次调研的主要发现。

1. 企业总体运营平稳良好，对未来发展信心度高

调查显示(见表 1—1)，在海外投资的企业从开始运营至今，超六成企业总体的运营情况比较顺利。其中，31.5%的企业是刚开始面临的困难较多，现在运营的比较顺利；10.4%的企业经营状况不稳定，波动较大；6.4%的企业表示经营一直很困难。

表 1—1　　受访企业从开始运营至今的总体运营情况

总体营运情况	比例(%)
开始困难较多，现在经营的比较顺利	31.5
企业经营一直比较顺利	30.6
开始比较顺利，现在面临的困难较多	12.6
经营状况不稳定，波动较大	10.4
企业经营一直很困难	6.4

资料来源：中华全国工商业联合会(2019)。

依照现有情况(见表 1—2)，83.2%的受访企业对本企业在海外的未来发展持乐观积极的态度，信心水平较高。研究人员进一步将企业发展的信心度与企业现有的运营状况进行交叉分析后发现，经营现状较为顺利的企业对未来信心度更高，而经营现状比较困难或波动较大的企业也有超过一半表示对未来发展有信心。

表 1—2　　受访企业经营现状与未来发展信心度　　单位:%

	总体	一直比较顺利	开始困难较多,现在较顺利	开始较顺利,现在困难较多	经营状况不稳	一直很困难
总计	100	100	100	约 100	100	100
有信心	83.2	96.9	89.8	70.1	61.8	55.9
没有信心	4.7	0.6	1.2	10.4	12.7	20.6
说不清/拒答	12.1	2.5	9.0	19.4	25.5	23.5

资料来源:中华全国工商业联合会(2019)。

2. 多半企业实现增收,企业园区化规模尚有待发展

调查显示(见表 1—3),五成半(54.3%)受访企业在当地国家实现收入增长目标。其中,6.2%企业收入增长超过 30%;另有近三成(27.7%)企业收入增长超过 10%。收入出现较大幅度下降的(收入下降 10%及以上)企业则不足一成(6.7%)。

表 1—3　　受访企业自进驻所在国家以来营收变化情况

变化情况	比例(%)
总计	100.0
下降超过 10%	2.5
下降 10%～30%	4.2
下降不超过 10%	5.3
基本保持不变	26.0
增长不超过 10%	20.4
增长 10%～30%	27.7
增长大于 30%	6.2
不知道/说不清	7.7

资料来源:中华全国工商业联合会(2019)。

此外,自 2013 年"一带一路"倡议提出和实施以来,中国海外园区的建设发展也成为不可忽视的关注点。对于企业建立海外园区的政策鼓励,可追溯到 2005 年商务部相继出台的多项政策,其中就包含鼓励企业"抱团走出去",通过海外园区建设促进中国企业"走出去"。数据显示,截至 2018 年 9 月,中国企业在 46 个国家共建设初具规模的境外经贸合作区 113 家,入园企业 4 663 家。不过,调查显示,园区化尚未成为沿线国家中国民营企业发展的主流模式,在受访企业中仅占比 25.3%。

3. 多半企业实现盈利目标,企业利润率较为可观

半数(50.9%)企业目前处于盈利状态。其中,当年即实现盈利的企业占 19.1%,3 年内实现盈利的累计占比 27.7%,5 年内实现盈利的累计占比 47.9%。需要注意的是,仍

有34.3%企业尚未实现盈利，其中在当地运营5年以上的老企业占比26.9%。

总体来说，企业的利润率也较为可观。图1—1显示，26.6%的受访企业的利润率低于10%，24.5%的受访企业的利润率介于10%～20%，利润率高于20%的企业占比20%，其中有0.4%的受访企业的利润率高于50%。

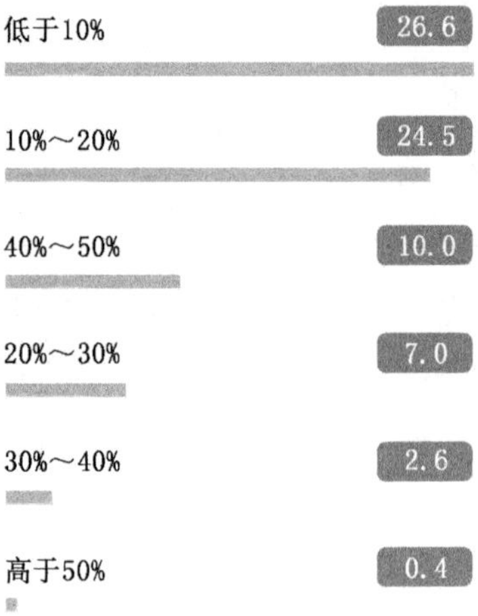

资料来源：中华全国工商业联合会(2019)。

图1—1　受访企业的企业利润率

4. 企业主要面向当地市场生产产品或提供服务，当地员工是主力

受访企业在当地生产的产品或提供的服务主要是面向当地市场，占比为54.5%。同时，有34.9%的企业面向中国市场，35.3%的企业面向其他国家市场。23.4%的受访企业表示其海外业务占总业务量的比例高于50%(见表1—4)。

表1—4　　受访企业海外业务占总业务大致比例

占比情况	比例(%)
低于10%	19.6
10%～20%	12.6
20%～30%	7.5
30%～40%	5.5
40%～50%	4.2
高于50%	23.4
拒答/说不清	27.2

资料来源：中华全国工商业联合会(2019)。

此外，55.3%的受访企业表示，当地员工占据员工数量主流。需要注意的是，仍有29.2%的企业内中国员工数量超过当地员工(见图1—2)。就这一点来说，当地中资企业

的员工比例失衡问题也相对严重。

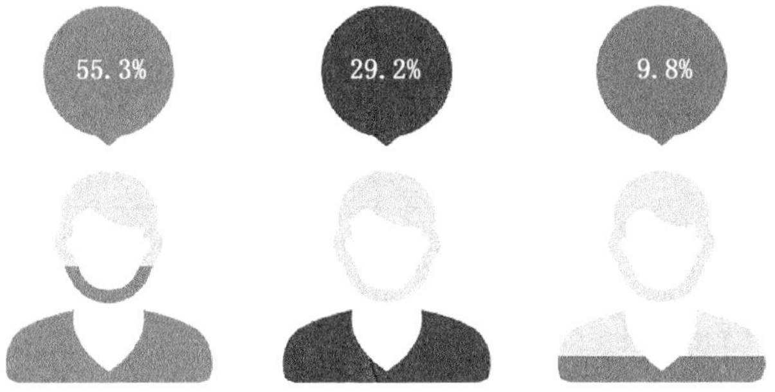

资料来源：中华全国工商业联合会(2019)。

图1－2　受访企业在当地的用工情况

五、问题分析

金融机构，特别是银行，在"一带一路"共建上发挥着不可替代的作用。银行业支持"一带一路"举措成效发布会公布的数据显示，截至2016年底，共有9家中资银行在26个"一带一路"沿线国家设立了62家一级机构。但是在扶持民企"走出去"上，金融服务仍然存在以下几个方面的短板。

(一)融资支持不够

由于民企存在抗风险能力弱、对外投资比较盲目等特点，其"走出去"的风险暴露相较国企要大得多，金融机构出于安全性和自身利益考虑，一般不会支持高风险项目，因此多数民企很难获得银行的融资支持。在这种情况下，银行往往倾向于做一些民企内保外贷的融资业务，或是低风险的完全现金保证下的非融资性保函和信用证业务。

多数民企的信用等级不高，缺乏有效增信措施，加上交易对手及项目自身的风险也较高，致使金融机构为民企服务的积极性不足。

根据中华全国工商业联合会(2019)的问卷调查(见表1－5)，在融资环境方面，企业面临的主要困难在于当地货币利率频繁或剧烈变动造成的经济损失(占比22.8%)，其次是企业在向当地金融机构融资时面临审核或手续方面的困难(占比17.4%)。另外，有超两成企业在跨国支付、转账、申请信贷服务方面面临限制。

表1－5　受访企业工作人员在当地开展涉外经济或金融活动时遇到的情况

遇到的情况	比例(%)
因所在国货币利率冰冻频繁或变动剧烈造成的经济损失	22.8

续表

遇到的情况	比例(%)
企业向当地金融机构寻求融资或信贷服务时面临审核或手续方面的困难	17.4
当地政府对企业跨国支付、转账、外币兑换、资产转移等涉外经济活动加以限制	15.8
因当地法律规定所限,无法顺利地向中国或其他国家金融机构申请信贷等方面服务	8.9

资料来源:中华全国工商业联合会(2019)。

(二)综合服务不强

民企在“走出去”过程中不仅需要金融机构提供融资、内保外贷等基础服务,还需要一位深入了解所在国情况,能够在投资和项目决策上给予综合服务的“金融向导”。但金融机构在“一带一路”沿线的布局不足,使得金融机构无法及时了解和掌握所在国的市场动向和风险变化,制约了其综合金融服务的提供。

“一带一路”沿线国家多为新兴经济体和发展中国家,地区之间经济、金融发展水平参差不齐,其存在的风险对我国金融机构“走出去”的积极性产生了影响。从四大行“一带一路”沿线国家覆盖数来看(见表1—6),工商银行和中国银行网点覆盖的国家数量相对较多,而其他两家银行的分支机构开设较少。中小银行更是受经营战略、机构性质等多种因素的影响,导致其“一带一路”跨境业务还停留在起步阶段。另外,经过两年的发展,网点布局的扩张仍然较为缓慢,满足不了“一带一路”快速推进的需要。

表1—6　　四大行“一带一路”沿线国家覆盖数　　单位:个

	截至2019年4月	截至2017年4月
工商银行	21	18
农业银行	6	4
中国银行	24	20
建设银行	8	6

注:“一带一路”沿线包含65个国家(除中国外)。该表数据为覆盖“一带一路”的沿线国家数,而非开设的分支机构数。

资料来源:根据公开资料整理。

(三)政策扶持不够

金融机构对民企“走出去”的支持受到宏观政策变化的影响。近年来资本管制和金融监管的趋严,导致金融机构的跨境服务能力建设相对滞后。

从资本管制看,2015年以来,中国政府强化了资本管制。例如,加强了境外投资的真实性、合规性审核和分行业的管控,这对银行跨境业务造成了一定影响。对部分民企来说,其海外子公司的钱无法直接汇回国内,只能选择在当地结算后滞留在海外,使企业的资金周转面临困难。从人民币回流机制看，目前人民币在资本项目下尚未实现完全自由兑换，离岸人民币的投资渠道少、增值能力弱，导致境外企业使用人民币进行跨境结算的动力不足。

根据中华全国工商业联合会(2019)的调查(见表1—7)，在企业面临的政策环境方面，主要的挑战表现为当地政府对外资企业提供的优惠力度小。“一带一路”沿线企业可以享有的相对集中的优惠政策体现在审批等手续从优从快办理、税收减免等方面，这些政策受到相关企业认可。然而，多数企业反映相关优惠力度有限，超过三成的企业未享受过任何招商引资政策。

表1—7　　受访企业享受当地政府招商引资政策的情况

	比例(%)
未享受过招商引资政策	33.2
当地政策对企业进驻、用地审批等手续从快从优办理	24.7
当地政府为企业提供法律法规、与企业生产有关的信息帮助	24.3
当地政府对您所在企业实行税收减免政策	18.1
曾因所在国加入相关贸易组织或协定而享受相关优惠政策	8.7
当地金融机构为企业提供金融信贷方面的优惠条件	5.8
设立专项合作基金，为中国企业在当地的运营提供融资等方面的支持	1.1

资料来源：中华全国工商业联合会(2019)。

(四)跨境合作不足

目前，我国金融跨境合作存在不足，影响了对民企的服务，主要表现在两个方面：

一是征信的跨国合作不足，导致中资金融机构无法帮助在当地有投资的民企准确地识别风险。“一带一路”沿线国家的经济发展水平高低不一，不同国家征信体系的完善程度不同。比如信用卡才推出数年的缅甸和缺少全方位信用数据收集体系的柬埔寨，都没有健全的信用体系。我国金融机构与当地政府的征信跨国合作机制不够完善，对当地企业的风险了解得还不够深入，无法为民企提供及时的风险提示。

二是金融机构在“走出去”过程中面临较大的同业竞争压力，且与外资和所在国金融机构的合作力度不够。在金融体系相对不发达的“一带一路”沿线发展中国家，发达国家的金融机构凭借自身的丰富经验和先入优势，在当地占有一席之地。而我国金融业在“走出去”过程中，面临着来自花旗、渣打、摩根等国外大型金融机构的同业竞争，与外资和所在国金融机构的合作力度也不够，市场占有率较低，服务能力较有限。

六、现有金融格局与民企需求的不匹配

民企是实现“一带一路”倡议落地的中坚力量，其发展和“走出去”离不开金融机构的

支持和帮助。从目前我国的金融格局来看，因为金融服务供给受制于总量与结构、成本收益及过度倚重国内资源等（郑联盛，2019），导致供给不能很好匹配需求，因此目前强调的金融供给侧结构性改革变得非常重要而及时。从民企的需求来看，为了加强企业自身的建设，更好地迈出“走出去”步伐，民企不仅需要金融机构提供资金帮助，还需要金融机构提供财务顾问、金融避险和资金便利等服务，以便于企业根据“一带一路”沿线国家的政治经济状况更好地开展投资和经营活动。但是，我国现有金融格局距离民企的需求仍然存在一定差距，具体问题体现在：金融机构更倾向于服务国企和大企业、对民企金融需求的政策支持力度不够；金融机构海外布局不适应民企需要，其避险意识削弱了为民企服务的动力；金融监管过严阻碍了民企“走出去”步伐；民企的高债务和高杠杆限制了其海外融资等。上述问题加大了民营企业拓展海外版图的风险，为其“走出去”设置了门槛和阻碍。

（一）现有金融体制倾向于为大企业和国企服务

在企业进行海外布局的过程中，大多数国有商业银行和股份制商业银行支持对象以大企业、大项目为主。资源占有多、游说能力强的大企业，特别是国企，能够获得较多乃至过度的金融资源，而资源较少的民企存在相当大的资金缺口。以民企较发达的深圳为例，调查显示，深圳市70.1％的中小微企业认为制约发展最主要的因素是融资难，82.6％的创业者最需要的是创业资金。由于资金紧张，深圳市80.26％的中小微企业放弃了扩大生产规模，42.21％的中小微企业放弃了技术、设备升级（李荣华，2017）。金融资源获得难已经成为深圳中小微企业反映最强烈、最普遍的难题。相比于大企业和国企，民企存在以下不足，导致其在金融方面的竞争力较弱。

1. 民企“走出去”的品牌和形象影响力处于弱势

一是民企以低端制造业为主，缺少核心竞争力。与国企相比，民企的规模相对较小，自身的科技含量和创新能力不高。中小民企普遍具有“低、散、小”的特点，以劳动密集型企业居多，采取低技术、低成本的发展模式，这种发展模式一定程度上限制了民营企业的发展。以浙江省为例，加工型、出口型的民企占了绝大多数比例，如绍兴的轻纺、海宁的皮革、义乌的小商品等地方支柱型产业均为外向型劳动密集型产业，技术含量较低。从金融机构的角度来看，中小劳动密集型企业同质性强，产品缺少竞争力，发展前景不明朗。二是民企知识产权保护意识薄弱，不当竞争现象严重。民企竞争中，产品同质化现象严重，当某些企业推出“爆款”，获得市场的认可之后，别的企业会快速复制，并推出相类似产品，甚至通过价格战快速占领市场，大大降低了产品的附加值。造成此现象的原因就是知识产权保护意识的薄弱和政府执法的缺位。恶性竞争不仅降低了产品的附加值，而且严重打击了企业创新的积极性，对市场的健康发展造成了危害。

2. 民企内控制度不健全，缺乏现代化的管理手段

一是民企缺乏完善的财务制度和会计制度，一定程度上导致了信用缺失。许多民企并没有建立健全的财务制度和会计制度，财务人员在具体业务中没有明确的制度规章可

循，部分财务人员道德和专业能力存在一定欠缺，导致企业在运行过程中出现了种种问题。特别是在中小型家族式企业中，存在一切都是老板说了算的现象。财务状况的不透明和必要监督机制的缺乏，导致一些企业的信用缺失，有的民企甚至采取了跑路、赖账等不道德行为逃避债务，造成金融机构对民企的信任度大大降低。二是许多民企缺乏现代化的管理手段，应对风险的能力不强。企业管理者对各种风险的识别、分析、应对能力薄弱，企业自身大多没有建立起系统全面的风险管理系统。特别是在经济转型的过程中，面对原材料价格上涨、劳动力成本上升、人民币汇率波动等情况，一些企业没有应对措施，业务遭受了较大的冲击。三是部分民企存在脱离主营业务现象，资金投向不明。在实体经济低迷的情况下，一些民企存在脱实向虚的情况。一些之前发展实业的企业在资金压力下脱离主营业务，转而参与担保、典当等民间融资活动，或将资金投资于股票、房地产等高风险行业，累积了不同程度的风险。

3. 民企融资渠道单一，资金短缺现象严重

一是民企融资以内源资金为主，外源资金也多限于银行贷款等间接融资，直接融资占比较少。由于资本市场进入门槛较高，规模较小、盈利能力较弱的民企相对不具有优势。我国对企业上市融资的要求较为严格，大多数民企无法通过上市来获取资金。同时，债券发行的要求也较高，符合要求的民企数量不多，诸如中小企业集合债等票据的发行量就较少。二是民企融资结构不尽合理。民企一般较多选择银行贷款和民间借贷等外源资金来发展企业。银行贷款可能存在期限不匹配等情况，民企最迫切需要的是可以用来支持发展的中长期贷款，而银行往往只能提供短期贷款，企业也只能通过借新还旧等方式来进行融资，资金来源的不稳定一定程度上影响了企业的发展壮大。民间借贷的利率则通常较高，有的达到20%～30%甚至更高，加重了企业的财务负担。针对这一情况，最高人民法院对民间借贷的利率作出规定，《最高人民法院关于审理民间借贷案件适用法律若干问题的规定》中指出，借贷双方对逾期利率有约定的，从其约定，但以不超过年利率24%为限。

4. 民企缺乏抵押担保和偿债能力

一是民营企业普遍存在抵押难和担保难问题。民企与金融机构之间存在着一定的信息不对称，金融机构无法完全了解每一家企业的生产经营状况及财务状况，因此，需要企业提供一定的抵押物或是通过担保来降低信息不对称带来的风险。但民企除了厂房和机器设备等固定资产可以用来抵押外，劳动力和技术等均不能用于抵押，且多数民企规模偏小，可以用于抵押的固定资产不多，因此较难获得足够的银行贷款。二是民企偿债能力弱。民企自有资金不足、资金结构不合理、长期盈利能力不够等原因影响了其偿债能力。

（二）相对缺乏服务于民企的政策性金融机构

民企普遍存在“小而散”的问题，加之政府扶持力度的不足，政策性金融机构对民营企业“走出去”的助力作用不能完全发挥。反观英美等发达国家，政府扶持在民企融资体系建设中都占据了主导地位，发挥着关键作用。发达国家的政府扶持可分为财政援助、税收

优惠、风险资本等方面，财政援助有财政补贴和贷款援助等形式，贷款援助中包括建立中小企业金融机构及政策性金融机构。从我国现状来看，政府也采取了多项措施，如“定向降准”、加大支小再贷款再贴现力度等政策，但效果仍然有限。

1. 民企“走出去”的政策扶持力度不够

一是税收优惠针对性不强。为进一步扶持民企“走出去”，国家税务总局及地方税务部门陆续出台了“一带一路”相关税收优惠政策，涉及增值税免税及零税率、出口退税、所得税抵免等多方面，但从执行效果来看，税收优惠政策仍需加强。我国税收优惠未考虑行业差距，针对性不强；出口退税等政策灵活度低，不利于企业执行；征税的日常管理容易受到轻视。由于民营企业税收收入贡献少，部分税务部门不愿意投入过多的人力、物力对其进行管理，造成优惠政策流于表面的现象。二是企业“走出去”审批流程较复杂。由于负责境外投资的政府部门较多、管理权限分散、申报材料复杂、耗费时间较长，企业在办理过程中容易遇到政策不一、重复跑等问题。三是信用评估体系不完善。目前，我国民营企业融资过程中面临着缺乏统一的信用信息平台、企业财务报表真实性存疑等问题，亟须建立完整的企业信用评估体系，而政府在信用体系建设中的职能发挥不到位。一些地区在企业信用体系建设过程中，金融、工商、税务、环保等部门没有形成合力，信息征集标准不一，也没有部门负责将各方信息进行汇总，导致金融机构无法及时有效地了解和掌握民营企业的信用状况。

2. 融资担保体系不完善

融资担保体系在银行与企业间起着桥梁作用。由于信息不对称等因素的制约，民企面临着贷款难、贷款贵的现象，若由担保机构提供担保服务，民企从金融机构获得资金则会更加便利。从发达国家的经验来看，政策性担保机构在支持民营企业融资上发挥了重要作用。美国设立了小企业管理局，为小企业贷款提供担保，上限达到75%～85%，如果商业银行发放给小企业的贷款出现了违约情况，由小企业管理局对该笔款项进行赔偿，大大降低了商业银行的贷后风险（赵宇梓，2015）；德国各州都成立了担保银行，资金主要由企业工商协会、商业银行及政府发行公债提供，一旦发生贷款违约的情况，政府承担该笔损失的80%。

从我国国内的融资担保体系来看，仍然存在以下问题：从担保机构内部来看，担保机构规模偏小、资金使用效率不高。国内的担保机构规模普遍偏小，有的甚至只有几百万元的资本金，与商业银行的要求相差较远，而且担保机构内部管理不规范，许多尚未建立起现代企业治理机制，人才和知识储备相对缺乏，影响了机构的良好运营。从外部环境来看，一是严峻的经济形势使得担保机构的生存环境出现恶化。近年来，我国经济增速放缓，处于调结构稳增长时期，民企的资金链普遍偏紧，信用违约问题较为突出。部分民企信用意识淡薄，违约风险接连出现，导致担保公司代偿现象发生、代偿力不足。二是金融机构进行风险转嫁，没有与担保机构建立风险共担的合作模式。在经济下行的压力下，金融机构对合作担保机构的要求更加严格，部分商业银行甚至采取了降低授信额度、压缩单笔规模等措施，导致政策性担保机构处在不利境地。

3. 政策性银行对民企“走出去”的扶持力度较小

一是政策性银行职能各有侧重，提供给中小民企的贷款不多。我国现有国家开发银行、进出口银行和农业发展银行三家政策性银行，三家银行的业务侧重点不同，对民营企业的扶持力度有限。国家开发银行主要是向国家基础设施、基础产业、支柱产业和大中型基本建设和技术改造项目提供支持。进出口银行则更侧重于进出口贸易相关产业。农业发展银行主要服务于农产品生产、农业现代化、城乡发展等相关产业。虽然目前国家鼓励政策性银行以批发资金转贷形式与其他银行业金融机构合作，如 2016 年进出口银行浙江省分行为浙江网商银行股份有限公司发放了 3 亿元境内小微企业转贷款，惠及近 4 000 户小微企业商户，但是从总体来看，政策性银行的支小职能发挥仍旧不够。二是没有专门服务中小民企的政策性银行。根据国际经验来看，政策性银行应根据民企的生命周期特点采取不同的帮扶措施。比如日本政府为了解决这个问题，从立法、融资结构、担保、财政等多方面采取了措施，设立了国民金融公库、中小企业金融公库和商工组合中央金库三个政策性金融机构，通过它们的协调运作，缓解了中小企业融资难的压力，也增强了金融机构向中小企业贷款的信心，大大促进了民企的发展（许萍，2003）。德国的复兴信贷银行也是以中小企业为主要服务对象的政策性银行。然而，我国还没有设立专门针对民企的政策性银行。

（三）金融机构的海外布局不适应民企的需要

民企在“走出去”的过程中，对金融机构主要有以下几方面的需求：一是财务顾问需求。民企面临着海外业务经验缺乏、所在国与国内存在文化冲突等诸多困境，因此需要金融机构对所在国有非常深入的了解。二是资金需求。企业的对外投资包括承包工程、并购等，都需要较长期限的资金支持，一般由企业自筹或在国内融资解决。三是风险防范需求。由于可能存在被投资国政治局势不稳定、汇率风险等问题，民企面临的不确定性较大，防范风险的需求较高，因此需要金融机构适时提供保险、规避外汇风险等服务。四是资金便利需求。民企一般都希望跨境资金能够便利地进出国内外，减少审批等中间过程的程序和时间，提高资金的使用效率。当前我国金融行业在海外布局中仍然存在不足，使得民企的以上要求无法完全得到满足。

1. 中资银行海外布局的步伐需要加大

一是银行海外布局集中于发达国家和地区，“一带一路”沿线仍需加强。中资银行在海外的布局以国际发达大城市为主，中国香港、澳门及周边亚洲国家集中了大部分的中资银行资源，在“一带一路”沿线的东盟、非洲、拉丁美洲等区域偏少。这些国家和地区的金融业相对不发达，企业在这些国家和地区的发展更需要金融机构的帮助和支持，尤其是国有大型商业银行应该积极布局，帮助我国民企深入了解当地的经济环境，提供更好的金融服务。二是中资银行“走出去”主要集中在中国银行、工商银行等大银行，金融业务较为单一。银行业支持“一带一路”举措成效发布会公布的数据显示，截至 2016 年底，共有 9 家中资银行在 26 个“一带一路”沿线国家设立了 62 家一级机构。这些“走出去”的中资银行集中在大银行，且提供的业务也较为单一，无法满足民企在当地的多元化投融资需求。例如，在巴基斯坦，当地中资银行主要提供项目贷款服务，而当前中资企业急需的现金管理、供应链金融等仍在起步阶段，包括债券融资、融资租赁、资产证券化等直接融资，以及财务顾问、工程保险等其他金融服务在内的投行业务的服务主体还是以当地外资银行为主（王鹏程，2017）。三是中资银行海外本土化发展仍需加强。不少中资银行虽然已经在国外开设网点，跨出了“走出去”的第一步，但是由于时间有限、经验不足等原因，本土化发展遇阻，缺少国外客户资源。中资银行只有融入当地的经济之后，才能更好地植根于所在国，更快地熟悉当地业务情况，服务好中国民营企业。

2. 中资保险业需要进一步发挥风险管理和保险作用

“一带一路”沿线共有 60 多个国家，途径 100 多个城市，且大多是新兴经济体和发展中国家，也是目前贸易发展较快的地区。但“一带一路”沿线国家的风险水平较高，中国民企参与“一带一路”可能面临较多的政治、经济、法律和违约风险。保险业是构建风险管理和保障体系的主体，为“一带一路”的推进发挥了重要作用，但在业务推进过程中仍要注意以下几点：一是保险产品同质化严重，无法满足企业多元化的需求。我国保险公司的产品同质化程度较高，如财产险方面，车险的市场占有率超过 70%，而其他财产的保险占比不高（魏迎宁，2017）。涉外险种的数量也不多，企业对外履约保险、财产保险、海外劳务人员的人身保险方面等仍有欠缺，难以满足客户日益多样化与个性化的需求。二是保险行业整体服务水平不高。与发达国家相比，我国保险业占金融行业的比重不高，商业养老险等占 GDP 比重也远小于发达国家，保险行业的整体发展较为落后。在人才支撑上，销售人员的专业技能和服务能力整体偏低，保险代理人流动频繁，一定程度上阻碍了保险行业的发展。

3. 证券公司的国际化程度需要提升

一是证券公司要加大海外布局的力度。虽然“走出去”企业对证券业务的需求要小于银行，但证券公司的全球化布局仍应进一步推进。特别是在“一带一路”沿线及金融发达的国家和地区，可以通过加大网点布局、完善全球服务网络等措施，为“走出去”的民企提供上市及其他融资服务。二是直接融资需要加强。针对民企“走出去”的直接融资产品不多、债券品种不够丰富等现状，应不断丰富债券品种，为企业提供多样化的直接融资服务。

（四）银行的强避险意识减缓了为民企服务的脚步

银行作为企业，其目标是追求利润的最大化。相比于运行稳健、财务透明的国有大型企业，中小民企的风险评估难度更大、不确定性更强、投入产出不成正比，银企之间存在的信息不对称现象使得具有强避险意识的银行对民企的金融服务相对保守，发放“走出去”

贷款的门槛较高。

1. 银行完善的内控制度要求银行必须谨慎对待民企

一是银行拥有严格的内控制度，这些制度建立的目标是确保资产质量，杜绝与防范资产风险。比如目前我国商业银行等金融机构所采用的企业信用评级指标体系就较为强调全面性，并偏重资产规模。以工商银行为例，它的信用评级指标体系主要包括领导者素质、经济实力、资金结构、经营效益、信誉状况、发展前景六个方面的内容。这些评价指标更多的是针对国企及大型企业，中小民企在这些评价指标上不易得高分，导致民企在申请银行服务时比国企等更加被动。此外，银行对民企存在一定的歧视，不愿花费过多精力在资信调查与风险管理上，这加重了原本就存在的信息不对称问题，不利于民企融资。二是银行放贷审批流程严格、放款时间长，给民企的融资造成了一定压力。企业在申请贷款后，银行审查人员需要对企业进行调查和审查评定，并需要按权限审批或报送上级审批，后续还将就贷款数量、期限等与企业进行洽谈，流程较长。一些中小民企在时间上等不及，复杂的审批流程加重了民企的融资成本。

2. 银行给民企放贷面临的不确定性大

金融机构在对民企发放贷款时，必须根据企业的具体情况进行判断，因此具有一定的不确定性。一是与国企和大型企业相比，民企的资金需求相对不稳定，金额小、时间急、需求频繁、风险不确定等特点决定了银行必须根据具体情况相机抉择。二是银行对民企的贷后管理存在诸多不确定性。民企规模小、创新能力不强、固定资产不多等特点，决定了民企的可持续经营存在风险。部分民企在发生经营问题或者资金链断裂问题时，会选择卷铺盖走人等方式来逃避银行债务，造成债务维权困难，导致银行遭受较大的损失。民企相对薄弱的财务能力也使得贷后跟踪更加艰难，给银行后续的管理加大了成本。三是信贷资金更容易向低风险优质企业集中。特别是在总量不足的情况下，相比于“雪中送炭”，银行更喜欢“锦上添花”，资金向优质企业集中，而风险较大的企业易出现贷款难、贷款贵的现象。

3. 不良资产降低了银行信贷资产的质量，制约了银行对民企的支持

一是过高的不良资产比率影响了银行的资金周转。不良贷款挤占了正常的资金流通，使得这部分资金不能流向更需要贷款的企业，降低了资金的使用效率。特别是在银根紧缩的情况下，银行无法通过贷款回收来增加头寸，容易导致支付困难等情况的发生。二是不良资产导致银行财务状况恶化。贷款的发放一般对应着一定的抵押担保。当资产发生问题无法收回时，需将抵押物尽快变现，但是抵押物的变现需要通过拍卖等渠道，整个过程环节多、时间长，且中间环节存在一定的资金损失，造成银行资产减少。此外，虽然贷款无法收回，但银行需要支付这部分资金的利息和其他相关费用，同时还需要大量的计提准备。

4. 金融体制改革滞后，针对中小民企的金融服务体系落后

一是金融行业准入门槛高，服务民企的银行机构数量不多。大中型银行主要把贷

款投向国企和大型企业，民企和农村的资金需求量仍然无法满足。尽管首批民营银行（包括深圳前海微众银行、上海华瑞银行、温州民商银行、天津金城银行、浙江网商银行等）已经于2014年落地，2017年又有梅州客商银行获准筹建，但是针对中小企业的银行数量依然不多，金融服务覆盖还不够全面。二是城商行与农村信用社作用发挥不够。城商行和农村金融机构由于信贷资产质量不高、贷款总量受限等原因，不能很好地支持民企发展。部分农村金融机构的侧重点仅仅放在支持农业发展上，对民企的帮助有限。

（五）强金融监管延缓了民企“走出去”的步伐

近年来，我国经济中出现的“脱实向虚”、高杠杆等问题引起了监管层的高度重视。为防止资产泡沫和系统性金融风险的发生，当前我国金融监管趋于强化，具体表现在：监管原则由原来的各部门分业的竞争性监管转变为协调性监管；以央行MPA为核心的监管框架逐渐建立；各金融子领域业务的监管全面加强，包括银行的同业、理财、票据、表外等业务，券商、基金公司等资产管理业务，证券市场的IPO等。严守不发生系统性风险的底线确实非常重要，事关我国经济的健康平稳发展，但在严监管的同时，也不能因过度强调风险而抑制金融创新，要把握好风险与创新之间的度。这样民企才能获得更多更好的金融资源，“走出去”才更有底气和动力。

1. 为民企服务的金融机构及准金融机构准入严格，无法实现监管的差异化和便利化

目前，我国为大中型企业服务的大型金融机构发展较快，而为中小民企服务的金融机构偏少。例如，政府在放开小贷公司的同时对小贷公司的杠杆率进行了限制，小贷公司不得不通过提高利率的方式来覆盖风险，间接提高了中小民企的融资成本。从国际经验来看，中小金融机构的发展对民企健康经营和“走出去”有着非常大的帮助。例如，美国中小民企约一半贷款来自社区银行，美国虽然没有专门针对社区银行的立法，但在实践中采取了相对灵活的方式，根据银行的规模大小和复杂程度“量体裁衣”，通过政策调整将社区银行的监管负担最小化（赵宇梓，2015）。

监管机构应对金融机构满足小微企业、个人信贷需求的情况进行定期评估，以此作为审批其申请增设新机构、开展新业务等方面的一个重要考量因素。此外，境内企业境外上市制度仍需完善。监管部门应加强跨境监管协作，便利符合条件的企业赴境外发行上市，也应逐步放宽金融机构的外资准入限制，继续鼓励境外投资者和服务提供商到中国来开展业务。

2. 监管部门调控意识过强，忽略了市场机制作用

一是存在监管过度问题，全民风险意识培养不够。针对前几年出现的“P2P”倒闭潮等现象，金融监管部门开展了专项清查整顿工作，出台了相关文件并要求进行层层排查，减少了互联网金融风险的发生。但同时一些运行良好、富有活力的公司也被迫缩小了业务规模，减少了金融创新，导致互联网金融支持实体企业的功能大大下降。现在存在的问题是，刚性兑

付仍未被打破，投资者对高收益的追求与他们的风险承受能力不匹配，一旦发生资金兑付难，投资者首先就找监管部门，要求监管机构确保他们的权益，这就导致了过度监管现象的发生。监管机构应该认识到全民风险意识的培养是最有效的监管，投资者应该先对自我风险承受能力有一定的了解，再据此选择合理的投资项目，不要盲目追求高收益而忽略风险的存在。监管机构在监管时也应该跳出传统思维，不应该将创新业务一棍子打死。二是监管条例过细，灵活性不强。金融监管不是通过过细的监管条例把金融风险控制到零，而是发挥风险配置的功能，将风险承担能力较强的投资者和较弱的投资者分开，引导投资者自行选择适合自己的投资标的。例如，银监会、工信部、公安部、网信办四部门于 2016 年 8 月联合发布的《网络借贷信息中介机构业务活动管理暂行办法》规定：同一自然人在同一网络借贷信息中介平台的借款余额上限不超过人民币 20 万元，在不同网络借贷信息中介机构借款总额不超过人民币 100 万元；同一法人或其他组织在同一网络借贷信息中介机构平台的借款余额上限不超过人民币 100 万元，在不同网络借贷信息中介机构平台的借款余额上限不超过人民币 500 万元。这条规定对不同地域进行了一刀切，但东部沿海地区经济相对发达，借贷的额度相较于内陆欠发达地区而言应该更高一些才合理。

3. 金融监管的国际合作仍需加强

一是国家之间深入的金融监管合作较少。“一带一路”沿线国家的经济金融发展水平差异较大，在 65 个国家和地区中，只有 7 个属于 IMF 定义的发达经济体。由于经济水平和金融运行机制的差异，各国之间金融合作的基础比较薄弱，金融监管合作通常只流于表面的协商对话，实质性的金融合作较难开展。特别是在一些需要监管协调机制的领域，缺少统一的监管认识。例如，中越金融合作仍局限在商业银行贸易结算方面，保险、证券投资领域的合作也局限在信息互换方面，存贷款、投融资等业务合作仍缺少实质性进展。二是现有金融合作机制在金融监测中力量有限，预警功能不强。以反洗钱监管为例，由于“一带一路”沿线各国经济发展水平不一，反洗钱法律制度差异较大，不利于联合开展异常资金流动监测，增加了中国与东盟反洗钱区域合作的难度。

（六）民企国内的高债务和高杠杆限制了其海外融资

近年来，企业的负债率和杠杆率维持在高位。根据国家统计局的数据，截至 2017 年底，规模以上工业企业资产总计 112.3 万亿元，资产负债率为 55.5%。从行业结构来看，产业链上游行业和预算软约束主体的债务水平增长较快，特别是在房地产、建筑、钢铁、机械设备等行业及投资较大的民企中表现得较为突出。高债务率和杠杆率影响了民企的生产经营和品牌信誉，抬高了企业的境外融资成本，为其“走出去”设置了障碍。

1. 国内民企高杠杆、高债务的原因

一是民企自身发展特点决定了债务率的居高不下。我国不少民企是原有的国企改制而来，承担着大量的改制债务负担，且多为传统的加工制造、建筑行业，经营模式较为传统。这些企业的自有资本少，主要的融资方式是银行贷款，经过十几年的发展，企业债务居高不下。二是部分民企业务的过度扩张导致资产负债率急剧上升。伴随着经济发展平稳、资本市场不断完善等利好,不少民企开始通过拓宽融资渠道、增加贷款来扩大自己的生产经营,甚至有的企业开始盲目扩张,业务的增长速度远远超过了企业的承受范围,特别是当投资项目受到政府调控和宏观经济因素影响而效益不佳时,债务率和还本付息的压力不断增大。三是不科学的经营管理导致负债率的上升。部分民企债务结构不合理,存在短贷长用、资金效率低下、大量应收账款不能及时回收等情况,使得负债水平居于高位。四是经营成本的不断攀升增加了企业的经营压力。受物价上涨的影响,民企的生产经营成本逐年提高,具体表现为原材料价格、人力成本和运输费用的上升。此外,由于环保、节能意识的增强,随之而来的非生产性支出也逐渐增加。五是宏观经济环境的变化导致企业负债增加。随着供给侧结构性改革的推进,一些原本属于粗放型发展的企业面临着转型发展的难题,继续从事产能过剩行业的企业可能会出现产品滞销等现象,效益下滑会导致企业陷入资金困境;选择转型发展的企业在转变过程中面临大量的资金需求,债务率和杠杆率也会上升。

2. 高杠杆、高债务对我国民企海外融资的影响

民企在"走出去"过程中,海外融资成为其发展的助力,海外融资拓宽了企业的融资渠道,并且可以帮助企业开拓海外市场,高素质的民企已成为国际资本的关注对象。民企进行境外融资主要有四种方式:上市融资、海外机构和个人的直接投资、银行等金融机构的融资、项目融资。但部分民企存在的高杠杆和高债务问题对企业的经营、信誉、战略等产生了影响,推高了企业的境外融资成本,为其海外版图的拓展设置了障碍。一是高负债减少了企业的经营成果。企业的负债率越高,财务费用就越多,利润会被利息摊薄。特别是成长型企业,高债务率会带来盈利能力的下降。二是高负债率降低了企业的品牌信誉。负债率是债权人较为重视的财务指标,衡量了企业在清算保护时债权人可以获得的权益。高负债率意味着相对较高的财务风险和较弱的偿债能力,给企业的品牌信誉造成一定影响。三是增加了企业的经营风险。当宏观经济出现波动时,高负债率的企业更容易发生资金断裂等问题,破产的概率更大。四是制约了企业的长远发展。企业只有通过产业结构调整和产品创新才能在市场上站稳脚跟,这就需要大量的资金支持。高负债率的企业由于资金短缺和外部融资压力的增大,很难再融到大量资金用于技术升级和产品创新,市场竞争力也会随之下降。

七、对策及建议

(一)加大针对民企的政策支持与金融服务供给

1. 提升民企自身的抗风险能力

建议地方政府根据国家导向性政策对本地企业"走出去"的优势行业进行梳理,如符

合《中国制造 2025》的行业等，鼓励民企按照国家导向进行对外投资，减少民企投资的盲目性。完善民企融资担保机制，缓释信用风险。通过财税政策引导担保公司为“走出去”的民企提供适当担保。有条件的地区（如民企比较发达的浙江、广东等）可考虑由地方财政出资设立民企“一带一路”担保公司或专项基金，专为民企提供增信服务。

针对民企的高债务、高杠杆问题，政府可以采取各种措施“去杠杆”，包括债转股、支持部分企业发行可转债（在资本市场回暖的 2019 年，可转债市场十分火爆），甚至有条件的地区，政府可通过注资的方式来直接降低民企的负债率。当 2018 年不少民企遇到股权质押危机时，政府相关部门及时干预，施以援手，并取得了不错的效果。因此，有理由相信，在去杠杆降低部分民企的债务负担方面，政府大有可为。

2. 建立“一带一路”风险监测、预警和分散机制

建立沿线国家的风险监测、预警机制。目前，仅有中国出口信用保险公司编撰了一年一度的“一带一路”沿线国家风险分析报告，但由于它是年度报告，具有一定的滞后性，不能及时反映有关国家的动态变化。因此，可考虑由政府有关部门（如商务部）出面，联合相关机构及进出口协会等非营利性组织，构建“一带一路”风险预警平台，在平台上及时发布能反映有关国家重大突发事件及经济基本面、金融市场变化的风险评估报告，为民企参与“一带一路”提供实时风险揭示与预警，提醒企业暂时不要到风险事件频发、风险级别高的国家去投资或进行合作。例如，根据尹美群等（2018）的评估研究，在 65 个沿线国家中，政治风险属于高等级的国家有 33 个，经济风险属于低等级的国家数为 0，阿富汗、缅甸两国社会文化风险最高。“一带一路”沿线充满着风险与不确定性，民企参与其中需慎重并有足够强的风控措施。因此，应进一步完善跨境保险服务，分散对“一带一路”国家的投资风险。一是丰富出口信用保险的种类，拓宽其覆盖范围。相关部门应引导保险机构对跨境保险产品进行创新，特别是要加强中长期保险和海外投资保险的发展，帮助民企解决最关心的投资风险管理问题。二是鼓励保险机构在沿线设立分支机构，在发展自己业务的同时，积极与所在国保险公司进行更多的交流与合作，更好地了解当地的金融运作和金融风险，为民企提供有效保障。三是帮助出口信用保险机构及其他机构在“一带一路”沿线国家中建立有效的风险评估机制和代位求偿机制，切实提高出口信用保险机构在沿线国家的风险评估和控制能力，以助力民企对沿线国家的进出口和投资。

3. 加大对“一带一路”项目的政策支持与协调工作

妥善处理限制资本外流与支持“一带一路”建设之间的关系。出于宏观考虑，政府加大了对资本外流的管控，这本身合乎情理。但是，也希望相关部门能够对民企在沿线国家开展的海外并购等项目进行有效区分。通过背景审查、投资项目审核、资金需求及汇入地等各方面的评估，对符合要求并且有利于国内产能输出、给国内企业带来就业支持的项目给予一定程度的政策支持，而对房地产、酒店、娱乐等领域的海外并购和资本输出应当适度管控。此外，地方政府可以围绕优势产业板块和国家政策支持板块，建设项目库和重点

项目跟踪制度，对重点企业特别是龙头企业和产能过剩企业的对外经贸活动给予扶持。鼓励、支持税务部门和相关专业机构搭建企业税务咨询平台，提供境内外税收政策咨询、境外投资涉税风险提示、沿线重点国家税收指南等，帮助民企了解沿线国家的税收制度，判断并合理管控企业税收风险。鼓励具有产业集群和产业链联动效应的民企与国企、民企与民企联合，让企业抱团出海，通过金融扶持，形成抗风险能力日益强大的产业生态系统，有助于民企扎根东道国，促进产业与金融的融合、共生。

4. 加强金融机构跨境合作与协调

支持我国与沿线国家的金融机构的双向进入。鼓励我国与沿线国家的金融机构相互跨境设立分支机构，进一步加强彼此间的汇付、托收、信用证等业务的合作。加强国有金融机构在沿线国家的金融基础设施建设，加大兑换点、自动存取款机等设备的投放，增强金融服务的便利性，为民企在当地的活动提供一定的金融支持。推进国内不同金融机构在境外的合作，以往国内金融机构“走出去”多各自为战，金融机构之间存在信息共享不畅、沟通效率不高等问题，因此需要通过加强合作来提高服务的效率和质量。建议国内的相关银行、保险、券商、融资租赁等金融机构共同开发沿线市场，搭建沟通平台与渠道，及时就沿线国家的经济金融形势和金融风险进行交流。提前做好投资规划、共商融资条件和担保设计，发挥各自专业优势，为“走出去”的经济主体提供多元、综合性金融服务，达到“1＋1＞2”的合作效果。

5. 为民企海外投资提供政策便利

强金融监管在人民币汇率下行、去杠杆压力大、“脱实向虚”倾向比较严重的背景下是必须的。但是，当前经济形势已和过去大不相同：人民币汇率已经企稳，并且相对于美元有上升趋势，去杠杆已变成稳杠杆，“脱实向虚”问题得到了有效解决。因此，金融监管可以适当放松，尤其针对民企的真实合法海外投资活动，应给予各种可能的政策便利，助力其积极参与“一带一路”建设。

近年来，政府通过简政放权，简化了很多审批流程，但是目前审批程序仍未达到简化和便利的目的。民企“走出去”受到多重主管，审批程序烦琐、期限冗长、效率低下，使得民企错失商机。因此，地方政府需要进一步简化审批手续，减少民企申报“走出去”项目的审批环节，设立统一的协调机构来审核管理民企对外投资，提高民企对外投资的审批效率。

（二）提升金融对沿线的辐射力

“一带一路”建设的主体是企业，“一带一路”倡议的顺利实施需要国内企业的踊跃参与。而影响企业参与度的一个关键因素是，相关企业能否在沿线国家以可接受的价格，通过方便快捷的渠道，获得“走出去”所需的各类金融服务。目前，我国金融业整体对外辐射力较弱，特别是对“一带一路”沿线的渗透严重不足，这成为制约各类企业参与“一带一路”建设的重要因素。

1. 金融渗透“一带一路”不足

以“一带一路”沿线布局而论，我国金融机构的国际化进程仍存在一些亟待解决的问题，集中体现在服务区域覆盖有限、本地化金融创新不足、国际化人才缺乏等方面。

（1）网点布局有待优化，服务区域覆盖相对有限。与企业“走出去”步伐相比，金融机构国际化水平与推进速度都难以满足企业快速增长的境外金融服务需求。此外，由于过去“走出去”进程中对于发展中国家的经贸往来体量不大，导致以银行为主的传统金融机构的国际化布点仍以发达国家为主，在“一带一路”沿线设点较少，覆盖范围较小。

（2）金融创新急需提升，本地化较差。从国际化程度看，金融机构不但表现为国际化水平布局较低，还表现为国际化业务程度较低。后者体现在国内传统的金融业务往往不能满足企业海外业务的发展需求。目前，大多数金融机构虽然已经开始根据海外市场的特点与企业“走出去”的实际需求来设计、定制金融服务，但是与实际需求相比，还存在一定差距。特别是“一带一路”沿线国家的历史文化、经济体制、法律制度等都与我国有明显差异，单靠复制国内业务模式，难以打开局面、占领市场，无法为企业起到连通内外两个市场的作用，导致金融业整体对外辐射力较弱。

（3）人才战略存在问题，高质量国际化人才匮乏。目前普遍采用“外派＋属地”的人才战略，但在具体执行方面遇到了不少问题。一方面，“外派”与“属地”人员的结构不均衡，海外分支机构的管理层基本由国内的外派人员组成，而具体执行层面的人员由本地从业人员构成，易产生上下级沟通不畅的问题；另一方面，由于“一带一路”沿线国家大多经济发展水平较低、金融市场还处于起步阶段，加之我国金融机构的国际化经验有所欠缺，仅仅依靠属地员工和外派员工的力量难以使金融机构的海外业务水平得到质的提高，尤其在业务创新和风险管控等方面仍需要学习借鉴国际先进的管理模式。从国际化人才质量维度看，我国金融机构的人才储备不足，尤其缺乏高水平复合型国际化人才。国内金融从业人员的国际化经验不足，市场化聘用的海外人员对于我国金融机构的特殊性也认识不足。这一缺陷在很大程度上限制了金融机构向“一带一路”纵深发展，尤其是“一带一路”沿线的绝大多数国家并不属于世界的主要经济体，国内大多数金融从业人员对其社会经济、法律法规以及语言文化等认知不足，导致海外业务开展受阻。

2. 增强金融对外辐射力

（1）优化网点布局，扩大金融服务覆盖区域。一方面，金融机构自身要充分意识到“一带一路”倡议实施以来国内企业“走出去”所带来的历史机遇，在此基础上积极拓展沿线金融服务。我国金融机构应根据不同地区的政治经济金融环境进行合理布局，在符合现行国内和东道国监管要求的前提下，以满足自身业务拓展和客户需求为导向，寻求金融机构最优的国际化布点路径。

另一方面，国家应在“一带一路”金融服务上做好顶层设计，特别是监管部门要做好相关金融机构到“一带一路”沿线国家发展业务的规划和政策指引，利用“白名单”和“黑名单”来引导我国金融机构开展国际化布点。一是可以进一步加强不同金融机构与金融服务的协同，抱团出海；二是对“一带一路”沿线国家的政治经济情况进行深入连续的跟踪报道，引导我国金融机构国际化布点，特别是对于较高地缘政治风险的国家要谨慎进入；三是积极与东道国金融监管机构谋求合作，协调提高其金融业开放程度，放宽对我国金融机构的准入限制；四是对于新进入某个沿线国家的金融机构，可酌情给予一次性的财政奖励，地方性金融机构由地方财政补助，而全国性金融机构由中央财政补助。

(2)以客户为导向，加强金融业务本地化创新。一方面，可以针对“走出去”的企业，先由政府相关部门出面，组织调研，了解这些企业在“一带一路”国家经商所需的特色金融支持。再由政府搭建平台，引导有需求的企业与相关金融机构对接，并给予一定的政策支持，推动金融机构开发设计新的产品与业务，迎合“一带一路”客户的特定需求，提供更高效的服务。在产品研发出来的初期，政府可给予一定的财税支持，甚至在产品创新失败后，可酌情给予一定补偿。更重要的是，政府应深入挖掘行业内地位突出且有“走出去”实力及需求的企业，将客户资源主动介绍给相关金融机构，并引导其采取“客户跟随”战略，捕捉商机。

另一方面，政府应与对方国家的政府或监管部门加强合作，经过双方的共同努力、不断磋商，便利我国机构与东道国本土机构的协作，促进当地金融业务的创新。目前，金融机构的国际化布局最常采用的是新设分支机构的方式。但由于文化、政治、经济等差异，金融机构往往难以深入本地市场(服务的客户大多是中资背景的企业或当地华人)，更难以实现本地化创新。金融机构未来可以通过参股和并购等方式拓展海外市场，依靠已有的本土化机构与资源，降低投资风险，实现本土化的金融服务创新，并在当地迅速扎根。而政府在并购对象的选择上，可给予金融机构适当的指导；在并购资金的来源与融资成本上，政府也可提供一定的政策支持。

(3)探索“外派＋属地＋国际专家”的模式，完善国际化人才的培养和引进。具体可以从以下两点完善国际化人才培养和引进机制：一是转变“外派＋属地”人才战略，深入探索“外派＋属地＋国际专家”模式，保证外派人员比例，保障金融机构的国际化战略得到良好的贯彻；利用属地人员优势，保障海外国际业务平台能尽快融入当地，实现金融服务的本土化创新；积极引入来自发达市场的国际专家，既在战略层面吸收先进的经营理念，又在业务操作层面学习借鉴，将业务模式从追求简单的规模发展向实现高质量发展转变。政府及驻外使领馆可协助金融机构搜罗国际专家，提供人选建议等，并为国际专家的工作与生活提供各种便利，特别是在个人所得税方面要采取具有国际竞争力的政策优惠。二是积极做好人才的培养和储备，即对外聘请和对内培养并举：一方面通过多种激励机制，广泛进行市场化招聘，吸收和储备国际化人才。金融监管部门可定期组织本地的金融机构或市场到人才相对密集的海外金融中心城市去招聘国内紧缺的高层次人才，并许以高薪激励与税收优惠。另一方面，通过发挥国际专家的指导作用，积极开展各项内部培训和外派轮岗实践，迅速提高外派员工的综合能力以及本地化业务能力。

（三）加大金融服务创新

2017年7月召开的第五次全国金融工作会议不仅强调防控金融风险，而且还指出要推进“一带一路”建设与金融创新等。2018年12月召开的中央经济工作会议对当前经济形势有清醒的认识：经济运行稳中有变、变中有忧，外部环境复杂严峻，经济面临下行压力。在严峻的国内外形势下，“一带一路”建设遇到一些困难，其中之一是金融支持不足。在强监管、控风险的背景下，金融业对外扩张的冲动减弱，进一步削弱了其服务“一带一路”的能力。本课题认为，破题的关键在于强化我国与对方国家金融市场的联动或互联互通，推进“一带一路”金融产品创新。

1. 强化信贷、货币、基金和保险市场的联动

目前，以亚投行、金砖银行为代表的新兴多边金融组织，为各国特别是“一带一路”沿线国家的合作提供了广阔舞台，今后应进一步强化这些组织的跨境投融资功能，以它们为有效载体，推动我国与沿线国家在融资、信贷业务上的合作，引导中资银行积极参与“一带一路”项目贷款。过去，由中资银行牵头的银团贷款，往往参与主体都为境内机构，这体现不出跨国特征。今后在银团贷款实践中，应创造条件吸引更多的境外机构参与，在贷款业务的合作中相互学习、取长补短，共同支持“一带一路”建设。

目前，基金互认①仅限中国内地与香港地区，并不包括货币市场基金。未来，可探索扩大试点范围，允许一部分沿线国家与我国开展货币基金的互认工作；在条件成熟时，甚至可以允许一国的货币基金到对方国家的货币市场进行投资。唯有如此，货币市场的互联互通才有望实现。

加大政策性、商业性保险机构和养老基金对境外投资的支持，把国家出口信用保险政策和资源投向“一带一路”的重点建设领域，加大对各种对外投资合作项目的承保力度。鼓励中外机构在保险领域的合作，以充分满足“一带一路”沿线项目工程的多样化金融需求和各种风险保障需求。大力发展贸易信用保险和海外投资保险，鼓励中国商业保险公司在沿线国家设立分支机构或与当地保险公司开展业务与资本合作，为中外合作项目提供财产、责任保险等保障。

2. 强化证券市场的联动

在债券市场方面，鼓励境内经济主体在境外发行以人民币、美元及欧元等货币计价的债券。2018年11月19日，中国农业发展银行成功发行首笔3年期浮息欧元绿色债券，并在卢森堡证券交易所、中欧国际交易所和香港联交所上市。中国农业发展银行的成功发债说明中资金融机构和企业的境外融资有潜力可挖。与此同时，鼓励更多的沿线国家政

① 基金互认是指境内允许境外注册的基金到境内公开销售。同时作为对等，境外允许境内注册的基金到境外公开销售。

府、机构和优质企业在境内发行人民币债券。目前,“债券通”只限于中国内地与香港地区,且只开放“北向通”,今后应进一步开放债券市场,允许资金双向流动。当然,如果担心资金流动失控,可设置额度限制。

在股票市场方面,推动国内优质企业或在中国有大量业务的境外先进制造企业在“中欧所”发行人民币计价股票;支持和鼓励符合条件的沿线国家企业到中国内地上市。在上海证券交易所设“一带一路”板,允许“一带一路”沿线国家的优质企业在该板上市、交易。这些企业在“一带一路”板发行股票或者 CDR,融入的人民币资金必须用于“一带一路”项目(包括购买的中国装备、技术、商品,支付给中方的劳动报酬等)。同时,允许境内外投资者可自由使用人民币买卖该板上的股票,促使人民币回流。可见,这样的金融创新既有助于人民币国际化,又有助于“一带一路”建设。但是,在推进“一带一路”板中,为了防止给本已羸弱不堪的二级市场造成不必要的扩容冲击,在初期时可设定较高的标准,渐进地遴选少量沿线国家优质公司来沪上市。

3. 通过公私合营调动各路资本、资源

亚洲开发银行估计,2020 年以前亚洲地区每年的基础设施投资需要 7 300 亿美元。要满足如此庞大的基础设施投资需求,可以引入公私合营(PPP)模式,鼓励机构投资者和民间资本的介入。我国政府和企业可以通过 PPP 模式直接参与欧洲复兴开发银行的投资项目,增强我国企业获取投资于“一带一路”沿线国家的经验,促进基础设施互联互通以及中欧对接与合作。同时,“一带一路”投资区域与欧洲复兴开发银行有一定的重合。中国应以此为契机,大力发挥 PPP 对各路资本的调动力量,解决“一带一路”建设的庞大资金需求及投资风险分担等问题。鼓励保险公司、社保基金等机构参与投资,可以通过扩大合格境内机构投资者(QDII)额度和投资范围、改善外汇管理等方式,促进这些长期资金的积极参与,鼓励民间资本通过 PPP 分享“一带一路”投资项目的收益。

4. 开发外汇衍生工具,规避汇率风险

针对“一带一路”沿线国家的汇率风险,当务之急是完善外汇衍生品市场,开发更多有效的汇率风险管理工具,服务于“一带一路”项目风险管理需求。一是与当地银行、市场监管机构等多方力量开展合作,共同开发外汇衍生品,允许中资企业参与“一带一路”沿线外汇衍生品交易;二是在中国境内发展“一带一路”沿线国家货币的离岸外汇衍生品市场,推动“走出去”中资企业依托境内母公司在境内市场开展套期保值操作,统筹“一带一路”项目的总体需求,集中管理汇率风险。

考虑到“一带一路”沿线国家大多经济欠发达,存在资本账户管制,无法直接发展外汇衍生品市场,一种替代方案是在境内发展“一带一路”重要国家货币的外汇衍生品市场。但是即便如此,直接在境内逐一发展单个“一带一路”国家货币的外汇衍生品也会面临以下问题:一是交割问题。对于一些资本管制的货币,由于不能在货币发行国以外的地区流通,也无法在境外交割,只能开展无本金交割的外汇衍生品交易。这与我国目前外汇管理体制存在一定冲突，表现在当前外管局禁止银行外汇远期产品提前平仓与差额交割。此外，众多“一带一路”沿线国家货币在国际外汇市场属于流动性较差的小币种，我国绝大部分银行不具备“一带一路”沿线国家货币的清算能力，也无法为客户开立“一带一路”国家货币账户，更不能办理“一带一路”沿线国家货币的交割。二是流动性问题。实际上，在国内分币种上线“一带一路”国家外汇衍生品，存在着市场过于分散的问题。以外汇交易中心为例，涉及“一带一路”国家货币的外汇交易无论是即期还是远期，都有流动性匮乏的问题。

鉴于以上情况，建议在境内发展“一带一路”货币汇率指数期货。“一带一路”参与企业可通过境内母公司期货来系统管理“一带一路”货币汇率风险。一是发展“一带一路”货币汇率指数产品，可以汇集所有“一带一路”货币的汇率风险管理需求，能够解决单个“一带一路”货币接受度低、需求低迷而产生的流动性问题；二是开发指数产品不涉及货币兑换，可避开境内银行无法开立“一带一路”货币账户的问题，并且与监管规定（外汇管理局禁止外汇远期产品提前平仓与差额交割）不相冲突；三是参与“一带一路”的企业往往是在沿线多个国家同时开展业务，因而面临多个币种的汇率风险，与分别运用单个币种衍生品相比，利用“一带一路”货币汇率指数产品来管理汇率风险，成本更低、效率更高。

（四）补中长期出口信用保险“短板”

“一带一路”倡议辐射区域涉及国别众多，人口数量庞大，地缘政治、经济关系复杂多变，我国企业“走出去”过程中面临着较多的政治、经济、法律和违约风险。出口信用保险作为抵御风险的一种制度安排，其作用不容低估。然而，目前出口信用保险存在着上位法缺失、保险渗透率低、风险准备金来源不足、业务发展不均衡等问题，严重制约着其功能与作用的发挥。在各业务中，中长期出口信用保险尤其发展滞后。为此，需要采取有效措施完善我国的政策性保险，助力企业参与“一带一路”建设，推动构建人类命运共同体。

1. 中长期出口信用保险存在的问题

出口信用保险以出口贸易中买方信用风险为保险标的，保险人承保国内出口商在经营出口业务中因进口商方面的商业风险或进口国方面的政治风险而遭受的损失。中国出口信用保险公司（简称中信保）作为中国唯一承办出口信用保险业务的政策性保险公司，在经营中遇到了一些困难。

（1）缺乏上位法律的支持。我国现有的法律体系中，还不存在专门针对出口信用保险的法律。《保险法》没有明确规定出口信用保险的实施细则，《对外贸易法》也只是对出口信用保险做出简单的定位，将出口信用保险与出口退税和出口信贷一起作为促进外贸出口的三大政策。而日本、欧美等发达国家均建立了专门针对出口信用保险的法律体系。随着我国企业“走出去”的步伐不断加快和出口信用保险业务的飞速发展，我国急需出台专门针对出口信用保险业务的法律法规。

（2）风险准备金不足制约了承保规模的进一步扩大。出口信用保险公司自身拥有充足的风险准备金，是承保业务、发挥政策性风险补偿功能的前提条件。然而，目前我国信用保险机构的风险准备金存在明显不足。数据显示，2015 年中信保的风险准备金率仅为 2%，远低于国际标准 5%的水平。风险准备金不足，进一步制约了承保规模的扩大，2015 年我国出口贸易金额为 2.28 万亿美元，而出口信用保险承保金额仅为 4 715.1 亿美元，覆盖率也仅为 20.68%。出口信用保险在企业出口贸易中发挥的作用较为有限。

(3)保险渗透率低。当前我国大部分出口企业对出口信用保险及其对出口的促进作用都不甚了解，这些原因一定程度上影响了出口企业投保出口信用保险的积极性。这也就造成了我国出口信用保险渗透率与发达国家相比，仍旧处于较低的水平。2006—2015 年，我国出口信用保险的渗透率有了很大提高(见表 1—8)，但从纵向来看，与韩国、日本、英国等国家相比，差距仍旧较大。

表 1—8　　2006—2015 年我国出口信用保险渗透率　　单位：%

年 份	2006	2007	2008	2009	2010	2011	2012	2013	2014	2015
渗透率	3.1	3.3	4.4	9.7	8.4	12	14.3	14.6	16.8	21

资料来源：中国出口信用保险公司发布的历年《国家风险分析报告》。

(4)承保金额较低，各业务发展不均衡。数据显示(见表 1—9、表 1—10)，2015 年我国出口信用保险承保额为 4 715.1 亿美元，是 2008 年的 7.5 倍，我国出口信用保险承保额呈现逐年递增的趋势。但需要注意的是，各业务种类之间发展不均衡，2008 年短期、中长期和海外投资险承保额分别占到承保总额的比例为 59%、4%、8%；到 2015 年短期、中长期和海外投资险承保额分别占到承保总额的比例为 77%、5%、9%。由此可见，随着时间的推移，各业务所占比例非但没有越来越均衡，反而各业务比重之间的差距越来越大。

表 1—9　　我国出口总额和出口信用保险承保额　　单位：亿美元

年 份	2008	2009	2010	2011	2012	2013	2014	2015
出口额	14 306.9	12 016.1	15 777.5	18 983.8	20 487.1	22 090	26 430	22 700
承保额	627	1 166	1 329.77	2 275.3	2 936.5	3 230.15	4 450	4 715.1

资料来源：根据《中国保险统计年鉴》《中国出口信用保险公司年度报告》数据整理。

表 1—10　　出口信用保险各业务的承保额　　单位：亿美元

年 份	2008	2009	2010	2011	2012	2013	2014	2015
短期	370	902	1 500	2 043	2 811	3 093	3 825	3 638
中长期	26.4	80.6	73.1	96.4	124.7	181	273	238
海外投资	53	46.6	51.2	164.8	245	304	358	409.4

资料来源：中国出口信用保险公司网站。

2. 相关政策建议

针对以上问题,需要通过立法、补充资本金、扩大覆盖面、引入商业保险等多元化手段,推动中长期出口信用保险迈上新台阶,促进更多的企业投保,编织一张有效的安全网,护航企业"走出去"。

(1)加快出口信用保险法律建设。结合"一带一路"建设的实际需求,尽快出台对外投资基础性法规,制定和完善相关配套规章制度,逐步构建涵盖核准、监管、保险、金融、税收、争端解决等各个方面的境外投资法律体系。当下,尤为迫切的是促使出口信用保险尽快进入立法程序,通过立法来规制出口信用保险业务的开展,在立法或实施细则中,要特别给予中长期出口信用保险适当的支持,补足其长期以来的"短板"。

(2)适度扩充出口信用保险机构的资本金。若要进一步扩充资本金,一是需要政府将出口信用保险公司的保费收入、理赔支出和日常经营费用纳入财政预算当中,对风险资本金进行动态监管;当余额出现不足时,要及时动用财政资金弥补短缺,从而维持出口信用保险公司的正常运营。二是政府部门应对风险资本金的拨付全程进行严格的监管,开辟专用通道投入赔付使用。三是借鉴韩国模式,出口信用保险机构需要定期向政府报告资产负债表以及预期损益等财务文件,并且要获得政府部门审批。四是对出口信用保险买家的信用额度进行管理,依据资本量的多少、财务收益状况等指标来综合评判出口企业,对其购买出口信用保险的额度进行严格的登记管理。

(3)扩大保险的覆盖面。配合国家"走出去"战略,鼓励机电高新技术产品出口,切实满足出口企业的实际需要。出口信用保险公司应当积极开发新险种,不断进行业务创新。在承保短期信用保险的基础上,逐步发展中长期信用保险和海外投资保险,加大开展中长期出口信用保险的力度,协调发展各项业务。此外还要大力开发中小企业客户,这不仅有利于出口信用保险业务总量的扩大,而且有助于改善出口信用保险业务的结构,从而形成保险经营良性循环的局面。当前我国出口信用保险的渗透率仍然偏低,未来需要进一步加大对企业的宣传力度,让更多的出口企业了解、认可购买出口信用保险的重要性,推动我国出口信用保险承保规模达到一个新水平。

(4)引入商业保险机构参与。我国应当借鉴出口信用保险比较发达的国家,诸如英国、法国和日本等国的做法,实行"双轨制",制定政策性和商业性相结合的发展方针,如将出口信用保险划分为政策性险种和商业性险种,中信保可以独家经营政策性险种,商业性险种则允许有条件的商业性保险机构,甚至包括国外保险机构进入。当前在一些西方发达国家,随着国际保险市场的竞争加剧和出口信用保险的发展,商业保险公司开始承办出口信用保险业务,短期出口信用保险商业化逐渐成为世界发展潮流。目前世界上约有25%的短期出口信用保险业务由商业保险公司经营,因此政府应当积极引导中信保与商业性保险机构进行合作,开展短期出口信用保险的商业化尝试。

(五)金融基础设施建设先行

“一带一路”建设中的金融市场基础设施建设,特别是支付基础设施建设,是开发性金融机构、商业银行、企业“走出去”的前提和基础。金融基础设施是金融运行的硬件设施和制度安排,主要包括支付体系、法律环境、公司治理、会计准则、信用环境、反洗钱,以及由金融监管、中央银行最后贷款人职能、投资者保护制度组成的金融安全网等。货币的国际化进程由于涉及流动性与资本回流等问题,离不开金融市场基础设施。在“一带一路”建设中,金融市场基础设施的建设主要集中于支付基础设施的发展,由支付服务主体、支付工具、业务规则及程序三部分组成。支付基础设施通过信息技术和业务规则将各类支付服务主体连接在一起,依托支付工具实现社会主体间与金融中介间的资金汇划。

中国可以考虑联合“一带一路”各国各类金融机构,通过“区块链”技术开发一个虚拟货币系统。这种由各方共同拟定规则、信用并建立在联合协议上的系统,其运作的有效性、安全性有法律依据,可以是双边货币互换、多边交叉货币互换的网络版,更可能伴随着技术的发展提供升级和智能版(王广宇,2017)。创建一个统一、虚拟的新型货币系统,一方面,可以为“一带一路”各国提供一个全新的互联网国际交易平台和交易环境。另一方面,对“一带一路”各国企业而言,可以免除现有支付方式所涉及的银行、跨境支付平台和兑换及结算平台的复杂程序,为各国的企业提供一种低风险、节省成本、方便快捷和安全可靠的互联网支付方式。虚拟货币系统若能逐步推广至沿线各国,可加深金融领域的互联互通,并且成为促进经贸、投资、旅游等众多领域合作的基础和支撑。

八、结论

中共十九大报告向世人描绘了中国未来发展的美好前景。“一带一路”建设的推进已经成为构建人类命运共同体的重要载体,其成功与否在很大程度上依赖于中国是否足够强大。换句话说,中华民族若能实现伟大复兴,将会强有力地保障“一带一路”建设的有效推进。因此,“一带一路”倡议在新时代具有特别重要的价值。

另外,一个国家或民族的强大需要企业的强大。而从国际经验看,强大的企业更多来自民企。在中国,民企生存空间相对狭窄,发展机会相对有限。但是“一带一路”的提出与实施,似乎改变了这一切,给广大民企(尤其是中小民企)提供了发展的空间与施展身手的舞台。民企参与“一带一路”既属响应国家号召,容易得到政策扶持,又是“走出去”将自身做大做强的良机。国家发展改革委、商务部、人民银行、外交部、全国工商联五部门于2017年12月6日联合发布的《民营企业境外投资经营行为规范》规定,民营企业要根据自身条件和实力有序开展境外投资,参与“一带一路”建设,推进国际产能和装备制造合作,服务于供给侧结构性改革和转型升级。该规范再次说明了民企参与“一带一路”面临的政策机遇。

然而，当前我国民企参与“一带一路”的金融支持得不到有效满足，现有的金融供给更倾向于国企和大型企业，民企对金融服务的供给和需求出现脱节或不匹配现象。

为此，需要深入挖掘民企参与“一带一路”的金融需求特征，找出存在的问题。通过制定发展规划、制度创新与产品设计来促使金融服务更顺应民企的需求，从而更好地支持民企参与“一带一路”建设。

民企参与“一带一路”建设需要诸多保障条件，其中一个重要条件便是金融支持。金融支持既体现在国内民企能享受到大体公正的金融待遇，又体现在走出国门的民企在东道国有渠道、有办法获得所需的金融服务。从这两方面看，中国金融体系的发展现状尚有一定差距。本课题正视这些差距，立足于制度层面的设计与金融供给侧结构性改革，以期实现金融供给与民企金融需求更完美的匹配。

本课题针对中国的实际情况，提出改进民企参与“一带一路”建设的若干举措(如制度环境和金融生态环境)，以此推动民企投身海外实业，将自身具有的比较优势与东道国潜在的投资机会紧密融合。通过外延式扩张与内生性增长，促使企业变得更加强大。

参考文献

[1]白钦先，谭庆华. 论金融功能演进与金融发展[J]. 金融研究，2006(7)：41－52.

[2]保建云. 论“一带一路”建设给人民币国际化创造的投融资机遇、市场条件及风险分布[J]. 天府新论，2015(1)：117－121.

[3]陈友骏. 上海在“一带一路”建设中的地位构建[J]. 科学发展，2017(7)：92－100.

[4]陈雨露. 金融全球化·“三元悖论”·金融中介与市场[J]. 国际金融研究，2004(1)：40－41.

[5]陈元，钱颖一.“一带一路”金融大战略[M]. 北京：中信出版集团，2016.

[6]程必定. 区域战略升级推进空间结构转型[J]. 区域经济评论，2015(4)：24－26.

[7]丁铭军. 中国对外直接投资的金融支持[J]. 山西高等学校社会科学学报，2010(12)：33－35.

[8]樊勇明. 日本的金融大改革与上海国际金融中心的创建[J]. 上海金融，1997(7)：16－18.

[9]冯军政. 全球金融中心格局演变与上海的发展策略研究[J]. 新金融，2013(7)：34－39.

[10]耿明英.“一带一路”与人民币国际化战略的融合发展探析[J]. 对外经贸实务，2015(11)：9－13.

[11]国家金融与发展实验室.“一带一路”倡议的金融支持[R]. 2017.

[12]国家信息中心“一带一路”大数据中心等.“一带一路”贸易合作大数据报告(2017)[R]. 2017.

[13]贺瑛，华蓉晖. 金融中心建设中的政府作为——以纽约、伦敦为例[J]. 国际金融研究，2008(2)：60－66.

[14]黄人杰. 政策性金融对我国企业跨国经营的金融支持研究[J]. 国际经贸探索，2007(4)：66－70.

[15]黄卫平，黄剑.“一带一路”战略下人民币如何“走出去”[J]. 人民论坛·学术前沿，2015(5)：

32—41.

[16]黄运成,杨再斌．关于上海建设国际金融中心的基本设想[J]. 管理世界,2003(11):103—110.

[17]霍颖,刘锋．建设上海国际金融中心的制约因素分析[J]. 商场现代化,2015(9):150—151.

[18]贾儒楠,韦娜. 金融支持“一带一路”建设的现状、问题与建议[J]. 国际贸易,2016(5):43—47.

[19]姜波克．上海国际金融中心建设的基本思路[J]. 新金融,2003(7):5—7.

[20]姜睿.“十三五”上海参与“一带一路”建设的定位与机制设计[J]. 上海经济研究,2015(1):81—88.

[21]姜睿．以上海为核心节点的“一带一路”等国家战略整合机制探索[J]. 现代经济探讨,2015(4):54—58.

[22]蒋志刚．“一带一路”建设中的金融支持主导作用[J]. 国际经济合作,2014(9):59—62.

[23]金玲．“一带一路”:中国的马歇尔计划? [J]. 国际问题研究,2015(1):88—99.

[24]金融国家经济智库.“一带一路”跨国金融合作研究[R]. 清华大学中国与世界经济研究中心,2016.

[25]匡贤明.“一带一路”在我国经济新格局中的战略地位[J]. 金融经济,2015(1):8—10.

[26]李丹,崔日明．“一带一路”战略与全球经贸格局重构[J]. 经济学家,2015(8):62—70.

[27]李玲霞．“一带一路”倡议与中国对外直接投资新战略研究[D]. 北京:外交学院,2016.

[28]李平,孟寒,黎艳．双边投资协定对中国对外直接投资的实证分析——基于制度距离的视角[J]. 世界经济研究,2014(12):53—58.

[29]李茜．上海发挥金融优势服务“一带一路”建设[N]. 上海金融报,2017-10-13.

[30]李荣华．深圳市中小微企业资金缺口超万亿[EB/OL]. [2017-08-22]http://economy. southcn.com/e/2017—08/22/content_176508660. htm.

[31]李亚敏,王浩．伦敦金融城的金融集聚与战略发展研究——兼议对上海国际金融中心建设的启示[J]. 上海金融,2010(11):79—83.

[32]李扬,张晓晶.“新常态”:经济发展的逻辑与前景[J]. 经济研究,2015(5):4—19.

[33]历无畏,许平．丝绸之路经济带上的金融合作与创新[J]. 毛泽东邓小平理论研究,2014(10):1—8.

[34]廖一榕．关于构建“走出去”金融支持体系的几点思考[J]. 新金融,2008(1):34—37.

[35]刘国斌．论亚投行在推进“一带一路”建设中的金融支撑作用[J]. 东北亚论坛,2016(2):58—66.

[36]刘乃全,李鲁,刘学华．上海服务“一带一路”国家战略的定位和路径探析[J]. 经济与管理评论,2015(5):140—146.

[37]刘卫东．“一带一路”战略的科学内涵与科学问题[J]. 地理科学进展,2015,34(5):538—544.

[38]刘一庆. 创新金融合作,护航“一带一路”远行[N]. 中国产经新闻. 2016-05-04.

[39]柳立．推进“一带一路”建设的金融对策[N]. 金融时报,2015-12-07.

[40]卢峰等．为什么是中国? ——“一带一路”的经济逻辑[J]. 中国经济评论,2015(3):9—34.

[41]路兰新,刘广．对外直接投资金融支持国别经验与启示[J]. 上海保险,2011(11):28—31.

[42]马卫锋,赵福昌．发展衍生品市场助推国际金融中心建设——伦敦、纽约双城之争的分析与启

示[J]. 财政研究,2008(6):77—80.

[43]潘英丽 . 论金融中心形成的微观基础——金融机构的空间聚集[J]. 上海财经大学学报,2003(1):50—57.

[44]瞿强 . 经济发展中的政策金融[M]. 北京:中国人民大学出版社,2000.

[45]上海市人民政府发展研究中心开放形势分析课题组,王德忠,周国平,徐诤,李锋,陆丽萍,樊星,王孝钰,邱鸣华,陈畅 . 2017 年上海开放形势分析报告[J]. 科学发展,2018(1):52—60.

[46]上海市人民政府发展研究中心课题组. 上海积极主动融入“一带一路”国家战略研究[J]. 科学发展,2015(5):79—90.

[47]上海市商务委员会 . 上海企业对外投资合作年度报告[R]. 2016.

[48]沈战 . 上海自贸区离岸金融发展路径探析[J]. 生产力研究,2014(12):43—46.

[49]石建勋 . 借力“一带一路”建设加强上海与沿线国家城市间金融合作[N]. 文汇报,2017-3-22.

[50]孙立行 . 中国金融业对外开放的历史进程与战略取向[J]. 世界经济研究,2008(8):9—14.

[51]孙韦 . 美国进出口银行改革发展的经验及启示[J]. 国际金融,2015(5):18—22.

[52]孙亚 . 中国对外直接投资导论[M]. 长沙:中南大学出版社,2009.

[53]唐金成,利寒俏 . 出口信用保险助力“一带一路”协调发展[J]. 上海保险,2016(11):57—66.

[54]王广宇 . 创新金融科技系统,助力“一带一路”血脉畅通[EB/OL]. [2017-05-15]https://baijiahao. baidu. com/s? id=1567495826438388&wfr=spider&for=pc.

[55]王剑 . 兵马未动,粮草先行——论“一带一路”战略的开发性金融支持[J]. 银行家,2015(3):56—59.

[56]王美昌,徐康宁 . “一带一路”国家双边贸易与中国经济增长的动态关系——基于空间交互作用视角[J]. 世界经济研究,2016(2):101—110.

[57]王敏,柴青山,王勇,刘瑞娜,周巧云,贾钰哲,张莉莉. “一带一路”战略实施与国际金融支持战略构想[J]. 国际贸易,2015(4):35—44.

[58]王鹏程 . 中资银行切入“一带一路”市场须修炼硬功夫[EB/OL]. [2017-06-29]. http://www.sohu. com/a/153191322_676545.

[59]王石锟. 发挥中国金融软实力构建“一带一路”立体金融服务体系[J]. 国际金融,2015(8):13—17.

[60]王雅丽,刘洋 . “一带一路”背景下金融支持企业“走出去”对策研究[J]. 商业经济,2015(8):144—146.

[61]王永钦,杜巨澜,王凯 . 中国对外直接投资区位选择的决定因素:制度、税负和资源禀赋[J]. 经济研究,2014(12):126—142.

[62]魏迎宁 . 当前中国保险业发展面临的机遇和若干问题[EB/OL]. [2017-03-31]. https://www. baidu. com/link? url=Y0WTCfKNNblUICPCc45lOGcZ_4et_iFRiQlOiYY9UglErADeTODizdsY23Vh2aEJ0qkkAC5fOQTlhfAZtgJo3K&wd=&eqid=96563ec200043aa4000000035a8917d1.

[63]吴博 . 人民币国际化进程中的上海国际金融中心建设——历史视角下的经验和启示[J]. 区域金融研究,2011(2):20—25.

[64]徐静 . 借自贸区契机推进上海国际金融中心建设[J]. 中国金融家,2014(10):130—131.

[65]徐静."一带一路"国家战略中上海的定位与切入口研究[J]. 科学发展,2016(3):66—72.

[66]徐义国. 丝绸之路经济带战略构想的金融元素[J]. 银行家,2014(10):56—58.

[67]许萍. 国外政府对中小企业融资的扶持政策及其启示[J]. 福州大学学报,2003(2):37—40.

[68]许小平,陆靖,李江. 签订双边投资协定对中国 OFDI 的影响——基于"一带一路"沿线国家的实证研究[J]. 工业技术经济,2016(5):60—64.

[69]闫衍."一带一路"的金融合作[J]. 中国金融,2015(5):32—33.

[70]杨久源. 国际金融合作的理论与实践[J]. 特区经济,2011(6):92—93.

[71]杨咸月,何光辉. 上海离岸金融市场发展研究[J]. 财经研究,2002(8):34—39.

[72]杨咸月. 上海国际金融中心建设的问题与出路[J]. 世界经济研究,2007(2):77.

[73]杨晔,计小青. 上海国际金融中心建设服务"一带一路"战略研究[M]. 上海:格致出版社,2017.

[74]杨再斌,黄运成. 上海建设国际金融中心的模式选择与约束条件分析[J]. 国际金融研究,2003(11):70—76.

[75]杨枝煌. 加快全面建立"一带一路"金融+战略机制[J]. 国际经济合作,2015(6):35—42.

[76]尹美群等."一带一路"背景下海外投资风险[M]. 北京:经济管理出版社,2018.

[77]翟崑."一带一路"建设的战略思考[J]. 国际观察,2015(4):49—60.

[78]张纯威,石巧荣. 开发性国际金融机构贷款与主导国商品、资本输出关系考察——基于世行与亚行的经验[J]. 世界经济研究,2016(3):45—52.

[79]张红力. 金融引领与"一带一路"[J]. 金融论坛,2015(4):8—14.

[80]张祥建,赵素君."一带一路"倡议下上海建设跨国财富管理中心模式研究[J]. 科学发展,2017(8):87—95.

[81]张云,孙桂芳,程丽萍. 国际金融中心形成模式和条件及对上海的启示[J]. 改革与战略,2007(9):66—69.

[82]赵素君,张祥建,涂永前. 上海国际金融中心对接"一带一路"的突破口及措施[J]. 科学发展,2017(6):78—85.

[83]赵宇梓. 建议加大政策性金融扶持支持中小企业健康发展[EB/OL]. [2015-03-03]. http://finance.people.com.cn/n/2015/0303/c1004—26627474.html.

[84]赵志刚."一带一路"金融区域化路径[J]. 中国金融,2015(5):39—41.

[85]郑联盛. 一带一路项目金融需求的供给匹配[J]. 开放导报,2019(1):35—39.

[86]中国商务部. 2018 年中国对外投资合作发展报告[R]. 2018.

[87]中华全国工商业联合会."一带一路"沿线中国民营企业现状调查研究报告[EB/OL]. [2019-11-25]. https://www.thepaper.cn/newsDetail_forward_5060857.

[88]中华全国工商业联合会. 2018 中国民营企业 500 强调研分析报告[R]. 2018.

[89]中华全国工商业联合会等. 2019 中国民营企业"一带一路"可持续发展报告[EB/OL]. [2019-08-25]. https://www.yidaiyilu.gov.cn/xwzx/gnxw/101034.htm.

[90]周立伟."一带一路"金融加码[J]. 纺织科学研究,2014(12):88—89.

[91]周宇."一带一路"倡议与上海国际金融中心建设协同研究[J]. 科学发展,2017(8):77—86.

[92]朱显平,邹向阳. 中国—中亚新丝绸之路经济发展带构想[J]. 东北亚论坛,2006(5):3—6.

[93]卓丽洪，郑联盛，胡滨.“一带一路”战略下政策性金融机构支持企业“走出去”研究[J]. 经济纵横，2016(4)：82—87.

[94]宗芳宇，路江涌，武常岐. 双边投资协定、制度环境和企业对外直接投资区位选择[J]. 经济研究，2012(5)：71—82.

[95]邹磊. 上海进一步对接“一带一路”战略的思路与对策[J]. 上海经济研究，2016(11)：84—92.

[96]Chalmers Johnson，Laura D'Andrea Tyson and John Zysman. Politics and Productivity：How Japan's Development Strategy Works[J]. *Foreign Affairs*，1989，68(4)：202—203.

[97]Dimitri Vittas and Akihiko Kawaura. Policy-Based Finance，Financial Regulation，and Financial Sector Development in Japan[N]. *Policy Research Working Paper Series from The World Bank*，1995-4-30.

[98]Patrick Burnson. Keeping an Eye on China[J]. *Logistics Management*，2015，54(5)：72.

[99]Theresa Fallon. China's Pivot to Europe[J]. *American Foreign Policy Interests*，2014，36(4)：175—182.

[100]Ying Chen. Will the RMB be Revalued upward under External Pressures? [J]. 国际交流(英文版)，2010(2)：9—12.

上海国际金融中心与上海国际航运中心、上海自由贸易港深度联动发展

◎ 王 勇[①] 朱思超[②] 周 闻[③] 常敬州[④]

摘要:近年来,上海在建设国际航运中心和国际金融中心上均取得了长足的发展。本课题着重研究如何利用好自由试验区特别是临港新片区的一系列政策创新,发挥税制、监管、金融、法律、服务等方面的优势,通过进一步深化航运金融业的发展,推动上海国际金融中心与国际航运中心联动发展。本课题首先介绍了国际金融中心、航运中心的发展现状,分析提出了阻碍航运金融建设发展的深层次问题,通过介绍自由贸易港有关改革创新举措,提出上海国际金融中心支持航运中心建设的有关对策及建议。

一、引 言

(一)背景与意义

1. 课题研究的背景

近年来,在英国脱欧、意大利修宪公投失利、美国计划对进口钢材和铝征收超额关税等一系列标志性事件之下,"逆全球化"思潮和贸易保护主义的抬头,让全球化的"大船"行至一个重要的关口和节点,这给依靠全球化红利保持多年高速增长的中国经济带来了极大的压力。同时,我国经济也正处于推进结构调整、深化机制体制改革转型发展的重要时期,国内改革意愿迫切。在此背景下,一批自贸试验区的涌现是我国扛起全球化大旗、展现新兴大国的世界担当所跨出的重要一步。

然而,面对当前日益复杂的国内外局势,美国公布减税计划、国内楼事新政频出、金融监管再升级等不确定因素使得我国经济形势变得比以往更为复杂,金融风险更为突出。由于自贸试验区相关政策需要在短期内可复制和可推广,为防范"开放"这把双刃剑带来

---

① 王勇,上海海事局海事技能训练中心主任,上海财经大学上海国际金融中心研究院客座研究员,高级工程师,高级政工师。

② 朱思超,洋山港海事局中港海巡执法大队副大队长,上海财经大学金融学研究生(在读)。

③ 周闻,上海海事局人事教育处三级主任科员,经济师。

④ 常敬州,浦东海事局二级主任科员。

的负面效应，自贸试验区在进一步深化改革，特别是金融改革方面，可圈可点之处做得还不够多。

2017 年 3 月，国务院印发的《全面深化中国（上海）自由贸易试验区改革开放方案》中明确提出，在洋山保税港区和上海浦东机场综合保税区等海关特殊监管区域内，设立自由贸易港区。对标国际最高水平，实施更高标准的“一线放开”“二线安全高效管住”贸易监管制度。把自贸试验区发展中存在的问题，一分为二，分开推进，继续按照开放型大国的要求，在可复制可推广的政策改革方面，进行先行先试。而自由贸易港，直接对标全球最开放经济体的要求，参与全球资源配置和要素竞争，实行高水平的贸易和投资自由化、便利化。在金融、外汇、保险等方面探索实施符合国际通行做法的管理服务制度，从而在有限的风险范围内进一步深化改革，积累宝贵经验为中国经济发展提供新的机遇。

国家为上海设定的包括国际金融中心与国际航运中心在内的“四个中心”定位，实现了上海近二十年的经济增长，成功引领上海率先进入后工业化发展阶段。当前形势下，上海国际金融中心建设将肩负起更为艰巨的使命，秉承开放创新的原则为实体经济服务，同时有序推进人民币资本项目完全可兑换。因此，应该抓住自由贸易港建设契机，推动“金改 40 条”落地实施，在构建高标准跨境金融监管制度为经常项目和国际投资项目提供服务的基础上，率先建立资本账户可兑换的路径和管理模式。

另外，洋山港是全球最大的集装箱码头，2016 年集装箱吞吐量达 1 566 万标箱；浦东机场在全球空港排名中位列第三，2016 年货运量达到 344 万吨。这种“海港＋空港”的组合，是目前国际上自由贸易港的一种主流布局。如此巨大的贸易量为其可能带来的巨大附加值提供了坚实的基础。

因此，上海国际金融中心、上海国际航运中心及即将成立的上海自由贸易港的建设与发展是相辅相成、唇齿相依的。本课题着重发掘如何打通三者的制度屏障，实现联动发展。

2. 深度联动发展的必要性

(1)中美贸易摩擦升级，阻碍“两个中心”发展。自 1979 年中美建交和签订双边贸易协定以来，两国之间的贸易发展迅速，但也摩擦不断。尤其自 2016 年特朗普当选美国总统以来，他大力推行“美国优先、美国至上”的理念和政策，以美中货物贸易巨额逆差为由，对中国实施贸易战。其根本原因是世界霸主老牌帝国主义美国对迅速崛起的社会主义中国持有戒心，故对中国至关重要的高新技术产业进行战略压制。尽管经过多次谈判，中美两国元首已就相关问题达成部分共识，贸易摩擦亦趋向缓和，但中美之间的贸易收支失衡依旧具有结构性、复杂性和长期性的特征，美国因其国家利益会对“中国崛起”保持警惕和提防，这就造成了中美贸易摩擦在短期内不可能轻易解决。当前，中国和美国的贸易总量约占全球的 25%，经济总量约占全球的 40%，人口总量约占 23%，中美贸易摩擦将不可避免地危及国际经济秩序和贸易秩序，也势必将对中国乃至世界贸易、金融、航运等产业的持续稳定发展产生深远影响。因此,作为旨在建成国际金融中心及航运中心的上海,应认清当前形势,加快"两个中心"联动步伐,并采取"抱团取暖"的方式度过寒冬。

一是中美贸易摩擦冲击航运产业复苏。2018 年以来,全球经济遇到的风险和困难逐步增多,特别是贸易保护主义抬头,中美贸易摩擦不断,使得全球贸易紧张局势持续升级。港口作为全球开放的门户,航运作为国际贸易实现的主要通道,在这场国际贸易摩擦中也必将首当其冲受到影响。

首先,货物吞吐量增速放缓。从我国货物吞吐量季度累计数据来看,2018 年前三季度,规模以上港口完成货物吞吐量 99.5 亿吨,同比增长 2.6%,增速较上年回落 5 个百分点。其中,沿海港口完成货物吞吐量 69.3 亿吨,同比增长 4.3%;内河港口完成货物吞吐量 30.2 亿吨,同比下降 1.1%;外贸货物吞吐量 31.3 亿吨,同比增长 2.3%;规模以上港口完成集装箱吞吐量 1.9 亿标箱,同比增长 4.9%。总体来看,2018 年前三季度中国大陆港口生产持续向好但增幅趋缓。值得注意的是,上海港 2018 年前三季度货物吞吐量达 54 669 万吨,较上年同期有所下降,增速由 7.2%拐头向下至-2.69%。从集装箱吞吐量季度数据来看,第三季度是传统的航运旺季,但 2018 年第三季度中国大陆港口集装箱生产表现不及预期,规模以上港口完成集装箱吞吐量 6 493 万标箱,同比增长 4.71%,增速较前两季度进一步下滑。上海港 2018 年前三季度集装箱吞吐量达 3 135.45 万标箱,同比增速 4.93%,略高于全国,但较之上年同期 8.3%的增速来看,下滑明显。

2017 年,我国沿海港口完成美国航线吞吐量 2 161 万标箱,占沿海港口国际航线吞吐量的 18.6%。根据分析,受到影响的箱源规模可能达到 300 万标箱,初步判断,占 2017 年我国沿海港口美国航线吞吐量比重约 13%,占国际航线吞吐总量的 3%。初步测算,上海港约 13.5% 的美国航线箱量将受到影响。上海港国际航线吞吐量中美国航线占 17%,其国际航线受影响程度约 2.5%。但考虑到我国采取的反制手段,以及贸易摩擦加剧的可能性,影响还有可能继续扩大。

其次,航运业务收缩。中美贸易摩擦会对跨太平洋航线市场产生重大影响。一直以来,跨太平洋航线都面临着运力过剩和运价下滑的问题,贸易摩擦打响后,货运量进一步减少,跨太平洋航线一直以来面对的不利局面也将升级。

近年来,为防范中美贸易摩擦进一步升级所带来的负面影响,全球三大海运联盟(2M、海洋联盟和 THE Alliance)相继在美国线抽船。继 2M 联盟宣布关停一条跨太平洋航线后,THE Aliance 联盟也宣布,减少跨太平洋航线服务。THE Aliance 联盟成员 ONE、赫伯罗特以及阳明海运决定减少亚洲至美国西海岸航线。2018 年 6 月末,马士基航运与地中海航运就曾宣布,关停亚洲至西北太平洋地区 TP1/Eagle 航线。该航线正式关停后,2M 联盟每周在该航线上的总运力将减少 9.5%,而亚洲至北美西海岸所有航线的总运力每周将减少 1.5%。TP1/Eagle 航线已成为当前跨太平洋贸易摩擦的第一个牺牲品,2M 联盟则是贸易摩擦的首批受害者。而航运旺季已来临,2M 联盟关停该航线向市场释放了负面信号。从目前看来，2M 联盟“释放的信号”已经对行业产生了一定影响，THE Alliane 联盟的停航导致影响进一步升级，未来或许会有更多船运公司考虑减少跨太平洋航线服务。

二是中美贸易摩擦打乱了金融开放步调。2018 年，中央经济工作会议做出清醒判断，“经济运行稳中有变、变中有忧，外部环境复杂严峻，经济面临下行压力”。经济是金融的基础，经济受到影响必然会给我国金融业发展带来负面反馈。然而，中美贸易摩擦对中国经济的影响加剧了这种负面趋势，加大了我国资本外流的压力，提高了我国金融市场发生系统性风险的可能，对我国金融市场的有序开放造成了冲击。

首先是延缓了人民币国际化进程。近年来，人民币在国家的战略安排和稳步推进下，正向全球主导性货币之一的目标迈进。2015 年，人民币不仅加入国际货币基金组织(IMF)特别提款权(SDR)俱乐部，更自主建成人民币跨境支付系统(CIPS)。目前，人民币已成为全球第二大贸易融资货币、第三大支付货币、第六大国际银行间贷款货币。人民币还逐渐发挥了储备货币功能，截至 2016 年 3 月末，中国人民银行已与 33 个国家或地区的中央银行签署了本币互换协议，总规模达 3.3 万亿元。而根据中国“十三五”发展规划，中国将通过推进供给侧结构性改革，夯实制造业竞争优势，全面提升全球价值链贸易竞争力，以期初步实现全球金融变迁中人民币的关键角色转换。

然而，美国作为当今全球货币与金融体系的主导者，当然不愿意看到人民币的国际地位不断提升，挑起中美贸易摩擦即是其为巩固以美元为中心的币缘政治，钳制我国谋求整合区域经济与金融体系而设置的障碍之一。美国试图通过贸易摩擦改变资本对中国经济的预期，配合缩表、加息，加速资本回流。我国则采取更为严厉的资本管控手段，防止资本外流。同时，我国采取人民币贬值对冲关税的做法也加剧了外界对人民币持续贬值的担忧。控制资本外流的政策，以及对人民币贬值的担忧，短期内将阻碍人民币的国际化进程。

其次是干扰我国货币政策独立性。中美贸易摩擦会给我国当前稳健中性的货币政策带来影响，美联储加息有可能引发我国央行做出相应反应，提高存款准备金率或中短期货币操作工具的利率水平以抑制过多的市场流动性，进而提高人民币币值稳定或汇率稳定，以防止国际热钱外流，从而确保我国金融市场的基本稳定。

然而，美方挑起中美贸易摩擦之后，有可能引发我国经济增长放缓，尤其会导致大批以制造业为核心的实体经济陷入经营困局，而我国又有可能采取宽松货币政策刺激经济增长，这让我国货币政策陷入“进退两难”的尴尬境地。到底是应对美联储加息收紧货币政策还是应对贸易摩擦实施宽松货币政策，这都有可能迫使央行在寻求应付美联储加息与抵销贸易逆差之间的平衡点上进行相应货币政策调整，货币政策波动可能性较大。而更为深刻的问题是，外贸出口减少，对我国外向型企业会带来较大的打击，产品卖不出去，生产萎缩，盈利能力下降，贷款偿还能力亦跟着下降。同时，我国为外贸企业提供产品或服务的上、下游产业不在少数，如此一起会引发连锁反应，给国内不少生产企业带来不利影响，导致大量企业生产经营不景气，有可能使我国实体经济进入新一轮低谷。

当前，上海经济正处于由高速增长向高质量发展过渡的重要阶段，恰逢外部环境发生大角度转向，不确定性陡然增大，金融与航运原有的发展模式面临挑战，"抱团取暖"度过寒冬的愿望尤为迫切。因此，上海应重新审视金融与航运联动发展的重要性，为实现更高层次发展夯实基础。

(2)践行"一带一路"倡议，推动"两个中心"建设。中共十八大以来，我国先后提出共建"丝绸之路经济带"和"21 世纪海上丝绸之路"(简称"一带一路")的重大倡议，得到国际社会高度关注。"一带一路"倡议不仅能实现产能的走出去，更是实现资本走出去的重要途径。这就需要依靠航运业的天然优势，在"一带一路"构建过程中充分发挥先导作用，有力带动金融等其他行业合作发展。因此，作为服务"一带一路"倡议的桥头堡，上海应积极寻找金融与航运的契合点，使之成为撬动"两个中心"发展的着力点，起到"1＋1＞2"的作用。

一是"一带一路"倡议推动航运融资租赁发展。2014 年 7 月，国务院印发了《关于加快发展生产性服务业促进产业结构调整升级的指导意见》，融资租赁第一次被定义为我国当前重点发展的生产性服务行业之一。经过多年发展，上海凭借良好的市场环境、发达的专业服务及强大的经济辐射能力，为融资租赁企业的发展提供了良好的经济基础和较为完善的制度保障。目前，上海已成为全国融资租赁业中资产规模最大、业务种类最全、发展环境最好的地区。截至 2018 年第三季度末，注册在上海浦东新区的融资租赁母公司总数达到 1 804 家，注册资本总额为 7 272 亿元，融资租赁资产规模约 2 万亿元。航运融资租赁是融资租赁的重要组成部分，落户在上海自贸区保税区域的融资租赁项目公司(SPV)达到 335 家，租赁资产包括 368 架飞机、316 艘船舶以及 26 台飞机发动机等大型设备。2018 年 12 月 29 日，为整合现有服务团队和资源，持续提升对行业的精准服务水平，上海自贸区设立了融资产业发展服务中心(平台)，并发布了进一步促进融资租赁产业发展的 20 条措施。这一举措将有效提升航运融资租赁的便利程度。

根据亚行测算，亚洲地区每年基础建设和交通设施总费用达到 7 300 亿元，到 2020 年将达到 5 万亿元，大规模的基础建设为融资租赁行业提供了新需求，注入了发展新活力。从需求端看，"一带一路"沿线国家和地区对建筑、装备制造、基建材料生产等先进产能行业有较大的渴求；从供给端看，伴随着固定投资的增加，基建输出也可以大幅度缓和我国相对过剩的制造业压力。融资租赁行业服务"一带一路"倡议的切入点恰在于此。

航运融资租赁是连接现代服务业与先进制造业、上海国际金融中心与航运中心建设的重要纽带。上海应借力"一带一路"倡议，发挥航运融资租赁既有优势，加大政策扶持力度，推动航运融资租赁发展。

二是"一带一路"倡议推动航运资本全球布局。随着"一带一路"倡议推进，航运企业兼并重组、港口资源整合、港航企业股权交叉等进程持续深化，航运资本对外影响力和控制力不断增强。2016 年 2 月 18 日，中国远洋海运集团有限公司（简称中远海运）在上海正式成立，重组后的中远海运将拥有全球第四大的集运班轮公司、全球第一大的干散货运输自有船队、全球第一大的油运船队、全球吞吐量第二大的码头运营商以及全球第三大的集装箱租赁企业。在新的战略指引下，中远海运积极响应国家"一带一路"倡议，重点布局"海上丝绸之路"的新兴市场和战略要地，其在国际航运业的行业地位及话语权已逐步增强。同年 8 月 10 日，中远海运与希腊共和国发展基金签署了《比雷埃夫斯港（简称比港）港务局多数股权交易完成备忘录》，正式接管了比港港务局的经营；9 月 28 日，与阿联酋阿布扎比港务局签署特许经营权协议，共同合资经营阿布扎比哈里发港二期集装箱码头；10 月 12 日，收购意大利瓦多码头 40%的股份。同时，中远海运与法国达飞、东方海外、长荣集团组成了新的集装箱运输联盟"海洋联盟"，成为全球集装箱航运三大联盟之一，与由马士基、地中海航运组成的"2M"联盟形成有力抗衡。目前，中远海运在全球投资经营的 11 个海外码头大多分布在"海上丝绸之路"沿线，已覆盖新加坡、比利时、荷兰、德国、希腊等国家和中国香港、中国台湾等地区；境外设有欧洲、北美洲、南美洲、东南亚、非洲等十大区域公司，在 50 多个国家和地区拥有 315 家控股企业。

《"十三五"时期上海国际航运中心建设规划》中指出，到 2020 年，上海要基本建成具有全球航运资源配置能力的国际航运中心。上海应以资本为纽带，以上海国际航运中心建设为主体，加快世界级港口群建设。因此，"一带一路"倡议对推动"两个中心"建设，助力航运资本全球布局具有重大的现实意义。

(3)区域化竞争加剧，倒逼"两个中心"转型升级。长期以来，上海作为长三角区域发展的领跑者，特别是在完善上海国际航运中心功能、发挥两翼江海港口群作用及推动长江经济带建设方面起着举足轻重的作用。然而，近年来以宁波舟山组合港为代表的两翼港口发展迅猛，货物吞吐量远超上海港，集装箱吞吐量也有赶超之势。"两翼翅膀硬了，上海港该怎么办?"面对日益激烈的区域化竞争，上海应转变原有发展思路，扬长避短，发挥国际金融中心优势，实现差异化竞争，助推"两个中心"转型升级。

一是转变发展思维，实现差异化竞争。上海港航道水深较浅，黄浦江平均吃水 10 米左右，洋山深水港经过挖掘后，可以满足水深 15 米的船舶通航，而宁波港是深水良港，一年四季不淤不冻，港口泊位水深从－4 米到－33 米不等。相比之下，上海港水深条件不足的劣势愈发明显。2018 年前三季度，宁波舟山组合港吞吐量达 82 952 万吨，同比增长 7.65%，反观上海港同期数据只有 54 669 万吨，且同比下降 2.69%；在集装箱吞吐量方面，上海港虽较宁波舟山组合港具有较大领先优势，但宁波舟山组合港正以 7.3%的增速，不断缩小其与上海港之间的差距。两个寡头竞争如此激烈，一个主要原因就在于，双方仍停留在比较"吞吐量"多少这个浅层面上，无法形成错位竞争。目前，国际航运中心建设主要依托三大发展模式，英国伦敦主要以市场交易和提供航运服务为主；中国香港和新加坡以中转为主;荷兰鹿特丹和美国纽约以腹地货物集散服务为主。因此,上海应清醒认识到在港口天然水深条件方面的劣势,主动实施差异化竞争策略,借鉴新加坡等航运金融发达国家及地区的做法,大力发展新兴高端航运服务业,实现“两个中心”转型升级。

二是深化创新理念,助推转型升级。船用保税油供应作为体现港口综合竞争力的一项重要指标,其价值丝毫不亚于港口吞吐量。随着上海国际航运中心建设的不断深入,上海市政府曾试图逐步放宽船用保税油供应市场准入门槛,然而由于进一步开放市场的方式、评估标准、监管机制迄今尚无一个具体、可行的第三方研究方案,使得整体推进工作几乎陷于停滞。而舟山在保税油供应方面不断加码,先后推出多项创新举措:其一,持续布局绿色石化基地,首家原油非国有贸易经营企业正在加快组建。其二,率先推出了国内第一个船加油操作的地方规范——《中国(浙江)自由贸易试验区国际航行船舶保税燃油供应业务操作规范》,有效提升了舟山船用保税油供应市场的透明度和可信度,为保税油企业提供了一个有序竞争、健康发展的有力营商环境。其三,创新监管模式,实现一船多供、先供后报等监管模式,建成运行保税燃油加注“一口受理”平台、保税油调度服务中心,供油效率大幅提升,供油成本明显下降。2017 年,舟山保税油供应量已超越上海,截至 2018 年 5 月 31 日,舟山保税油供应量达到 134.05 万吨,同比增长 114.06%。因此,上海应认清形势,坚持创新,利用国际金融中心优势,在保税油价格指数研发及其衍生品交易等方面迎头赶上,助力“两个中心”转型升级。

(4)区域化联动深入,提速“两个中心”开放互融。2018 年 11 月 5 日,习近平主席在首届中国国际进口博览会开幕式上发表主旨演讲,提出将支持长江三角洲区域一体化发展并上升为国家战略,完善中国改革开放空间布局。随着长三角区域化联动的不断深入,上海应转变思路,把相互竞争转变为相互协作、互利共赢的关系,充分利用“两个中心”建设优势,主动开放互融,助力“两个中心”发展向新阶段迈进。

一是倡导绿色发展理念,助推航运基础设施改造升级。2018 年 8 月 28 日,国务院印发的《打赢蓝天保卫战三年行动计划》提出,2020 年底前,沿海主要港口 50%以上专业化泊位(危险货物泊位除外)具备向船舶供应岸电的能力。目前,上海绿色港口岸电示范区建设已经正式启动,这为全上海港口实现节能减排目标树立了标杆模板,也为我国推动港口升级转型、发展绿色港口提供了“排头兵”的示范效应。截至 2018 年 2 月,上海港已建成规模以上岸基供电设备 20 台(套),覆盖 26 个港口泊位,其中集装箱泊位 7 个、邮轮泊位 2 个、电厂散货泊位 4 个、修船泊位 6 个、通用码头 6 个、工程泊位 1 个。

目前,《珠三角、长三角、环渤海(京津冀)水域船舶排放控制区实施方案》已正式实施,即所有进入长三角区域的船舶到港以后按要求换用低硫燃油或使用岸电、尾气后处理等替代措施,长三角区域港口电建设也将逐步提速。然而,动辄数千万元乃至上亿元的岸电工程投入,使得港口在建设岸电时顾虑重重。除了岸电设备上的投入,土建改造投资和建成之后的设备维护管理费用也十分惊人。以洋山港四期港口为例,其岸电土建等综合成本高达 2 000 多万元，几乎等同于岸电设备投资。而目前交通运输部岸电项目专项资金规定的奖励对象仅包含岸电项目设备购置费，并不包含土建施工和电力增容的费用，这就意味着该部分费用全得企业自掏腰包。作为船舶排放控制的重要手段，虽然岸电建设得到了国家巨额补贴支持，但目前岸电的补贴机制比较零散，偏重于建设，对运营的补贴还不够明确和细化。岸电的建设及营运亟须得到来自外界的支持。

绿色金融是我国金融领域近年来的一大亮点，绿色金融顶层设计和基础性制度安排正在逐步完善，同时绿色投融资渠道不断拓宽，绿色金融产品大量出现。近年来，上海绿色金融业务取得了积极进展，截至 2017 年末，上海在节能环保相关领域的信贷余额达到 2 428 亿元。因此，上海应利用在金融领域的先导优势，主动辐射长三角，深化绿色金融与港口岸电建设及营运合作，支持航运绿色基础设施改造。

二是完善碳排放交易，加强航运节能减排引导。随着海运减排日益成为国际应对气候变化的重要部分，船舶的温室气体排放越发引起人们的重视。国际海事组织（IMO）数据显示，2012 年航运业二氧化碳排放量达 7.96 亿吨，约占全球碳排放量的 2.2%。IMO 研究报告同时指出，如果航运业对碳排放不加以控制，2050 年航运业碳排放仍将面临 50%～250%的增长。近年来 IMO、欧盟等采取了一系列控制船舶碳排放的措施。航运碳减排是国际航运业的必然趋势，而建立碳排放交易市场是发挥市场机制的有效途径。

2016 年 8 月 31 日，中国人民银行、财政部、国家发展改革委等部门在《关于构建绿色金融体系的指导意见》中明确指出“碳金融”对于绿色发展的重要性，根据中国金融学会绿色金融专业委员会碳金融工作组发布的《中国碳金融市场研究报告》测算并初步分析，如果能够推出相关的碳金融交易工具，2020 年后，保守情景下交易规模能达到 1 000 亿～1 200 亿元。作为全球第一的贸易大国、航运大国和造船大国，我国航运碳减排市场潜力巨大。上海作为碳排放交易试点城市，在碳金融方面成绩斐然，2017 年末上海碳市场各类品种累计交易量达到 8 887 万吨，累计成交额为 9.1 亿元，二级市场的交易量在全国位居首位。

从航运发展趋势来看，淘汰旧船、老船、高能耗船，增加和建设大吨位船舶是必然趋势。这些都是未来航运碳减排市场的潜力所在。因此，上海应坚持创新、协调、绿色、开放、共享五大理念，构建长三角绿色金融体系，完善碳排放交易，加强航运节能减排引导，引领全国绿色金融的发展。

（二）研究思路与方法

1. 研究思路

本课题在过去研究基础上，深入挖掘“海港＋空港”“贸易（物流）＋金融”的互动模式，着重考察如何通过加强产业规划、完善监管措施、提升服务水平，发挥自由贸易港辐射作用，促进上海航运与金融业转型发展，推动形成“全面开放新格局”。海港与空港联合，这是目前国际上自由贸易港的一种主流布局。洋山港是全球最大最先进的集装箱码头，浦东机场在全球空港排名中位列第三。通过调研、学习等多种形式，探索自由贸易港海运与空运的互动模式，更好地发挥上海国际航运中心综合枢纽的优势。“贸易(物流)＋金融”的联动发展符合上海自由贸易港的发展方向，自由贸易港的主体功能是整合保税区和港区口岸资源及政策优势，通过提高贸易便利化、自由化水平，促进贸易转型升级，提升全球航运资源配置能力。而通过整合金融业的发展，探索实施符合国际通行做法的金融、外汇、投资管理制度，大力发展离岸贸易、离岸金融，培育“贸易(物流)＋金融”高度融合新业态新模式，可使上海真正成为全球的营运中心和控制中心，在全球价值链中获得更高等级的位置。

本课题选取船舶登记制度作为典型问题进行专门研究与分析。由于我国长期实行严格的船舶登记制度，在企业税收、船舶检验方面均有严格要求，船东为降低营运成本，多选择到登记条件宽松、税费征收较低的国家进行登记。在自由贸易港探索建立更加开放的国际船舶登记制度，并开展相关配套政策改革，对吸引中资船舶登记、促进航运金融产业发展以及提升我国国际航运话语权具有重要意义。

2. 研究方法

(1)文献研究法。本课题对航运中心、金融中心和自由贸易港有关材料进行了搜集，通过了解两个中心和自由贸易港发展现状、存在问题及有关政策建议，为进一步的研究打下基础。

(2)对比分析法。研究选取中国香港、新加坡和阿联酋迪拜三个自由贸易港发展情况进行分析，探讨上海在两个中心、自由贸易港发展方面存在的差距，在借鉴国内外经验基础上提出相应建议。

(3)案例分析法。研究选取船舶登记制度作为典型问题进行专门研究与分析，查找创新国际船舶登记制度存在的各种问题与障碍，分析产生这一情况的原因，并进一步探索解决的方法和途径。

(4)归纳演绎分析法。通过对两个中心、自由贸易港联动现状的分析，以及借鉴国外先进经验，在综合研究的基础上，提出了联动路径与举措，并给出相应的政策建议。

二、上海“两个中心”联动的现状及存在的问题

(一) 上海国际金融中心建设发展现状

加快推进上海国际金融中心建设，这是我国经济金融持续、稳定、健康发展的需要，是巩固发展社会主义市场经济体制的需要，是提高我国综合经济国力、提升国际竞争力的需要，也是保障我国金融安全的需要。构建上海国际金融中心，一方面对上海及其周边地区具有重要意义，有助于优化产业结构、带动新兴产业和相关产业的发展，充分发挥地区经济的辐射和带动作用；另一方面对我国金融与政治经济也具有重要意义，可以加速我国经

济发展、提升国际竞争力，可以优化金融资源配置、提高国际化程度，促进我国经济持续健康发展。

1. 2018 年金融业务数据

2018 年上海 GDP 完成 32 679. 87 亿元，比上年增长 6. 9%；第三产业增加值为 22 842. 96 亿元，比上年增长 8. 7%；金融业增加值为 5 781. 63 亿元，比上年增长 5. 7%，占上海 GDP 的 17. 69%，占第三产业的 25. 31%，占全国金融业增加值的 8. 4%，居全国城市之首。近五年上海 GDP 和金融业增加值变化情况显示（见表 2－1），上海金融业在近几年经历了快速发展，无论是增加值，还是对 GDP 的贡献均逐年增长。目前，香港金融业占香港 GDP 的比重约为 18%，上海有赶超之势。

表 2－1　　近五年上海 GDP 和金融业增加值变化情况

年　度	GDP（亿元）	与上年度变化（%）	金融业增加值（亿元）	与上年度变化（%）	金融增加值占GDP 比重（%）
2014	23 567. 70	7. 0	3 268. 43	14. 0	13. 87
2015	24 964. 99	6. 9	4 052. 23	22. 9	16. 23
2016	27 466. 15	6. 8	4 762. 50	12. 8	17. 34
2017	30 133. 86	6. 9	5 330. 54	11. 8	17. 69
2018	32 679. 87	6. 9	5 781. 63	5. 7	17. 69

资料来源：各年度上海市国民经济和社会发展统计公报。

2018 年上海中外资金融机构本外币存款余额约 12. 11 万亿元，比上年末增长 7. 7%；中外资金融机构本外币贷款余额约 7. 33 万亿元，比上年末增长 9. 1%。全年新增本外币各项存款 8 654. 40 亿元，同比多增 6 703. 64 亿元；新增本外币各项贷款 5 736. 67 亿元，同比少增 1 463. 09 亿元。具体如表 2－2 所示。

表 2－2　　2018 年上海中外资金融机构本外币存贷款情况

指　标	绝对值（亿元）	比年初增减额（亿元）
各项存款余额	121 112. 33	8 654. 40
#住户存款	28 569. 24	2 803. 68
非金融企业存款	53 643. 49	4 291. 70
广义政府存款	15 880. 38	769. 41
非银行业金融机构存款	17 096. 22	－104. 75
各项贷款余额	73 272. 35	5 736. 67
#住户贷款	22 274. 95	2 545. 75

续表

指　标	绝对值 (亿元)	比年初增减额 (亿元)
非金融企业及机关团体贷款	46 673.17	3 016.37
非银行业金融机构贷款	342.84	56.14
#人民币个人消费贷款	19 962.69	1 803.43
#住房贷款	13 314.01	593.12
汽车消费	4 139.05	505.71

资料来源:2018 年上海市国民经济和社会发展统计公报。

2018 年上海金融市场成交总额 1 645.8 万亿元,同比增长 15.2%;在沪金融机构总数 1 605 家,其中外资金融机构占比近 30%。

2018 年上海证券交易所总成交额 264.62 万亿元,比上年下降 13.6%。其中,债券成交额 216.95 万亿元,下降 12.3%;股票成交额 40.32 万亿元,下降 21.1%。全年通过上海证券市场股票筹资 6 113.96 亿元,比上年减少 19.3%;发行公司债 17 780.87 亿元,比上年增长 19.0%。截至 2018 年末,上海证券市场上市证券 14 069 只,比上年末增加 1 850 只。其中,股票 1 494 只,增加 54 只。

2018 年上海期货交易所总成交金额 81.54 万亿元,比上年下降 9.3%。中国金融期货交易所总成交金额 26.12 万亿元,增长 6.2%。银行间市场总成交金额 1 262.83 万亿元,比上年增长 26.6%。上海黄金交易所总成交金额 10.66 万亿元,增长 9.2%。

2018 年保险公司原保险保费收入 1 405.79 亿元,比上年下降 11.4%。其中,财产险公司原保险保费收入 582.10 亿元,增长 20.6%;人身险公司原保险保费收入 823.69 亿元,下降 25.4%。全年保险赔付支出 581.56 亿元,比上年增长 5.9%。其中,财产险赔款支出 271.62 亿元,增长 16.2%;寿险给付 207.93 亿元,下降 12.3%;健康险赔款给付 82.20 亿元,增长 30.8%;意外险赔款支出 19.81 亿元,增长 30.5%。

2. 近年发展情况

(1)金融市场体系进一步完善,金融市场能级显著提升。上海集聚了包括股票、债券、货币、外汇、票据、期货、黄金、保险等各类全国性金融要素市场。2017 年上海金融市场直接融资额达 7.6 万亿元,全国直接融资总额中的 85%以上来自上海金融市场。上海股票、债券、期货、黄金等金融市场国际排名显著提升,多个品种交易量位居全球前列。其中,上海证券市场股票筹资总额位居全球第二,股票交易额和股票市值均位居全球第四,上海黄金交易所场内现货黄金交易量位居全球第一,上海期货交易所螺纹钢、铜、天然橡胶等 10 个期货品种交易量位居全球第一。

近年来金融机构存贷款年末余额情况如表 2—3 所示。

表 2—3　**2014—2018 年上海金融机构存贷款年末余额**　单位:亿元

年　份	2014	2015	2016	2017	2018
金融机构存款余额	73 882.45	103 760.60	110 510.96	112 461.74	121 112.83
金融机构贷款余额	47 915.81	53 387.21	59 982.25	67 182.01	73 272.35

资料来源:历年上海市国民经济和社会发展统计公报。

近年来主要金融市场成交情况如表 2—4 所示。

表 2—4　**2014—2017 年上海主要金融市场成交概况**　单位:亿元

指　标	2014 年	2015 年	2016 年	2017 年
上海证券交易所成交额	1 281 498	2 663 691	2 838 724	3 063 862
上海期货交易所成交额	1 264 707	635 553	849 775	899 310
中国金融期货交易所成交额	1 640 170	4 177 604	182 191	245 922
银行间市场成交额	3 615 068	7 042 637	9 601 502	—
上海黄金交易所成交额	65 140	107 842	174 413	195 217

资料来源:历年上海市国民经济和社会发展统计公报。

(2)金融机构体系更加健全,金融业务规模不断扩大。除银行、证券、保险、基金、信托等金融机构不断汇聚发展外,各类国际性、总部型、功能性金融机构和新型金融机构不断涌现。新开发银行、全球中央对手方协会(CCP12)、人民币跨境支付系统(CIPS)、中国保险投资基金、中国互联网金融协会等一批重要金融机构或组织落户上海,金融业发展规模不断扩大。

截至 2017 年,全市各类金融单位达到 1 491 家。其中,货币金融服务单位 623 家,资本市场服务单位 403 家,保险业单位 389 家。全市各类金融单位中,在沪经营性外资金融单位达到 251 家。具体如表 2—5 所示。

表 2—5　**2014—2018 年末上海金融业单位数**　单位:家

指　标	2014 年	2015 年	2016 年	2017 年
金融业单位数	1 336	1 430	1 515	1 491
♯货币金融	601	618	625	623
资本市场	292	350	382	403
保险业	363	382	386	389
♯外资金融单位数	216	230	219	251

资料来源:历年上海市国民经济和社会发展统计公报。

(3)金融对外开放继续扩大,国际化程度稳步提高。上海已成为外资金融机构在华主要集聚地。总部设在上海的外资法人银行占内地总数的一半以上;合资基金管理公司、外资保险公司均占内地总数的一半左右。金融对外开放领域不断拓宽,证券“沪港通”、黄金国际板、“债券通”、原油期货等相继启动。银行间债券、外汇、货币等市场加快开放，人民币海外投贷基金、跨境交易型开放式指数基金（ETF）等试点顺利推出。上海航运保险协会成立，并代表中国加入全球最大的航运保险协会组织——国际海上保险联盟（IUMI）。

（4）金融改革创新深入推进，金融业务创新日益活跃。多年来，党中央、国务院一直支持上海在金融改革发展方面先行先试，把许多金融领域的创新探索放在上海试点。特别是共建“一带一路”、上海自贸试验区、具有全球影响力的科技创新中心等国家战略与倡议提出后，上海不断加大金融改革力度，主动对接服务国家目标，进一步释放协同创新的聚变效应，跨境人民币业务、投贷联动等在全国率先试点，互联网金融等新业态、新模式健康发展，成为我国金融产品和业务种类最为丰富、最为集中的城市。

（5）金融发展环境持续优化，风险防范能力不断增强。一方面，金融法治环境建设取得重大进展，《关于设立上海金融法院的方案》经中央全面深化改革委员会审议通过、全国人大常委会表决通过。上海市人大颁布实施《上海市推进国际金融中心建设条例》。金融审判庭、金融检察处（科）、金融仲裁院、人民银行金融消费权益保护局、金融消费纠纷调解中心等陆续在上海成立。上海市金融服务办公室、上海市政府法制办公室在全国率先推出《上海国际金融中心法治环境建设》白皮书。另一方面，信用体系建设取得重要进展，上海出台了全国首部地方综合性信用条例——《上海市社会信用条例》；落户上海的人民银行征信中心已建成全国集中统一的企业和个人金融信用信息基础数据库；上海市公共信用信息服务平台开通运行。金融专业服务机构体系不断健全，金融集聚区规划建设成效明显。近年来，上海通过主动实施各项金融服务措施，积极吸引金融机构，集聚金融人才。此外，上海还设立并连续评选金融创新奖，在全国率先建立金融业联合会，成功举办十届陆家嘴论坛，其国际影响力进一步提升。

3. 未来发展方向

目前，上海已建立较为完备的金融市场体系，基本确立以金融市场为核心的国内金融中心地位，初步形成全球性人民币产品创新、交易、定价和清算中心。在最新一期英国独立智库 Z/YEN 集团发布的全球金融中心指数（GFCI）排名中，虽然上海已由上一期的全球第六位升至第五位，上海国际金融中心建设已具备一定规模和影响力，但是国际化程度还不够高、辐射能力有限，功能有待进一步完善和提升。上海国际金融中心建设正处在由内向外的开放创新期、由扩大规模到注重质量的结构转型期，以及由集聚资源到提升功能的发展升级期。上海集聚了一大批中外资金融机构，成为中国大陆金融对外开放的最前沿、金融改革创新的先行区和国内金融发展环境最佳的地区。

2019 年 1 月，国务院同意中国人民银行等八部门联合印发《上海国际金融中心建设行动计划（2018－2020 年）》（简称《行动计划》）。《行动计划》指出了上海国际金融中心的建设目标和建设路径，明确了战略重点和推进举措。具体建设上海国际金融中心的总目标是：到 2020 年上海基本确立以人民币产品为主导、具有较强金融资源配置能力和辐射能力的全球性金融市场地位，基本形成公平法治、创新高效、透明开放的金融服务体系，基本建成与我国经济实力以及人民币国际地位相适应的国际金融中心，迈入全球金融中心前列。上海力争从五个维度发力，形成“六大中心”和“一个系统”（见图2—1）。

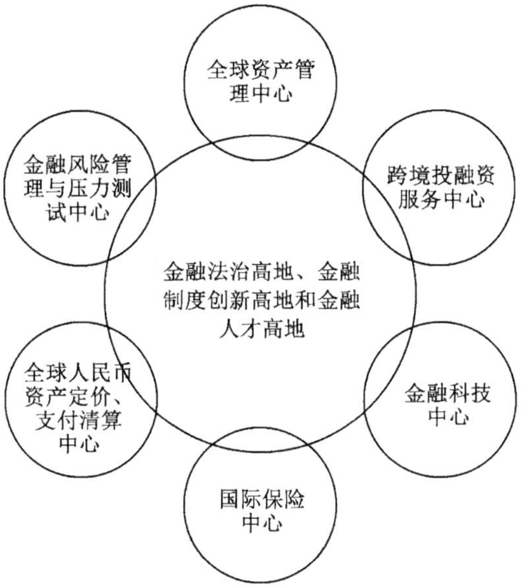

资料来源：作者根据相关资料整理。

图2—1　上海国际金融中心“6+1”目标

（二）上海国际航运中心建设发展现状

近年来，上海国际航运中心建设稳步推进，凭借资源优势、配套优化和服务提升，上海已成为世界第一大集装箱吞吐港和世界三大货邮吞吐量航空港，在国际航运市场的地位稳步提高，全球辐射影响力显著增强。

1. 2018年航运业务数据

2018年上海港集装箱吞吐量达到4 201万标箱，创历史新高。上海港进出船舶艘次为1 812 818艘次，同比上升23.72%。其中，国际航行船舶口岸查验40 474艘次，同比下降2.55%，国内航行船舶进出港报告1 772 344艘次，同比上升24.49%。上海海事局在册登记船舶数量为2 211艘，延续了2017年以来在册登记船舶数量下降的趋势；签发船员适任证书5 008本，引航员适任证书126本，超过了2017年水平。新华社中国经济信息社、中国金融信息中心联合波罗的海交易所共同发布的《新华·波罗的海国际航运中心发展指数报告(2018)》和挪威研究咨询机构梅农出版的《世界领先海事之都(2017)》显示，上海国际航运中心排名均位居全球第四位，国际影响力不断提升。

2018年上海机场集团旗下浦东和虹桥两大机场年起降航班771 957架次（浦东机场504 972架次，虹桥机场266 985架次），完成年旅客吞吐量11 769.97万人次（浦东机场

7 405.42 万人次，虹桥机场 4 364.55 万人次)，完成年货运吞吐量 416.94 万吨(浦东机场 376.19 万吨，虹桥机场 40.75 万吨)，客运量同比增长 5.20%，再创历史新高，货运量与航班量与 2017 年基本持平。截至 2018 年末，共有 107 家中外航空公司开通了在上海的定期航班，连接全球 48 个国家和地区的 300 个通航点，其中国际航点 135 个。

2018 年上海口岸主要数据如表 2—6 所示。

表 2—6　　2018 年上海口岸主要数据统计

大类	项　目	2018 年	同比(%)	2017 年	同比(%)
货物	上海口岸进出口货物总值(亿元)	85 317.0	7.7	79 211.4	15.1
	出口	48 913.9	6.9	45 766.3	18.9
	进口	36 403.1	8.8	33 445.1	12.5
	上海关区进出口货物总值(亿元)	64 064.3	7.3	59 690.2	14.0
	出口	37 099.1	6.0	35 006.0	19.3
	进口	26 965.2	9.2	24 684.2	10.6
	上海市进出口货物总值(亿元)	34 009.9	5.5	32 237.8	12.5
	出口	13 666.9	4.2	13 120.3	15.4
	进口	20 343.1	6.4	19 117.5	8.4
	上海口岸货物吞吐量(万吨)	40 550.7	−2.0	41 389.0	8.0
	航空	344.9	−0.4	346.3	14.1
	水运口岸货物量	40 205.8	−2.0	41 042.7	8.0
	上海口岸集装箱吞吐量(万标箱)	3 574.8	4.6	3 418.0	7.2
	出口	1 593.0	5.7	1 507.7	8.3
	进口	1 446.8	3.5	1 397.4	7.0
	内支线	535.0	4.3	512.9	4.8
人员	上海口岸出入境人员总数(人次)/ 旅客总数(人次)	46 269 846 42 501 425	5.8 6.4	43 752 565 39 943 371	3.1 3.9
	航空	42 001 615 39 681 632	7.5 7.6	39 086 792 36 868 775	3.1 3.9
	水运	4 159 119 2 720 153	−8.6 −8.4	4 551 480 2 969 957	3.9 3.3
	铁路	109 112 99 640	−4.5 −4.8	114 293 104 639	4.5 4.0
交通工具	上海口岸出入境交通工具总数(架次/艘次/车次)	277 119	3.2	268 495	3.3
	飞机	252 845	4.0	243 215	3.9
	船舶	23 908	−4.1	24 918	−2.8
	列车	366	1.1	362	0.0
	进出上海口岸国际航行船舶(艘次)	40 467	−2.6	41 528	−0.1
	货船	39 462	−2.1	40 303	−0.1
	邮(客)船	1 005	−18.0	1 225	0.9

资料来源：上海市口岸办。

2. 近年发展情况

2009 年 4 月，国务院发布《关于推进上海加快发展现代服务业和先进制造业建设国际金融中心和国际航运中心的意见》(国发〔2009〕19 号)，要求 2020 年上海基本建成国际航运中心。十年来，上海充分利用自身优势，抓住经济全球化的大好机遇，积极推进国际航运中心建设。国际航运中心核心功能逐步形成，航运要素和资源集聚能力显著提高，航运服务体系基本建成，国际航运综合试验区建设取得一定突破。上海港国际班轮航线遍及全球各主要航区，成为中国大陆集装箱航线最多、航班最密、覆盖面最广的港口。2018 年上海港集装箱吞吐量连续九年位居世界第一，货物吞吐量继续名列世界前列。2011—2017 年上海港国际集装箱和港口货物吞吐量如表 2—7 所示。

表 2—7　　上海港国际集装箱和港口货物吞吐量

年　份	国际标准集装箱吞吐量 (万标箱)	港口货物吞吐量 (万吨)
2011	3 173.9	72 758
2012	3 252.9	73 559
2013	3 361.7	77 575
2014	3 528.5	75 529
2015	3 653.7	71 740
2016	3 713.3	70 177
2017	4 023.3	75 072

资料来源:上海市国际航运中心建设年报。

(1)基础设施不断升级，集疏运体系进一步完善。航运中心基础设施一般包括码头泊位、航道、锚地、配套交通及辅助设施等，基础设施建设是上海国际航运中心建设的关键基石。自 2009 年国务院 19 号文实施以来，上海港基础设施建设取得重大进展，集装箱码头的规模、航线密度均为世界一流。2009—2016 年上海港码头和泊位情况如图 2—2 所示。

在港口基础设施不断完善的基础上，上海航运集疏运体系建设加快推进，具体以长三角地区丰富水运资源为依托，以“一体两翼”思路构建畅通的集疏运系统，在完善公路集疏运系统的基础上，着力促进集装箱水水中转。截至 2018 年 6 月，集装箱水水中转比例接近 46.7%，其中长江中转完成 1 058.8 万标箱，占水水中转量的 56.4%，占全港吞吐量的 26.3%。

随着集装箱运输质量和时间要求的不断提高，上海港集装箱运输码头继续朝着专业化、信息化及智能化方向发展。2017 年 12 月，上海洋山深水港四期码头正式开港投入试生产，并于 2018 年竣工验收。该码头靠泊能力为 15 万吨级，远期具备 630 万标箱的吞吐能力。另外，海事部门积极推进洋山深水港 E 航海示范区建设;东海数字广播系统建成并

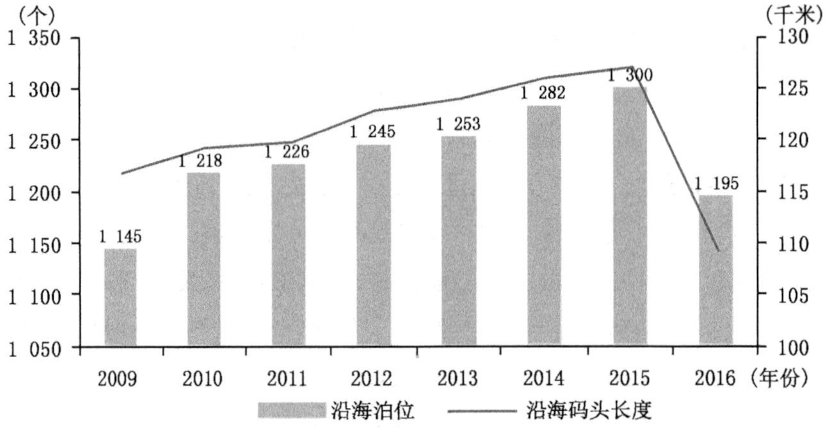

资料来源:历年上海市国际航运中心建设年报。

图2—2　2009—2016年上海港码头和泊位

试运行;黄浦江水上综合信息平台、洋山港水上交通大数据智能服务平台部分模块投入使用。

上海已成功构建国内首个“一市两场”城市机场体系,布局和规模看齐国际大都市水平。上海机场容货设计保障能力已达1亿人次、520万吨;110家航空公司开通了至上海两场的航班,航线网络直达47个国家、297个通航点;三大物流集成商均已在浦东机场的国际货邮和快件区域转运中心投运。

(2)航运服务体系初步形成,航运要素集聚明显。在港口基础设施不断优化的基础上,航运服务的需求也越来越大。近年来,各类航运服务机构纷纷落户上海,各类航运交易也迅猛发展。目前,上海已形成外高桥、洋山—临港、北外滩、陆家嘴—洋泾、吴淞口、虹桥机场、浦东机场周边七大航运服务集聚区。航运服务产业链进一步完善,总部集聚效应显现,一批国际性、国家级航运功能性机构云集上海,全球排名前二十的班轮公司、排名前四的邮轮企业、全球九大船级社、国有和民营主要航运企业均在沪设立总部或分支机构;远洋海运不断完善全球服务网络,在码头、物流、航运金融、修造船等上下游产业链形成了较为完整的产业结构体系;上海振华重工已发展成为世界上最大的港口机械重型装备制造商。

在信息服务方面,上海航运交易所成为全国集装箱班轮运价备案中心、中国船舶交易信息中心,“上海航运指数”品牌和本土航运类新型智库的国际影响力不断扩大。

在海事法律服务方面,海事仲裁机构业务规模进一步扩大,标准创制能力不断提高。中国海事仲裁委员会上海分会(上海海事仲裁院)推出《货运代理协议示范条款》,不断创新完善审判规则,形成一批海事审判经典案例,起到了对航运规则的导向作用。上海国际航运仲裁院与浦东新区航运服务办公室合作搭建上海自贸试验区航运法律服务平台,为上海自贸试验区企业提供租赁、贸易、供应链服务等合同示范文本。2017 年,上海海事仲裁案件数量全国占比达 90%,上海海事法院着力打造国际海事司法中心。

在航运人才培养方面,上海拥有注册船员 6.5 万人①,占全国海船船员的 9.6%。上海海事局签发的各类船员适任证书情况如表 2—8 所示。各相关部门在各层次航运人才培养上不断探索新举措,具体如下:上海海事局积极推进上海船员评估示范中心建设工作,积极打造船员服务产业链;近二十所高校在本科及以上层次开设航运物流领域学科专业;国际海事组织授权上海海事大学,在上海设立亚洲海事技术合作中心;由英国皇家特许船舶经纪协会、交通运输部职业资格中心联合认证的高端航运人才培训"双认证"模式试点成功,为上海高端航运人才培养提供有益经验借鉴。

表 2—8　　持证船员情况　　单位:人

职　务	上　海②	全　国	占　比(%)
船长	3 882	33 660	11.53
大副	2 162	23 102	9.36
二副	2 857	26 157	10.92
三副	3 029	26 846	11.28
值班水手	3 944	59 319	6.65
高级值班水手	3 227	34 581	9.33
轮机长	3 672	31 099	11.81
大管轮	1 851	18 091	10.23
二管轮	2 530	22 621	11.18
三管轮	2 689	23 929	11.24
值班机工	2 496	36 353	6.87
高级值班机工	2 152	22 174	9.71

注:该表数据截至 2017 年 5 月。

资料来源:上海海事局。

在航运金融服务方面,由于是本课题的重点,将在下文单独论述。

(3)制度创新有序推进,口岸便利化水平不断提升。2016 年 8 月 1 日,《上海市推进国际航运中心建设条例》正式实施。这是上海国际航运中心建设的框架性法规,也是中国第一部关于航运中心建设的地方性法规。除了《上海市推进国际航运中心建设条例》,2018 年 6 月 24 日,《上海国际航运中心建设三年行动计划(2018—2020)》发布,为新时代切实提升上海核心竞争力,实现到 2020 年基本建成上海国际航运中心这一国家战略目标

① 指注册机构是上海海事局的船员,数据截至 2017 年 5 月。

② 指适任证书签发机构是上海海事局的船员。

明确了基本方向。

一是持续推动口岸通关便利化。上海自贸区在充分借鉴国际经验的基础上，陆续推出“先入区、后报关”“经认证的经营者互认制度”“一次申报、一次查验、一次放行”等60项贸易监管新措施，逐步形成了“一线放开、二线高效管住、区内自由”的贸易监管制度构架。在海事、海关、检验检疫等部门的通力协作下，国际贸易“单一窗口”制度在全国率先实施，口岸监督环节和国际贸易管理各主要环节，实现了贸易和运输企业通过单一窗口向监管部门一次性提交申报，监管部门通过单一窗口向企业反馈办理结果和共享监管信息。上海自贸区内先行先试货物状态分类监管制度，将货物状态分为保税货物、非保税货物、口岸货物三类，实现对不同状态货物的有效监控，提高了通关速度，有效降低了监管风险。

二是全力推动航运领域改革创新和扩大开放。依托上海自贸试验区建设，航运服务业开放力度不断加大，除去涉及国家主权和安全的国内水路运输与船舶代理业务，其他均已完全对外开放。其中，允许外商独资设立国际船舶管理企业政策取得良好效应，已有15家外商独资和2家合资船舶管理公司获批入驻上海自贸区。中资非五星旗船舶实现外贸进出口集装箱沿海捎带，已有67条中资非五星旗国际航行船舶在上海海关备案，2017年沿海捎带箱量8.8万标箱。启运港退税政策实施并逐步扩大试点范围，启运港覆盖沿江、沿海13个口岸，离境港拓展至外高桥港区、洋山保税港区。

(4)邮轮特色产业稳步发展，航运旅游业取得突破。上海邮轮码头及配套设施建设日益完善，已形成吴淞口“国际邮轮港＋国际客运中心＋外高桥备用码头”的“两主一备”格局，邮轮和旅客接待量快速增长。2017年上海港共靠泊邮轮512艘次(见表2—9)，邮轮旅客发送量达148.47万人次，吴淞口国际邮轮港继续保持亚洲第一、全球第四邮轮母港的位置。同时，吴淞口地区积极发展邮轮产业链，上海中船国际邮轮产业园、四十余家邮轮公司落户宝山，打造邮轮总部经济。邮轮船供实现较快发展，2017年吴淞口邮轮港船供货值已达人民币4.26亿元。

表2—9　　2012—2017年上海港邮轮经济发展情况

年　份	邮轮靠泊次数(次)	其中:以上海为母港靠泊次数(次)	邮轮旅客吞吐量(万人)	其中:以上海为母港吞吐量(万人)
2012	180	128	35.03	25.58
2013	197	167	75.66	69.79
2014	269	240	121.52	115.11
2015	341	317	164.26	159.53
2016	509	482	289.38	282.90
2017	512	481	297.78	291.20

资料来源:历年上海国际航运中心建设年报。

(5)绿色港口发展成效显著。2017年,上海港口单位吞吐量能耗进一步降低至5吨标准煤/万吨吞吐量,比2010年减少17.2%。长三角船舶排放控制区提前全面实施,进一步助力长三角区域空气质量的改善。

3. 未来发展方向

《上海市国际航运中心建设三年行动计划(2018—2020)》明确了六个方面的重点任务。

(1)提升海空枢纽港服务能力和水平。继续优化港口码头基础设施,完成洋山深水港四期工程后续工作,建设可靠、高效、具有世界先进水平的自动化集装箱码头。加快机场跑道和航站楼硬件设施建设,深化空域精细化管理改革,支持客货中转业务发展。以开放的姿态,积极参与世界领先国际航运中心枢纽港服务水平竞争,在竞争中提升海空枢纽港服务能力和水平。

(2)提升现代集疏运体系服务效能。积极促进港口水路集疏运发展,加快推进内河高等级航道建设,推动江海直达运输。优化陆路集疏运网络,积极推进沪通铁路建设,提升水水中转、海铁联运比例,减少道路运输压力。提升贸易信息和物流信息的集成度和共享水平,为提高集疏运中转节点的监管效率打下坚实基础。

(3)提升邮轮母港的服务品质。重视邮轮船供产业园区的发展,建立完整的邮轮物资供应体系,开放邮轮船供代理市场,提升邮轮船供出口退税效率,重视船供物流体系的标准化信息系统建设,提升整体的船供物资流转效率,吸引更多的国际邮轮以上海港为母港运营业务。同时,完善吴淞邮轮港综合交通和口岸配套设施,提升邮轮码头客流集疏效率和邮轮码头对旅客的综合服务能力。不断完善邮轮旅游制度,建立邮轮旅客凭票进港、凭票登船机制,引导邮轮旅客树立正确的邮轮消费观念。

(4)提升现代航运服务能级。深耕现代航运服务能级,建设国际海事司法中心,构建多元化纠纷解决机制;深化海事审判专业化建设,提高外国法适用能力,建设海事司法智库;建设"智慧法院"和"数据法院",提高海事诉讼便利化程度。研究出台有关融资租赁的财政扶持政策,促进航运融资租赁业务发展。推动在沪金融机构和航运专业机构合作,发展航运金融衍生品业务。依托在沪航运咨询机构和高等院校,打造具有全球影响力的航运智库,加强国际间协同创新。加强航运服务功能集聚区的内涵建设,打造航运服务功能的精品和特色品牌。

(5)提升航运文化活力与魅力。从培育航运国际论坛和国际赛事入手,打造航运文化品牌,成立航运文化发展基金,鼓励民间航运文化艺术的兴起和发展,提升航运文化的识别度、认同度,真正将航运文化的活力与魅力融入人们的文化生活中。持续提升中国航海博物馆在陈列展览、文物典藏、学术研究、社会教育、运营开发和交流合作等方面的水平,将中国航海博物馆打造成为国内一流、具有全球知名度的一级博物馆。利用好中国航海日活动的契机,将航运文化活动的丰富程度提高到一个新的高度,以点带面,使欣赏和热爱航运文化成为上海这座城市的流行风尚。

(6)提升国际航运业的制度供给能力和水平。不断创新政策手段,依托上海自贸试验区、航运集聚区建设,对接“长三角一体化”“长江经济带”和“一带一路”,加强央地联动,在各项策略联动中解决问题和难题,争取更大的政策空间。梳理国际航运业相关制度链条,提高修订和新出台相关政策与现有制度的融合度,用科学的制度供给工具、方法和流程来把控制度供给质量,提升政策的有效性、实用性和透明度,提高与市场主体的政策互动水平,让制度起到控制风险和促进行业健康发展的切实作用。

(三)上海“两个中心”联动发展现状

1. 上海“两个中心”联动发展的必要性分析

(1)国际金融中心与国际航运中心的共同点。通过剖析世界著名的国际金融中心与国际航运中心的历史发展经验,可以发现两个中心在许多方面其实是相互影响、相互渗透的,并存在一些共同的特点。

一是空间分布高度一致。虽然世界上主要的国际金融中心与国际航运中心历经不同的时代演变,对象各不相同,但是纵观整个历史演变,可以发现同时代的国际金融中心与国际航运中心在地域上具有高度的一致性,至少在国别上存在相当比例的交集。

在国际金融中心方面,采用英国伦敦金融城推出的全球金融中心指数(GFCI)报告来分析其地域分布特征。该指数每半年对全球金融专业人士进行一次调查,透过57个包括专业人员、经商环境、市场进入、基础设施、竞争力、资金取得等项目进行调查,分项评分后加计总分,具有比较大的影响力和权威性。2017年最新调查结果显示(见表2—10),纵使受英国脱欧影响,英国伦敦仍以780分位列榜首,美国纽约以756分位列第二,中国香港和新加坡则分别以744分、742分位列第三、第四,第五至第十名分别是日本东京、中国上海、加拿大多伦多、澳大利亚悉尼、瑞士苏黎世和中国北京。

表2—10　　2017年全球金融中心排名

城市	GFCI 22		GFCI 21		排名变化	评分变化
	排名	评级分	排名	评级分		
伦敦	1	780	1	782	0	▽2
纽约	2	756	2	780	0	▽24
香港	3	744	4	755	△1	▽11
新加坡	4	742	3	760	▽1	▽18
东京	5	725	5	740	0	▽15
上海	6	711	13	715	△7	▽4
多伦多	7	710	10	719	△3	▽9
悉尼	8	707	8	721	0	▽14

续表

城市	GFCI 22		GFCI 21		排名变化	评分变化
	排名	评级分	排名	评级分		
苏黎世	9	704	11	718	△2	▽14
北京	10	703	16	710	△6	▽ 7

资料来源:全球金融中心指数(2017)。

在国际航运中心方面,新华社中国经济社和波罗的海交易所共同编制的《新华·波罗的海国际航运中心发展指数报告(2017)》显示(见表2—11),2017年全球综合实力前十的国际航运中心城市分别为新加坡、伦敦、香港、汉堡、上海、迪拜、纽约、鹿特丹、东京、雅典。从整体来看,亚洲和欧洲各大航运中心发展很迅速,亚洲航运中心崛起趋势愈加明显。以上海、迪拜等城市为代表的亚太地区国际航运中心更加注重后发优势与累积效应带来的超越式发展轨迹。特别是伴随着金融中心建设与自贸区开放合作政策快速推进,亚太地区这些港口正逐步形成港城互通、湾区经济与城市组群深度融合的创新生态新模式,将对亚太地区航运业态产生颠覆性影响。

表2—11　　全球航运中心城市排名

排　名	2014年	2015年	2016年	2017年
1	新加坡	新加坡	新加坡	新加坡
2	伦敦	伦敦	伦敦	伦敦
3	香港	香港	香港	香港
4	鹿特丹	鹿特丹	汉堡	汉堡
5	汉堡	汉堡	鹿特丹	上海
6	迪拜	上海	上海	迪拜
7	上海	迪拜	纽约	纽约
8	东京	纽约	迪拜	鹿特丹
9	纽约	釜山	东京	东京
10	釜山	雅典	雅典	雅典

资料来源:《新华·波罗的海国际航运中心发展指数报告(2017)》。

综合比较世界上两个中心排名前十位的城市,可以发现两者存在近一半的交集,且这些城市在各自排名中大多靠前,而非公共部分的城市也都属于国际发达城市。伦敦、纽约、新加坡、香港这四大城市恰恰既是世界著名国际金融中心,又是著名国际航运中心。由此可见,两个中心在地域分布上确实存在高度一致性。

二是产业结构相似。世界著名国际金融中心与国际航运中心拥有相似的产业结构,即第三产业,主要是金融业和航运业在两个中心都占有绝对的主导地位。早在21世纪初,纽约市的第三产业产值占该市的 GDP 比重就高达 86.7%,伦敦则是 85%。这两座城市都是知名的国际金融中心与国际航运中心。除了金融业与航运业在第三产业中的地位决定了国际金融中心与国际航运中心的产业结构外,第三产业的发展对于经济发展的推动,也促使了国际金融中心与国际航运中心以第三产业为核心的产业格局。第三产业有助于推动城市工业化进程,加快内外贸发展步伐。此外,提高国民教育水平、改善人口工作素质等,对于金融业与航运业也都有积极的帮助作用。

三是总部经济效应明显。总部经济是指某区域由于特有的优势资源吸引企业总部集群布局,形成总部集聚效应,由此实现不同区域分工协作、资源优化配置的一种经济形态。发展总部经济可以为区域发展带来多种经济效应,如税收效应、产业乘数效应、消费效应、就业效应、社会资本效应。综观全球著名国际金融中心与国际航运中心的发展历程,不难发现两大中心无一例外地都具有总部经济效应。例如,世界 500 强企业中有 46 家企业总部驻扎纽约,奠定了纽约的世界"总部经济"中心地位;6 000 多家跨国公司的区域总部"定居"新加坡;在中国香港设立地区总部的外资公司也已达 966 家。金融和航运主要是为企业服务的,一个国际性的金融中心与航运中心背后,如果没有总部集聚地,就无法发挥其应有的功能。

(2)国际金融中心与国际航运中心的紧密联系。通过以上对世界成熟国际金融中心与国际航运中心的历史发展经验以及两大中心共同特点的介绍,可以看出两者之间存在相互依存、相互促进的紧密联系,以此实现联动发展。

一是国际航运中心的发展需要金融业的支持。航运业是一个资金密集型行业,在基础设施建设、船舶制造、航运管理与交易等各个方面均需要巨大的资金投入。这种投入分为硬件、软件两个方面。硬件方面主要是港航基础设施的建设,如建设码头、疏浚航道、修造船舶和通信设施等;软件方面,如构建信息平台、航运管理、培养人才、保险、税收、通关等。这些单靠港航企业本身是解决不了的,因而特别需要金融服务业的鼎力支持。只有金融服务业发展了,才能给航运公司和港口企业提供充足的资金,才能充分发挥金融业在航运投资、融资、结算和海上保险的作用。运输生产本身就是国际范围内资金流转的过程,只有不断改善金融服务业的环境,才能使之更好地为航运业大发展服务。

具体来看,金融业对国际航运中心建设的有力支撑主要表现在以下几个方面。

第一,发达的金融业能为航运业发展提供资本保障。金融中心是资金的集散地,它可以通过其发达的金融市场和金融体系为本地区的企业发展提供资金支持,消除资金瓶颈,如通过风险投资、股票市场、银团贷款、企业债等多种方式满足企业多种形式的资金需求。港口通过金融中心的股票市场可有效地解决该地区企业发展中的资金短缺问题。同时,较发达的金融市场、金融体系也为航运中心中的资金盈余者提供了多样性的投资渠道。金融中心不仅吸引了国内外的金融机构与资金流量,而且汇集了来自世界各地的有关金融、贸易和行业的信息流量,从而吸引了跨国公司在当地进行投资,包括设立跨国公司地区总部或海运总部。跨国港航公司可利用国际金融中心相对优越的资金、信息、人才、外汇兑换以及法律政策条件等，在国际金融中心所在地或经济带开展业务活动。因此，金融中心加强了本地区及周边市场与国际市场的联系，促进了本地区航运业的国际化水平。

第二，完善的保险服务能为航运业发展化解风险。航运业同时也是高风险的行业。船舶作为巨额移动财产，风险系数极高，事故易发且一旦发生后果严重，因此特别需要保险服务。航运保险具有为海上运输提供转移风险、均摊损失以及补偿损失等功能，其作为一种损失补偿机制在国际航运中具有重要地位。尤其发生船舶沉没、贸易合约失败或第三方财产损失时，航运保险能够分摊贸易过程中各方面潜在的风险。完善的航运保险体系犹如一颗定心丸，为高风险的航运业有序发展保驾护航。以国际航运中心之一的伦敦为例，其拥有超过 800 家的保险公司。伦敦航运融资放贷总额高达 150 亿～200 亿英镑，约占世界市场份额的 20%；航运保险费收入约占世界市场份额的 23%。由此可见，航运保险已成为衡量一个航运中心国际地位的重要标准。

第三，便捷的资金结算可提高航运业资金使用效率。国际航运中的货物运输过程可以看作在国际范围内资金流转的过程。有资金流转，就有利益分配，因此对于结算，尤其是对国际结算的需求量非常大。若能掌握整个物流活动中的现金流，就能够抓住整条供应链的命脉。目前，全球航运结算呈现出欧美三大结算所鼎立的态势，即挪威期货和期权结算所(NOS)、纽约商品交易所(NYMEX)、伦敦结算所(LCH)平分天下。而巧合的是，这三家所在地也正是国际航运中心的所在地，由此可见结算对于航运业的重要性。同时，巨额资金的结算也为航运中心所在地的金融业带来了巨大的业务量，促使了金融业的快速发展。

二是国际金融中心建设离不开航运业发展。发展航运业离不开金融业的支持，而金融业的发展同样也离不开航运业。资金的本性在于流动，资金流动才能增值。金融业的资金只有在服务于经济的过程中才能不断增值。航运企业通过金融业募集到的资金，或者吸引的境内外投资，反过来也为金融中心注入了新鲜血液。航运业的投融资项目一般都数额巨大，这些大量的资本注入能够帮助金融中心不断壮大。离开航运业的发展，金融业的生存基础就会被动摇。航运经济是我国国民经济中的主导产业之一。航运经济的投入和产出都十分巨大，对国民经济的影响也举足轻重。航运业所需资金不仅数额巨大，而且资金回笼快，增值率高。因此，航运业历来是金融界资金争投的对象。而除了航运本身，码头基础设施建设和造船业也出现了快速增长。由于船舶的大型化、专业化趋势，很多造船厂正在扩大或提升生产能力，以适应市场需求。此外，造船厂还在运输和仓储等方面拓展服务领域，借此成为一个全面的物流供应商。同时，航运和物流业的快速增长需要保险公司提供更多的贸易信贷再保险。由于地方金融系统与银行和其他金融机构之间存在更密切的联系，债务市场融资有望在很大程度上代替政府资助行为，这就为保险业信贷风险提供了很多空间。另外，物流和运输活动不断整合以及电子商务的发展也给贸易金融的商业模式带来了变化,保险和再保险公司必须适应这种变化,并提高效率,为客户量身定制风险融资和资金使用方面的保险产品和条款。

从以上简要分析中不难看出,离开金融服务业的有力支持,航运中心建设就难以实施。离开航运业的发展,金融服务业也将失去资金的主要投入对象。为此,建设国际航运中心必须同时伴随国际金融中心建设,只有两者并驾齐驱,才能实现共赢。这是当今世界五大国际航运中心建设发展的基本经验。

2. 航运金融发展——基于 SWOT 分析

航运金融通常是指航运企业运作过程中发生的融资、保险以及货币保管、兑换、结算、融通等经济活动而产生的一系列业务。一般认为,航运金融是国际金融中心与国际航运中心的联结点。航运业的特点决定了其发展高度依赖金融支持。同时,航运业的高度发展也会给金融行业发展带来巨大机会(见图 2—3)。上海金融业与航运业虽然随着我国改革开放取得了较快发展,但是总体上还处于起步阶段。

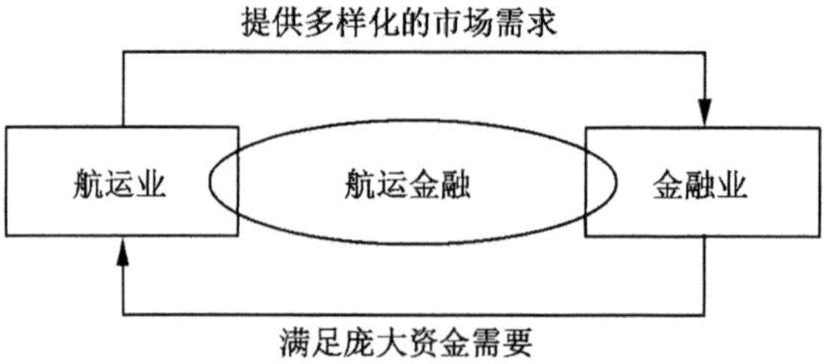

图 2—3　航运业与金融业联动关系

(1)发展优势(S)。一是建立了较完备的产品部门。随着上海航运金融服务机构的逐渐集聚,主要航运金融产品如融资、结算、保险、价格衍生品等均有较快发展。应该说上海已基本形成要素齐全的航运金融市场,业务集聚效应较为显著。

二是产品创新能力显著增强。各航运金融机构利用各自的传统优势,不断对其品种、方式、资金等进行创新,已在多个领域取得突破。例如,2015 年上海率先推进航运保险产品注册制改革,上海航运交易所不断创新航运交易衍生品,等等。

三是市场占有率较高,影响较大。除产品创新能力显著增强外,上海航运金融发展还呈现出较多亮点,在国内处于绝对领先地位。目前,金融租赁及航运保险市场发展较快。据统计,上海地区船舶险和货运险总量占全国的 1/4,其中船舶险占全国市场份额近 50%。

(2)发展劣势(W)。一是产品与实际需求还存在差距。2016 年上海货物吞吐量达 7.02 亿吨,集装箱吞吐量达 3 713.3 万标箱,连续七年位居世界第一。而上海航运金融的发展进程并未完全跟上航运快速发展的步伐。总体而言,航运金融业所提供的产品与航运业实际需求还存在较大差距,主要表现在航运融资的手段和渠道较少、融资成本较高、中小航运企业融资困难突出三个方面。航运保险业务不具备全球影响力，险种少、保费高，国内航运公司亦普遍存在购买国外保险机构产品的倾向。

二是国际竞争力较弱，未形成比较优势。国际上知名航运中心往往在发展高附加值的航运金融产业方面各具特色。比如船舶融资方面，纽约股票市场筹备船舶资金的业务比较突出，希腊则以航运产业基金知名；航运保险方面，伦敦、东京等占据全球很大部分份额；航运资金结算方面，新加坡因自由贸易港便利成为著名的资金结算中心。上海的航运服务和金融服务虽然占据国内优势地位，但与国际知名的航运金融中心相比，尚未形成自己的发展特色，存在较大差距。

(3)发展机遇(O)。一是上海独特的战略地位。上海港属腹地型港口，拥有中国经济最发达的地区之一——长江三角洲地区作为市场支撑，发展航运金融具备较好的基础。自 2009 年国务院宣布加快上海“两个中心”建设以来，上海航运金融取得了较大发展。国家大力支持将上海发展为国际航运中心与国际金融中心，为上海发展航运金融提供了宝贵的实践机会。随着国家“一带一路”倡议的实施和上海自由贸易试验区的进一步发展，尤其是上海正按中央部署筹建自由贸易港，上海航运金融发展面临较多战略利好。

二是上海航运业发展提供了巨大市场。如上所述，上海航运金融受益于上海与中国快速发展的航运业及上海国际航运中心的战略支撑。加之从全球范围来看，世界航运重心由欧洲转至亚洲，这就为上海建成一个功能强大、发展良好的航运金融服务中心提供了契机。

三是上海金融业发展奠定了成长基础。近年来，在党中央国务院的正确领导和国家有关部门的支持指导下，上海金融市场体系进一步完善，金融机构体系日益健全，金融对外开放继续扩大。上海基本形成了股票、货币、外汇、商品期货、金融期货、OTC 衍生品、产权交易市场在内的全国性金融市场体系，是国际上少数几个市场种类比较齐全的金融城市之一，金融市场的规模已经位居世界前列。目前，上海已经基本确立以金融市场体系为核心的国内金融中心地位，这为上海航运金融发展奠定了较好的成长基础。

(4)发展威胁(T)。一是来自国际和国内其他航运金融中心的竞争。上海航运金融发展必然面临与国际上知名航运金融中心竞争的局面。在国内，天津、武汉等地近年来也在不断加强发展航运中心力度，在船舶登记、航运税收、金融租赁等方面的政策创新力度也较强。

二是法律与政策环境支持力度不佳。航运金融涉及的产业链长、行业部门多。上海虽针对航运业与金融业制定了很多支持性政策，但对于航运金融目前尚未有完善的综合性支持政策。另外，国内税负水平总体上较高，降低了航运金融机构的实际竞争力。上海自贸区国际船舶登记制度也未取得实质性突破，大量的中资船舶仍然在方便旗国注册，航运金融需求大量外流。

采用 SWOT 方法对上海航运金融发展现状进行分析，结果如表 2—12 所示。

表 2—12　　上海航运金融发展现状分析(SWOT 方法)

优势:(1)已建立较完备的产品部门 (2)产品创新能力显著增强 (3)在全国市场占有率较高,影响巨大	劣势:(1)产品与实际需求还存在差距 (2)国际竞争力较弱,未形成比较优势
机遇:(1)上海独特的战略地位 (2)上海航运业发展提供了巨大市场 (3)上海金融业发展奠定了成长基础	威胁:(1)来自国际和国内其他航运金融中心的竞争 (2)法律与政策环境支持力度不佳

资料来源:作者根据相关资料分析总结。

3. 主要航运金融市场发展情况

(1)航运融资。融资方式即企业融资的渠道。航运业作为资金密集型产业,其健康发展离不开多元化的融资渠道和充足的资金支持。由于航海技术与管理能力的充分发展,各航运公司在管理成本方面的差别已不太明显,能够获得竞争优势的关键即在于资金成本。上海航运融资市场在过去几年里发展迅速,以银行为主体的金融机构都在积极发展航运融资投资组合。目前,上海航运市场融资的主要方式是以船舶抵押贷款为代表的间接融资,商业银行为资金主要提供方。以船舶租赁为代表的直接融资还处在发展初期,船舶融资租赁占所有融资的比例不到 10%。

一是商业银行贷款。2016 年上海各主要银行业金融机构对上海航运产业的授信总额为 2 359.92 亿元,同比下降 3.7%(见表 2—13)。从实际使用状况看,航运相关企业的贷款余额为 1 453.74 亿元,同比上升 24.6%(见表 2—14);融资租赁余额为 238.56 亿元,同比上升 18.5%;经营租赁余额为 161.09 亿元,同比上升 86.1%;其他融资方式余额为 177.23 亿元(见表 2—15)。

表 2—13　　2009—2016 年上海航运业授信情况　　单位:万元

年　份	(调整前)授信总额	(调整后)授信总额	同比增长率(%)
2009	2 071.72	1 501.48	—
2010	2 166.81	1 570.40	4.59
2011	1 961.39	1 421.53	—9.48
2012	1 518.62	1 518.62	6.83
2013	1 984.00	1 984.00	30.60
2014	2 216.34	—	11.73
2015	2 448.65	—	10.48
2016	2 359.92	—	—3.70

资料来源:上海金融办。

表 2—14　　2009—2016 年航运相关企业的贷款余额　　单位:亿元

年　份	(调整前)贷款余额	(调整后)贷款余额	同比增长率(%)
2009	556.10	757.49	—
2010	663.83	904.21	19.37
2011	640.32	872.21	—3.54
2012	891.83	891.83	2.25
2013	955.00	955.00	7.10
2014	1 055.93	—	10.59
2015	1 166.87	—	10.52
2016	1 453.74	—	24.60

资料来源:上海金融办。

2016 年航运业上游船舶及相关设备制造和修理等企业的授信总额为 417.54 亿元(见表 2—15),同比下降 33.5%;相关企业实际使用的贷款余额为 402.42 亿元,同比上升 7.1%;融资租赁为 26.04 亿元,同比上升 106.7%;其他融资方式为 12.16 亿元。中游船公司、船务代理和货运代理等企业的授信总额为 1 057.45 亿元(见表 2—16),同比上升 8.4%;相关企业实际使用的贷款余额为 692.11 亿元,同比上升 39.4%;融资租赁为 119.48 亿元,同比上升 35.0%;经营租赁为 161.09 亿元;其他融资方式为 49.51 亿元。下游港口及相关物流仓储等临港企业的授信总额为 884.20 亿元,同比上升 4.6%;相关企业实际使用的贷款余额为 349.22 亿元,同比上升 21.9%;融资租赁为 93.04 亿元,同比下降 7.1%;其他融资方式为 115.55 亿元。

表 2—15　　细分子行业的年度授信总额　　单位:亿元

年　份	上　游		中　游		下　游	
	授信总额	同比增长(%)	授信总额	同比增长(%)	授信总额	同比增长(%)
2009	445.13	20.50	592.59	27.29	1 133.93	52.22
2010	489.60	22.60	552.71	25.51	1 124.50	51.90
2011	383.84	19.57	450.38	22.96	1 127.16	57.47
2012	386.64	25.46	543.83	35.81	588.15	38.73
2013	343.00	17.29	930.00	46.88	711.00	35.84
2014	452.22	缺	缺	缺	缺	缺
2015	627.67	38.79	975.55	缺	845.44	缺
2016	417.54	33.57	1057.45	8.40	884.20	4.58

资料来源:根据上海市金融办和上海国际航运研究中心资料整理。

表 2—16　　2010—2016 年金融机构对相关航运企业融资情况　　单位:亿元

项　目	年 份	上游相关企业	中游相关公司	下游相关企业
授信总额	2010	489.59	552.68	1 100.74
	2011	383.84	450.38	1 127.16
	2012	386.64	543.83	588.15
	2013	343.00	930.00	711.00
	2014	419.48	920.12	876.75
	2015	627.67	975.55	845.44
	2016	417.54	1 057.45	884.20
实际使用	2010	107.18	101.70	460.44
	2011	112.98	105.75	421.50
	2012	303.40	330.90	257.52
	2013	262.00	421.00	274.00
	2014	317.65	419.99	318.30
	2015	375.78	496.52	294.58
	2016	402.42	692.11	349.22
融资租赁	2011	2.55	111.54	71.83
	2012	3.00	97.73	72.56
	2013	4.80	89.00	90.00
	2014	2.21	81.48	108.65
	2015	12.60	88.52	100.14
	2016	26.04	119.48	93.04
经营租赁	2011	—	4.81	8.82
	2012	—	4.73	8.82
	2013	—	13.70	—
	2014	—	40.63	—
	2015	—	86.59	—
	2016	—	161.09	—
其他融资方式	2011	18.06	6.05	100.04
	2012	37.13	36.99	64.84
	2013	20.00	91.00	95.00
	2014	31.98	112.77	137.85
	2015	12.85	78.10	120.89
	2016	12.16	49.51	115.55

注:融资租赁、经营租赁和其他融资方式 2010 年数据暂无。

资料来源:根据上海市金融办、上海国际航运中心资料整理。

二是融资租赁。目前，上海自贸区内航空航运总体租赁资产规模达到843.72亿元，其中，飞机达225架(资产规模591.46亿元)，飞机发动机达19台(资产规模13.79亿元)，船舶达115艘(资产规模238.47亿元)。航空航运租赁板块的资产规模达到整体租赁资产规模的30%。在沪注册的交银金融租赁有限责任公司、招银金融租赁有限公司、农银金融租赁有限公司和浦银金融租赁股份有限公司于上海自贸试验区内共设立30多家单船融资租赁项目公司，船舶租赁的金额为58.27亿元。其中，交银金融租赁有限责任公司在上海自贸试验区内设立单船融资租赁项目公司2家，注册资金15亿元。招银金融租赁有限公司和华融航运金融租赁有限公司于2015年正式开业。涉及航运租赁的知名企业还有中交建融租赁有限公司、富瑞达国际融资租赁有限公司、上港融资租赁有限公司等。

截至2016年12月底，上海自贸试验区保税区域累计设立融资租赁企业1 921家，其中母体公司1 524家，特殊项目子公司(SPV)397家，累计注册资本5 020.3亿元。

船运相关企业具体融资租赁额和经营租赁额如表2—17至表2—19所示。

表2—17　2014—2016年航运相关企业的融资租赁余额　单位:亿元

年　份	融资租赁	经营租赁	其他融资方式
2014	191.94	76.63	缺
2015	201.26	86.59	211.84
2016	238.56	161.09	177.23

资料来源:历年上海国际航运中心建设年报。

表2—18　2009—2016年航运相关企业的融资租赁额　单位:亿元

年　份	(调整前)融资租赁额	(调整后)融资租赁额	同比增长率(%)
2009	26.77	19.43	—
2010	148.18	107.58	453.57
2011	185.91	134.97	25.46
2012	173.28	173.28	28.38
2013	183.00	183.00	5.60
2014	232.98	—	26.70
2015	201.26	—	—
2016	238.56	—	18.50

资料来源:历年上海国际航运中心建设年报。

表2—19　2010—2016年航运相关企业的经营租赁额　单位:亿元

年　份	(调整前)经营租赁额	(调整后)经营租赁额	同比增长率(%)
2010	12.33	2.95	—
2011	13.63	3.26	10.54
2012	4.73	4.73	45.00

续表

年　份	（调整前）经营租赁额	（调整后）经营租赁额	同比增长率（%）
2013	13.70	13.70	190.00
2014	40.63	—	1.97 倍
2015	161.09	—	1.13 倍
2016	86.59	—	86.1

资料来源：根据上海金融办、上海国际航运研究中心资料整理。

（2）船舶交易及登记。一是全国船舶交易相关情况（见表 2—20）。截至 2016 年底，中国船舶交易信息平台共接收船舶成交信息报送 25 144 艘次，载重 3 700 万吨，成交金额达 613.2 亿元。

表 2—20　　截至 2016 年中国船舶交易信息平台交易情况

项　目	2016 年
船舶（艘次）	25 144
载重吨（万吨）	3 700
金额（亿元）	613.2

资料来源：上海航运交易所。

按照交易船舶航行区域划分，与 2015 年相比，2016 年全国船舶交易情况如表 2—21 所示。

表 2—21　　分行驶区域船舶交易对比情况

区　域	2016 年			2015 年		
	总金额（亿元）	总载重吨（万吨）	艘数	总金额（亿元）	总载重吨（万吨）	艘数
内河	34.47	350.5	3 074	39.7	386	3 703
沿海	10.40	30.2	171	11.5	96	326
近海	12.32	77.2	122	16.8	115	114

资料来源：上海航运交易所。

按照交易船舶种类划分，与 2015 年相比，2016 年全国船舶交易情况如表 2—22 所示。

表 2—22　　主要船舶种类交易对比情况

船　型	2016 年			2015 年		
	总金额（亿元）	总载重吨（万吨）	艘数	总金额（亿元）	总载重吨（万吨）	艘数
干散货	29.36	335.2	2 420	38.1	410	3 153

续表

船　型	2016 年			2015 年		
	总金额（亿元）	总载重吨（万吨）	艘数	总金额（亿元）	总载重吨（万吨）	艘数
油船	5.68	18.7	152	5.1	12.6	87
集装箱	2.8	22.4	36	0.8	7.4	18
化学品	3.5	8.3	36	1.8	5.7	25

资料来源：上海航运交易所。

按照交易船舶船龄划分，与 2015 年相比，2016 年全国船舶交易情况如表 2—23 所示。

表 2—23　　船舶交易船龄分布对比情况

船　龄	2016 年			2015 年		
	总金额（亿元）	总载重吨（万吨）	艘数	总金额（亿元）	总载重吨（万吨）	艘数
5 年以内	28.5	173.76	676	25.5	180.5	896
5—10 年	26.7	170.93	1 015	25.5	182.4	1 376
10—20 年	12.8	124.25	1 586	12.9	143.2	1 695
20—25 年	1.3	14.64	93	1.3	24.2	93
25 年以上	0.5	7.65	99	2.8	66.7	83

资料来源：上海航运交易所。

二是 17 家船舶交易服务机构交易情况（见表 2—24）。根据中国船舶交易信息平台数据统计，2016 年经交通运输部备案公布的 17 家船舶交易服务机构共计成交船舶 1 898 艘，载重 367 万吨，成交金额达 44 亿元，分别占成交总数的 56.3%、80.2%、76.9%。

表 2—24　　2016 年我国 17 家会员机构船舶交易情况

项　目	17 家会员机构	全国	占比（%）
船舶（艘）	1 898	3 367	56.3
载重吨（万吨）	367	457.9	80.2
金额（亿元）	44	57.2	76.9

资料来源：上海航运交易所。

三是上海航交所完成船舶交易情况（表 2—25）。2016 年上海航交所完成船舶交易 121 艘次，船舶交易总价值达 6.4 亿元，完成船舶评估 21 艘次。

表 2—25　　2015—2016 年上海航运交易所船舶交易情况

项　目	2015 年	2016 年
船舶交易量(艘次)	135	121
船舶交易总价值(亿元)	11.6	6.4
载重吨(万)	116.5	24.8

资料来源:上海航运交易所。

(3)船舶登记。一是总体情况。2017 年上半年,上海海事局共办理各类船舶登记 886 艘次,同比下降 13.65%。各类船舶登记业务量均有所下降。其中,船舶无抵押权登记证明、光船租赁登记、船舶抵押权登记和船舶所有权登记业务量下降幅度较大,同比分别下降 100%、48.39%、26.09%和 24.21%。

截至 2017 年 6 月 30 日,上海海事局在册登记的船舶数量为 2 242 艘,同比减少 10 艘。其中,国际航行船舶数量较 2016 年有所增加;国内航行海船和国内航行河船在数量上均较 2016 年同期有所减少(见表 2—26)。

表 2—26　　2016 年末至 2017 年上半年上海海事局在册登记的船舶

船舶种类	船舶数量(艘)		总 吨		平均单船总吨	
	2016 年 12 月 31 日	2017 年 6 月 30 日	2016 年 12 月 31 日	2017 年 6 月 30 日	2016 年 12 月 31 日	2017 年 6 月 30 日
总 计	2 252	2 242	17 921 959	18 103 990	7 958	8 074
国际航行船舶	410	415	10 776 260	10 857 365	26 283	26 162
其中特案免税船舶	15	12	147 624	90 830	9 841	7 569
国内航行海船	1 124	1 113	6 128 905	6 241 212	5 452	5 607
国内航行河船	718	714	1 016 794	1 005 413	1 416	1 408

资料来源:上海海事局。

上海海事局各类船舶登记及其所有权登记情况如图 2—4、表 2—27 所示。

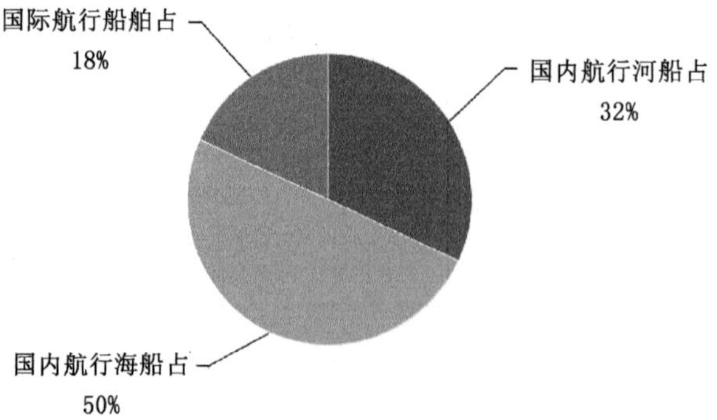

资料来源:上海海事局。

图 2—4　上海海事局在册登记各类船舶占比情况

表 2—27　　上海海事局办理船舶所有权登记情况

项　目	2015 年	2016 年
船舶所有权登记	190	172
注销所有权登记	204	165

资料来源：上海海事局。

二是船舶抵押登记情况。2017 年上半年，上海海事局共办理船舶抵押权登记 17 艘次，涉及的债权数额为 65 438.00 万元（见表 2—28）。与年同期相比，办理抵押权登记的艘次数下降 26.09%，债权数额下降 39.64%。

表 2—28　　上海海事局办理船舶抵押权登记情况

项　目	2016 年 1—6 月	2017 年 1—6 月
艘次	23	17
债权数额（万元）	10 841 950.50	65 438.00

资料来源：上海海事局。

三是船舶融资租赁登记情况。2017 年上半年，上海海事局共为 4 艘融资租赁的船舶办理相关登记，同比下降 50%（见表 2—29）。其中，3 月船舶融资租赁登记业务量最多，为 2 艘次；2 月、4 月和 6 月没有业务量。2017 年上半年登记的 4 艘融资租赁船舶中，涉及 ZMIL 公司和 CSL 公司的各占半数。

表 2—29　　上海海事局办理船舶融资租赁登记情况

年　份	出租到境内（艘）	出租到境外（艘）	合计（艘）
2016 年 1—6 月	8	0	8
2017 年 1—6 月	4	0	4

资料来源：上海海事局。

（4）航运保险。2013 年 12 月 26 日，国内首家专业性航运保险社团组织——上海航运保险协会正式成立。这意味着上海航运保险服务体系专业化、集约化的市场布局初步形成。2015 年，中国成为继英国之后的第二大航运保险市场，上海航运保险市场在全国范围内具有举足轻重的地位。2016 年 1 月 1 日，上海航运保险协会代表我国成为国际海事保险联合会（IUMI）正式会员。2016 年，国内首家航运自保公司——中远海运财产保险自保公司获批筹建，国内第一家专业航运保险公司——东海航运保险股份有限公司在沪设立分公司。

航运保险在产品创新上也取得积极成效，2016 年注册的航运保险产品超过近五年中国保监会备案航运保险产品的总和。上海航运保险协会创新开发全国首个海事诉讼保全责任保险，编制发布上海航运保险指数。据统计，2016 年上海船舶和货运险保费收入为

36.97 亿元，受整体市场影响同比下降 3.55%，占全国船舶货运险保费收入比例进一步提升，达 27.01%。其中，船舶险保费收入在全国占比为 44.69%。

(5)航运金融衍生品。国际航运市场风险大，运费价格波动剧烈。航运金融衍生品作为实体企业的金融工具，在应对价格波动风险方面发挥着重要作用。目前航运金融衍生品市场在上海才刚刚起步，主要的产品提供商为上海清算所与上海航运运价交易有限公司(该公司为上海航运交易所于 2010 年 11 月联合几家国有和民营机构发起设立的)；主要在交易的航运运价衍生品有上海清算所的人民币远期运费协议[①](FFA)清算产品和上海航运运价交易有限公司的中远期运力交易产品等。上海清算所的人民币 FFA 清算产品包括海岬型船平均期租远期运费协议(CTC)、巴拿马型船平均期租远期运费协议(PTC)和超灵便型船平均期租远期运费协议(STC)。上海航运运价交易有限公司推出的主要交易产品为中远期运力交易(包括国际干散货、中国沿海煤炭、上海出口集装箱三大产品)和价差交易(主要为铜运费价差)，其中尤以上海出口集装箱运力衍生品备受关注。

上海清算所还联合上海航运交易所推出集装箱掉期和中国沿海煤炭远期运费协议中央对手清算业务，均采用上海航运交易所指数作为最终结算标的。人民币集装箱掉期是以上海出口集装箱运费为标的，现金交割，人民币计价，产品标的包括上海出口至欧洲集装箱运费、上海出口至美西集装箱运费。中国沿海煤炭远期运费协议，则以中国沿海煤炭运费为标的，同样现金交割，人民币计价，产品标的包括秦皇岛至上海航线运费、秦皇岛至广州航线运费。这样不仅使航运金融要素市场的品种更加丰富，还能帮助航运相关企业对冲运费价格波动风险，提升中国航运指数在国内外航运市场上的影响力，人民币在国际航运市场定价的话语权也将进一步提升。

自 2015 年 7 月，上海清算所已将相关清算业务拓展到上海自贸区，为大宗商品现货交易平台提供清算服务。2016 年，除了推出碳金融衍生品和有色金属掉期中央对手清算业务，还结合自贸区“金改 40 条”，推动实现大宗商品市场境内外联通。

从 2015 年开始，上海航交所旗下衍生品交易平台的三大运力交易产品全部实现运力交收常态化，初步形成以交易平台为核心的航运金融产业生态圈基本雏形。针对我国大宗商品国际贸易的经济现状和实体企业避险需求，上海航交所与北京工商大学证券期货研究所共同研究并制定大宗商品运费基差交易产品规划，填补了我国大宗商品基差交易领域的空白。

据统计，截至 2016 年底，上海航运运价交易有限公司已有银行类会员、航运类会员、投资类会员总计近 42 家，交易商 3 900 多人。运价衍生品交易市场单边成交总量约

---

① 远期运费协议(FFA)：英文全称为 Forward Freight Agreements，是一种运费风险管理工具，即买卖双方达成的一种远期运费协议。协议规定了具体的航线、价格、数量等，且双方约定在未来某一时点，收取或支付依据波罗的海航交所的官方运费指数价格与合同约定价格的运费差额。

6 707.3 万手,单边总成交金额约 3 327.2 亿元。运价衍生品交易市场单边成交总量约 6 842.77 万手,单边总成交金额约 3 489.25 亿元。

出口集装箱运价衍生品交易方面,自 2011 年 6 月上海航运交易所推出出口集装箱运价衍生品交易以来,该产品得到了较快的发展。截至 2016 年底,出口集装箱运价衍生品交易市场单边成交量为 1 758.67 万手,交易额为 1 552.24 亿元。

中国沿海煤炭运价衍生品交易方面,2011 年 12 月 7 日,上海航运交易所推出中国沿海煤炭运价衍生品交易。截至 2016 年底,中国沿海煤炭运价衍生品交易市场单边成交量为 4 286 万手,交易额为 1 439.45 亿元(见表 2—30)。

表 2—30　　2011—2016 年航运运价交易产品成交量和交易额

年　份	出口集装箱运价交易		中国沿海煤炭运价交易	
	成交量(万手)	成交金额(亿元)	成交量(万手)	成交金额(亿元)
2011	925	730	285	110
2012	490	520	1 095	445
2013	50	50	470	160
2014	225	205	365	95
2015	1 756.1	1 551.1	4 206.6	1 301.1
2016	1 758.67	1 552.24	4 286	1 439.45

资料来源:上海航运交易所。

考虑到未来航运市场体量巨大并仍有复苏上涨趋势,这无疑将促进运力衍生品的开发和推广,并使之逐步拓展和完善。

4. 上海“两个中心”联动发展中存在的问题

(1)金融开放程度与航运发展需求仍存在差距。一是金融融资功能缺位,航运转型升级动能不足。随着对外开放力度与“一带一路”辐射效应愈发强劲,兼具运量大、成本低等优势的航运业在我国进一步改革开放的进程中显得愈发重要。按货物吞吐量计算,世界十大港口中有 7 个在中国,占全球货物吞吐量的 1/4 以上。公开数据表明,目前靠泊我国港口船舶辅机发电年消耗燃料油约 70 万吨,而船舶所使用的燃料主要是渣油或重油,其尾气中包含了氮氧化物和颗粒物。前者是导致 PM2.5 的重要前体物,后者则是 PM2.5 的直接来源。这给区域空气质量改善带来了巨大压力。2018 年 7 月 3 日,国务院发布《打赢蓝天保卫战三年行动计划》,提出“积极调整运输结构,发展绿色交通体系”目标,要求“推动靠港船舶和飞机使用岸电”。因此,以绿色发展为主线的航运转型势在必行。

然而,高昂的岸电基础设施建造及营运成本,使得岸电推广之路举步维艰。岸电基础设施建造投入巨大,据估算,邮轮港岸基供电设施建设成本约 5 000 万元/套,集装箱港岸基供电设施建设成本约 2 500 万元/套。同时,岸电使用成本也远高出船舶辅机烧油发电的成本。港口岸电采取的都是两部制电价，由电度电费与容量电费两部分组成。以上海邮轮港 2016 年岸电使用情况为例，其实际用电量为 471 520 度，产生电度电费 35.294 万元（每度 0.748 元），而容量电费高达 291.334 万元，导致其实际用电成本高达每度 6.9 元。

为减轻港航企业的环保设施建设负担，提高港航企业岸电及受电设施建设积极性，2017 年 1 月，财政部和交通运输部出台《靠港船舶使用岸电 2016－2018 年度项目奖励资金申请指南》，以奖励方式支持加快港口岸电设备设施建设和船舶受电设施设备改造项目。上海 11 项码头岸电建设项目共获得国家 6 147 万资金支持（见表 2－31）。

表 2－31　上海靠港船舶使用岸电 2016－2018 年度项目奖励资金申请情况

序号	申请单位	项目名称	补助额（万元）
1	上海振华船运有限公司	上海振华船运有限公司振华 31 轮振华 32 轮靠泊期间使用岸电技术改造项目	314
2	上海振华重工（集团）股份有限公司	上海振华重工（集团）股份有限公司长兴基地码头岸电系统建设项目	188
3	中交上海航道局有限公司	中交上海航道局有限公司外高桥疏浚船舶基地码头岸电改建工程项目	296
4	华能国际电力股份有限公司上海石洞口第一电厂	华能国际电力股份有限公司上海石洞口第一电厂卸煤码头岸电项目	34
5	上海吴淞口国际邮轮港发展有限公司	上海吴淞口国际邮轮港发展有限公司国际港码头 2 号泊位岸电项目	2 048
6	华能国际电力股份有限公司上海石洞口第二电厂	华能国际电力股份有限公司上海石洞口第二电厂卸煤码头岸电项目	226
7	华能上海石洞口发电有限责任公司	华能上海石洞口发电有限责任公司卸煤码头岸电项目	224
8	上海华润大东船务工程有限公司	上海华润大东船务工程有限公司岸电项目	495
9	上海上电漕泾发电有限公司	上海上电漕泾发电有限公司煤码头岸电项目	244
10	上海国际港务（集团）股份有限公司	上海国际港务（集团）股份有限公司洋山深水港区四期工程码头一期岸电项目	939
11	上海国际港务（集团）股份有限公司	上海国际港务（集团）股份有限公司洋山深水港区四期工程码头二期岸电项目	1 139

资料来源：财政部和交通运输部。

但国家补助金额与实际建造成本之间仍有较大差距，在补助资金缺口无法得到满足的情况下，港口成了岸电设施的主要投资方，这与“谁污染，谁治理”及“谁投资，谁受益”的原则相违背。就减排环节而言，污染来自船舶，治理却由港口承担，减少的污染物并未折算出价值，相关企业投资建设岸电设施的积极性自然不高。以洋山深水港四期岸电项目为例，其岸电设施投入总成本达 4 000 多万元，补助则为 2 078 万元，仅占总成本的 52%。据此，上海市政府积极出台了《上海港靠泊国际航行船舶岸基供电试点工作方案》，支持对开展试点的码头企业的岸电设施建设费、电力增容费、船舶使用岸电所致的电费差价和运行维护费等进行补贴。[①] 国家发改委也在《关于创新和完善促进绿色发展价格机制的意见》中明确提出，“港口岸电运营商用电免收容量电费”。然而，政策红利的释放仍有待时日，岸电设施营运亟须过渡资金支持。

绿色金融是推动绿色经济发展不可或缺的金融制度安排，对于实现我国绿色发展和生态文明的国家战略目标至关重要。港口岸电基础设施建设及营运作为绿色航运发展关键的组成部分，是实现上海国际航运中心转型升级的有力抓手，理应得到绿色金融的重点扶持。然而，在实际操作中，相关金融机构却未针对该项目实施发放绿色债券等融资行为。在国家及地方政府财政政策出现时滞的情况下，绿色金融未能有效补位，发放有针对性的金融产品，是导致目前港口岸电基础设施建设及营运陷入困境的重要原因之一。

二是金融产品创新受限，航运中心地位提升缓慢。航运业是强周期、长周期的行业，航运业的兴衰与世界经济形势及国际贸易格局紧密相关。海运的价格被誉为航运业发展的“晴雨表”，一直以来拥有一个国际认可的海运价格指数是评判国际航运中心地位的一项重要指针，就如波罗的海运费指数之于伦敦。而海运价格指数衍生出的金融产品，由于其交易价值所带来的海运定价权及其对航运要素产生的虹吸效应，可进一步巩固其国际航运中心地位。上海作为国际一流航运中心的有力竞争者，始终着力于发展海运价格指数及其衍生品。2009 年发布的《国务院关于推进上海加快发展现代服务业和先进制造业建设国际金融中心和国际航运中心的意见》，以及 2013 年发布的《中国(上海)自由贸易试验区总体方案》中都反复提及“加快开发航运运价指数衍生品交易服务”，丰富航运金融产品，为我国航运企业控制船运风险创造条件。2010 年，由上海航运交易所、虹口区国资委等 5 家股东发起成立我国首个航运运价衍生品交易平台——上海航运运价交易有限公司(SSEFC)。该公司自成立以来，已成功推出国际干散货、中国沿海煤炭、上海出口集装箱三大航运运价交易品种，覆盖了航运市场主要货种及航线，实现了“价格发现”的作用，发挥了上海国际航运中心资源配置的功能，为上海建设国际一流航运中心夯实了基础。

从历史经验上看，发展海运运价衍生品交易有助于获得海运定价权，提高上海国际航

---

① 本市补贴方案：一是对岸电设施建设费用按照投资额给予 30%的节能减排专项补贴，并由港口建设费给予 1∶1 的配套补贴。二是电力增容费将由电力公司减半收取，并由港口建设费补贴 10%。三是为了避免相关设施“建而不用”，对建设补贴的申请条件做了前置要求，在以往项目竣工验收即可申请补贴的基础上，增加了“使用岸电的船舶艘次需达到具有接电设施船舶靠泊艘次的 60%”的使用比率要求。四是考虑国际油价波动将影响船舶使用岸电的积极性，为更加充分合理地引导船舶企业使用岸电，设定了“油电联动”补贴标准调整机制，在全额补贴基本电价的基础上，电度电价采用与新加坡普氏船用油价格相挂钩的方式确定，动态调整、定额补贴。此外，为进一步提高港口企业投资建设岸电设备的积极性，还将根据岸电设备的用电量对相关维护费用给予 0.07 元/千瓦时的补贴，同时鼓励码头所在区县给予配套政策支持。

运中心地位。缺乏海运定价权在国际海运运费的剧烈波动中处于被动接受的不利地位。我国目前是航运大国，而非航运强国，航运强国不仅体现在船队规模和港口吞吐量等硬实力，还需兼备定价权和话语权方面的软实力。海运定价权旁落他国，直接导致我国出口型企业为规避运价波动风险无奈选择 FOB 合同，造成利润空间大幅缩水，税收流失海外。目前，以美国纽约和英国伦敦为代表的一流国际航运中心均已建立成熟的海运运价衍生品交易市场，新加坡也已完成对波罗的海航运交易所的收购。可以说，拥有完备的海运运价衍生品交易市场已成为国际上对航运中心建设必备要素的一致共识。海运运价衍生品市场将成为国际航运资本的蓄水池，吸引众多的国际投资银行和国际航运企业参与交易，并进一步带动航运要素聚集，从而提升国际航运中心软实力，最终实现国际航运中心地位的提高。因此，尽快推出运价指数衍生品对于上海国际航运中心建设具有至关重要的作用。

然而，由于缺乏海运运价衍生品营运经验，目前上海航运交易所并没能做成类似 FFA 的海运运价衍生品场外交易市场。据悉，波罗的海交易所除向各家清算机构提供指数以外，还担当了 FFA 市场的整体营销、FFA 经纪人的组织管理以及涉及 FFA 交易的其他事务。同时，上海试图将海运运价衍生品引入场内交易的做法，由于放弃了到期合约按现货指数结算的惯例(FFA 的做法)，改成了所谓的“运力交割”，并未得到市场的认同。上海航运金融衍生品交易市场建设步履蹉跎，国际航运中心软实力提升仍任重而道远。

(2)航运便利程度与金融发展需求仍存在差距。由于航运政策规划整体性不强，金融服务发展空间受限。航运业作为资金密集型行业，对金融存在着高度依赖。同时，航运业的高风险属性也为金融业的发展带来了广阔的空间。如同人口是一个国家发展的重要资源，一定规模的中国籍船队是我国航运发展的基础，也是航运金融服务业发展的重要支撑。然而，由于部分航运政策在制定过程中缺乏顶层设计，无法与相关政策形成联动，导致中资船舶移籍“开放式”或“半开放式”国家及地区趋势进一步扩大，航运要素无法有效聚集，直接导致了与其共生的航运金融服务业发展缓慢。

从历史发展角度看，国际知名航运中心普遍都曾拥有和聚集着雄厚的航运资源及要素。第二次世界大战期间，英国曾拥有一支总吨位为 2 100 万吨的商船队，占当时世界商船总吨位的 1/3。庞大的船队规模为英国日后在航运金融、海事仲裁等航运服务领域的发展奠定了坚实的基础，同时也使其顺理成章地成为现代航运规则的制定者。反观我国现有中国籍船队，其规模远逊于中资“方便旗”船队，而船籍又与船舶相关商业利益紧密相连，这使得我国起步本就较晚的航运金融服务业在对外竞争过程中更为艰难。

以航运保险业为例，目前国际船舶保险市场的保费总额约为 300 亿美元，由国内保险公司承保的不到 20 亿美元，份额不足 1%。这与我国船队占全球船队总规模 13%的比例极不相称。而且在我国船队规模快速增长的情况下，国内保险公司航运保险费占全球市场的份额多年来几乎没有提升。也就是说,近年来我国船队规模快速扩张带来的保费支出基本上流向国外保险机构。不同于中国籍船舶必须由中国保险公司承保,中资“方便旗”船舶可以在世界范围内选择保险公司进行投保。由于国内航运保险业务较国外同行起步较晚,承保及服务能力方面仍存在一定差距,导致大部分中资“方便旗”船舶用脚投票,选择国外保险公司进行投保。

我国为吸引中资“方便旗”船舶回归已探索多年,但仍无法阻挡中国籍国际航行船舶注册数量持续下降的窘境。究其原因,与内部认识不统一造成的政策不完善不无关系。

一是政策制定缺乏顶层设计,“单兵突进”难以形成气候。实施具有竞争力的船舶登记制度,吸引中资“方便旗”船舶回归登记是一项复杂且系统的工程,涉及部门众多,诸如财政部、海关总署、国家税务总局、交通运输部、银保监会等,需要自上而下统一协调把控。多年来在探索吸引中资“方便旗”船舶回归的道路上,各直属海事管理部门扮演了重要角色,上海海事局、天津海事局推进国际船舶登记制度的新闻屡见报端。尽管海事管理部门在其职责范围内对船舶登记流程进行了优化,大幅度压缩办理时限,甚至提出了“当天办结”的口号,但是洋山港保税船舶登记制度无奈在实施近一年,规模效应初显之际,由于种种原因被搁置。这一项可能改变我国船舶登记现状的举措就此夭折。尽管如此,海事管理部门仍旧不放弃对国际船舶登记制度的研究。经多方努力,“在自贸试验区实行以‘中国洋山港’为船籍港的国际船舶登记制度,建立高效率的船舶登记流程”最终写入了《中国(上海)自由贸易试验区条例》。在等待了近两年后,2016 年 8 月《财政部 海关总署 国家税务总局关于中资“方便旗”船回国登记进口税收政策问题的通知》终于出台。然而令人遗憾的是,该政策重回“特案免税”登记的老路,拟回归登记的中资“方便旗”船舶仍需要实行计划审批。

就在我国国际船舶登记就此陷入僵局之际,世界最大的“方便旗”船舶登记国家巴拿马却出台了多项优惠政策,包括对新注册的商船承诺减免 2—3 年的船舶注册费、领事服务费、事故调查费和船只检验费等。同时,为方便中国船公司注册登记船舶,巴拿马政府还专门委托一家北京的律师事务所办理相关船舶入籍业务。由此可见,要真正实现中资“方便旗”船舶回归登记,单靠一方的努力是远远不够的,需从国家层面对整个国际船舶登记工作进行顶层设计。

二是政策制定指向单一,缺乏全面系统思考。纵观我国近年来一系列国际船舶登记政策的制定,无一例外地把免除进口环节税费作为吸引中资“方便旗”船舶回归登记的一项重要手段。诚然,免除近四分之一船舶造价的进口环节税费对企业来说的确具有较大的吸引力,但从企业后续经营的角度来看,其优势就显得微不足道,回归登记甚至得不偿失。首先,企业的营运成本将大幅增加,我国高昂的税费、对船员雇佣的限制及严格的船旗国管理都将导致企业管理成本上升。其次,政策制定带有明显的计划经济特征,以特案免税登记为例,拟回归登记船舶需经过多个部委的联合审批,时间周期长、流程复杂、政策执行不畅直接影响了船舶回归热情。最后，我国尚不成熟的航运服务业，特别是以航运融资、航运保险为代表的高端服务业发展仍处于初级阶段，无法满足日益多变的航运发展形势及企业经营需求。因此，在制定国际船舶登记政策时，应全面细致地分析我国与“方便旗”国家在营运成本、配套服务能力及政策优惠力度等方面存在的差距，形成一整套真正具有吸引力的国际船舶登记制度。

三是政策制定预判性不强，忽视潜在增量效应。船舶进口环节税费作为阻碍中资“方便旗”船舶回归路上的一块绊脚石，是否应对其减免始终是相关部门争论的焦点。一种观点认为，减免船舶进口环节税费会对国家税收造成影响，应予以严格控制。这也可能是洋山港保税船舶登记相较特案免税登记政策内容上并无二致，而前者却被叫停的重要原因(洋山港保税船舶登记政策无需进口环节审批，而特案免税登记政策需要)。然而，这种观点却选择性地忽略了船舶回归登记所带来的潜在增量收益。也正是由于现行政策的短视，导致我国近七成的国际航行船舶移籍“方便旗”国家，每年造成大量税源流失。同时，由于缺乏船舶要素聚集，导致航运相关产业，特别是高端服务业发展并不尽如人意。以航运保险为例，目前我国大量中资船舶选择悬挂“方便旗”，成为法律意义上的“外轮”，除享受税收免除和宽松的船舶监管外，有的因船旗国政府法律要求，投保境外航运保险企业。正是由于缺少必要的航运要素聚集，以航运保险为代表的我国航运金融产品发展迟缓。当前，中美贸易摩擦不断升级，已给国际贸易和航运市场带来诸多不利影响，这也势必传导至航运保险市场，引发投保需求下降。由于我国相关地区尚未形成足以与国际一流航运及金融中心相抗衡的营商环境及司法和贸易体系，在整体需求下降的背景下，航运保险有效需求外溢态势明显。开源引水势在必行，最直接、最可行的方法就是吸引中资“方便旗”船舶回归登记，带动相关航运保险业务回归，从而实现我国航运保险规模良性增长。目前，航运保险业的发展瓶颈从一定程度上反映了我国整个航运服务业所面临的现状。

根据联合国贸发会统计，截至 2017 年 9 月，中资非“五星旗”船舶数量为 5 269 艘，如能吸引 10%的船舶回归登记，其所带来的收益将会十分可观(见表 2－32)。每年可能带来的收益增长主要有以下几项。

表 2－32　　吸引回归登记年度收益增长估算　　单位:万元

增长率	船舶增长艘数	港口费收入增长	船员收入增长	税费收入增长	代理经纪费收入增长	维修保养费收入增长	年度检验费收入增长	融资成本收入增长	其他成本收入增长	收入增长合计
单位增长		180	400	23	120	120	5	56	200	1 104
吸引10%	527	95 400	212 000	12 190	63 600	63 600	2 650	29 680	106 000	585 120
吸引20%	1 054	190 800	424 000	24 380	127 200	127 200	5 300	59 360	212 000	1 170 240

资料来源:联合国贸发会。

①港口费收入。目前，一艘约 153 000 总吨的油船所需港口费约 170 万元；一艘约 3 700 总吨的化学品船所需港口使费约 280 万元。如果吸引 10%(527 艘)船回归登记，将为中国带来这部分港口费收入，预计增加港口费收入 9 5400 万元(按 180 万元/年计)。

②船员收入。目前，一艘约 66 000 总吨、5 600 箱量的集装箱船所需船员 20 余人，工资总额折合人民币约 500 万元；一艘约 1 800 总吨的海工船所需船员 20 余人，工资总额约 360 万元。如果吸引 10%(527 艘)船回归登记，预计将为中国增加就业岗位 5 300 人(按 20 人/船计)，增加工资收入 212 000 万元(按 20 万元/人/年计)。

③税费收入。目前，一艘约 60 000 总吨的油船所需税费约 13 万元；一艘约 3 700 总吨的化学品船所需税费约 33 万元。如果吸引 10%(527 艘)船回归登记，将为中国带来这部分税费收入，预计增加税费收入 12 190 万元(按 23 万元/年计)。

④代理经纪费收入。目前，一艘约 60 000 总吨的油船所需代理经纪费约 170 万元；一艘约 3 700 总吨的化学品船所需代理经纪费约 70 万元。如果吸引 10%(527 艘)船回归登记，将为中国带来这部分代理经纪费收入，预计增加代理经纪费收入 63 600 万元(按 120 万元/年计)。

⑤维修保养费收入。目前，一艘约 66 000 总吨、5 600 箱量的集装箱船所需维修保养费折合人民币约 130 万元；一艘约 3 500 总吨的海工船所需维修保养费约 110 万元。如果吸引 10%(527 艘)船回归登记，将为中国带来这部分维修保养费收入，预计增加维修保养收入 63 600 万元(按 120 万元/年计)。

⑥年度检验费收入。目前，一艘约 60 000 总吨的油船所需年度检验费约 5 万元；一艘约 3 500 总吨的海工船所需年度检验费约 4.5 万元。如果吸引 10%(527 艘)船回归登记，将为中国带来这部分年度检验费收入，预计增加年度检验费收入 2 650 万元(按 5 万元/年计)。

⑦融资成本收入。目前，一艘约 66 000 总吨、5 600 箱量的集装箱船所需融资成本约 15 万元；一艘约 3 700 总吨的化学品船所需融资成本约 97 万元。如果吸引 10%(527 艘)船回归登记，将为中国带来这部分融资成本收入，预计增加融资成本收入 29 680 万元(按 56 万元/年计)。

⑧其他成本收入。目前，一艘约 60 000 总吨的油船所需其他成本约 330 万元；一艘约 2 600 总吨的化学品船所需其他成本约 170 万元。如果吸引 10%(527 艘)船回归登记，将为中国带来这部分其他成本收入，预计增加其他成本收入 106 000 万元(按 200 万元/年计)。

因此，相关部门在制定船舶登记政策时，应摒弃眼前利益，从长远角度正确地看待"方便旗"船舶回归登记带来的潜在增量收益。

四是政策制定过于严苛，实施灵活性不够。首先，船舶取得准予办理船舶特案免税登记的资格就十分不易，需要经过交通运输部、财政部等部委依次审批，流程复杂，办结时限较长。而航运业受外部环境及政策影响巨大，例如2018年6月28日，交通运输部印发《关于加强国（境）外进口船舶和中国籍国际航行船舶从事国内水路运输管理的公告》，明确自2018年9月1日起，申请从事国内水路运输的进口船舶和中国籍国际航行船舶，其柴油机氮氧化物排放量应满足国际海事组织《经1978年议定书修订的1973年国际防止船舶造成污染公约》（MARPOL73/78）附则Ⅵ规定的TierⅡ排放限值要求。这直接导致近几个月的进口船舶数量激增，而特案免税登记资格的审批流程把这部分回归登记需求硬生生地拒之门外。其次，根据2009年2月1日起施行的《中华人民共和国海关进口物资减免税管理办法》（海关总署令第179号），船舶监管年限为8年，监管期限内不得擅自将减免税船舶转让、抵押、质押、移作他用或进行其他处置。但根据市场供需变化灵活租入、租出船舶在当今航运业是非常普遍的经营行为。在调研过程中，相关企业也反复提及相关遭遇，诸如将船舶移籍为“五星旗”，因出于市场因素决定拆除船舶时面临补缴进口环节税费的窘境。这样严苛的监管要求无疑严重束缚了航运企业的手脚，难免打击回归积极性。最后，为提升我国造船业发展水平而实行的“国轮国造”政策，在面对特案免税登记时却显得有些“水土不服”。由于特案免税登记不适用于国内新建船舶，间接导致船舶选择外籍进行登记。

（3）航运产业结构失衡，金融市场开放步伐受限。长期以来，在上海推进国际航运中心建设的过程中，航运产业结构低端化的瓶颈始终无法有效突破，严重制约了上海国际航运中心建设步伐，同时也阻碍了与其唇齿相依的金融市场的进一步开放。上海航运产业结构调整已成为建设国际航运中心、实现人民币国际化战略的重要抓手。据测算，世界范围内每年的保税油供油业务产值达850亿美元，航运保险产值约250亿美元，航运衍生品市场规模约1 500亿美元。但上海在这些高端航运服务市场涉足甚少，相关业务量占全球市场份额不足1%，中上游产业在世界的影响力严重匮乏。

以保税油供应为例，由于对其免征关税、进口环节增值税和进口环节消费税，单就其本身而言对地方财政贡献并不明显。但作为港口配套服务的核心功能，保税油供应是衡量港口航运综合服务能力的重要指标之一，很大程度上带动了港口供给、船舶修造、物流配件等航运辅助性服务，以及航运金融、保险等航运衍生性服务的发展。据统计，2017年全球船用保税油需求量约1.7亿吨，集中于亚洲、欧洲、北美洲、中东，亚洲占总需求的38%，中国大陆约为1 050万吨/年，而新加坡达到了5 000万吨/年。这使新加坡当之无愧地成为世界三大炼油中心之一、国际石油贸易中心之一和亚洲石油产品定价中心，其中缘由值得我国深思。

①我国保税油供应沿革。我国保税油供应经历了由垄断经营到特许经营再到目前试点放开的阶段。中华人民共和国初期，我国保税油供应由原商业部负责，实行集中式管理制度，严格控制保税油供应和存储业务。1972年，保税油供应由当时的商业部移交给了

原交通部，在原交通部的授权下，中国船舶燃料供应总公司（简称中燃）成立，从此之后中燃开始了对中国保税油长达 34 年的垄断经营。

进入 21 世纪后，随着中国港口货物吞吐量的不断攀升，保税油的供应缺口也越来越大。2006 年 7 月，商务部、财政部、交通运输部和海关总署四部委给予中石化中海船舶燃料供应有限公司、中石化长江燃料有限公司、中石化舟山石油分公司和民营企业深圳光汇股份有限公司 4 家企业经营保税油的资格，保税油供应由此进入了特许经营的阶段。

2009 年 4 月，上述四部委下发《关于发展连锁经营做好保税油市场供应的通知》，放开了之前对保税油经营范围的严格限定，允许保税油供应企业跨区域开展连锁经营。政策公布后，5 家保税油供应企业纷纷在国内各港口构建自己的营销网络，竞争格局进一步加剧。

2017 年，国务院批准了《中国（浙江）自由贸易试验区总体方案》，并首次将区内国际航行船舶保税加油许可权下放至舟山市人民政府，同时也是第一次正式明确了保税油供应资格的申请条件，意味着更多的企业将被允许进入保税燃料油供应领域。截至目前，已有华信、浙能等四家公司获得首批牌照，拥有国际航行船舶保税油经营资质。

②上海保税油供应差距明显。就在我国保税油供应政策逐步开放、发展障碍逐一扫清之际，上海保税油供应却与新加坡的距离越拉越大。2017 年新加坡船用保税油供应量为 5 063 万吨，而上海仅为 173 万吨。就连毗邻上海的舟山在保税油供应方面也后来居上，一举反超，发展势头迅猛。有鉴于此，业界包括上海市政府早已着手研究保税油供应相关问题，2010 年《上海船用保税油供应市场的开放政策研究》提出了市场开放的政策建议及实施路径，即通过建立一个船用保税燃油供应的地方标准，统一规范本地区保税油供应商的供油操作体系以及相关的一系列活动，令船用保税油的买方——经营和管理国际航行船舶的船公司建立起对上海供油体系的信心；通过建立一个公平、透明的准入制度和退出机制，保持行业竞争的公平性，提升行业的总体竞争力。不过，令人遗憾的是，上海在保税油供应改革开放问题上仍未采取实质性举措。究其原因，一是政策法规环境过于严苛。保税油供应是在海关、海事等政府部门严格监管下操作的，高昂的行政成本对企业经营造成了束缚，产生了显著的负面作用。上海在保税油供应方面面临“难题”，而舟山利用成立自贸试验区的契机实现了政策及法规优势。二是缺乏统一的监管制度。新加坡保税油供应遵循统一的 SS600 供油标准，虽然我国交通部海事局发布了《国际航行船舶保税油港口供应服务标准》、上海海事局发布了《防治船舶供受油作业污染海洋环境管理暂行规定》、商务部发布了《国际航行船舶保税油市场经营管理办法》，但是监管制度缺乏统一性。在国际商事中，企业在面对统一的规范时至少可以事先了解应遵循的程序及遇到矛盾将如何应对。反之，一个没有统一的规矩、无法预判的生意，最好还是敬而远之。三是市场缺乏有效竞争。上海保税油供应市场长期处于寡头市场状态，目前共有 5 家保税油供应企业，光汇石油、上海中船燃石油有限公

司(简称中国船燃上海分公司)、上海中燃船舶燃料有限公司(简称上海中燃)和中石化长江燃料有限公司(简称中长燃)、中石化浙江公司。由于缺乏必要的市场竞争,产品服务及质量必将受到影响。

③保税油供应对金融开放影响深远。反观新加坡,从一个国土面积狭小、资源匮乏,名副其实缺油少气的国家,利用马六甲海峡海上石油通道枢纽的地理优势,抓住国际产业分工转移的机会,以保税油供应为契机,带动石油产业发展,从而逐步成为掌控亚洲油品市场价格行情,继纽约、伦敦之后的世界第三大石油贸易中心和亚洲石油产品定价中心。石油作为不可再生资源,是一个国家工业的血液。全世界每个国家都需要石油,所以谁掌握了石油的结算权和定价权,谁就等于站在了金融的制高点。可以说,新加坡石油定价权的取得与保税油供应所带动的石油产业关系密切。

20 世纪 70 年代,以沙特阿拉伯为首的石油输出国组织和美国达成了一个协议,石油出口国在出售石油时只收美元,且石油定价时也只用美元定价,而不是将其他货币按汇率折算成美元。石油美元体系确保了全球各国对美元及美国国债的强烈需求,因为进口石油的国家需要大量美元来购买石油,这些美元必须在公开市场上获取,这就造成了市场对美元的需求。因此,石油美元体系人为制造了市场对美元的额外需求,可以说石油美元结算体系确立了美元霸主地位。当前,全球最重要的两大原油交易中心,有一家是美国 WTI 原油期货市场,而另外一家是英国布伦特原油交易市场,就连俄罗斯的原油价格都要参照布伦特原油期货的价格。在 2008 年次贷危机中,美国强势利用其美元在石油定价与贸易领域的霸主地位,成功地将美国的金融危机演化为全球性危机,通过几轮 QE 量化宽松政策,进而让全世界分担其经济危机带来的后遗症。

中国作为全球最大的石油进口国,却在原油定价方面始终能力有限。据统计,2017 年我国成为第一大原油进口国,全市进口的原油达到了 42 亿吨,同比增长 10.1%,在原油进口上花费了 1 600 多亿美元。尽管中国已经是全世界最大的石油买家,但石油的价格仍控制在美国手里。有研究机构测算,由于没有定价权,我国进口原油每年要多支出约 20 亿美元,经年累月,最终我国将多付出数百亿美元的巨大代价。

作为世界第二大经济体和全球能源消费最大国,我国将来必然要建立起自己独立的能源支付与结算体系,特别是 2017 年力推人民币国际化战略,即提高人民币国际支付与结算地位,正是寄希望于通过"一带一路"倡议的实施,在基础设施建设领域投资带动国内过剩产能转移释放,并实现石油、天然气、煤炭等能源领域人民币国际结算的目标。因此,上海应借鉴新加坡在保税油供应方面的先进理念及做法,带动石油产业发展,利用国际金融中心与航运中心优势,争夺石油定价权,加速推进人民币国际化进程,促进金融进一步对外开放。

三、深化自由贸易港建设对解决上海“两个中心”联动发展问题至关重要

(一)上海建设自由贸易港的背景及意义

2017年10月19日,中共十九大报告提出,建设现代化经济体系,要推动形成全面开放新格局。在众多对外开放举措中,“赋予自由贸易试验区更大改革自主权,探索建设自由贸易港”的提法受到各方关注。2017年11月,时任中共中央政治局常委、国务院副总理汪洋在《人民日报》发表署名文章,对自由贸易港进行了定义:“自由贸易港是设在一国(地区)境内关外、货物资金人员进出自由、绝大多数商品免征关税的特定区域,是目前全球开放水平最高的特殊经济功能区。香港、新加坡、鹿特丹、迪拜都是比较典型的自由港。”目前我国已批准设立的自由贸易区包括:中国(上海)自由贸易试验区、中国(广东)自由贸易试验区、中国(天津)自由贸易试验区、中国(福建)自由贸易试验区等,共计11个自贸区,但内地尚未设立自由贸易港。

2013年9月29日,中国第一个自贸区——上海自由贸易试验区在上海外高桥保税区挂牌成立。2015年,上海自由贸易试验区扩展区域正式揭牌,陆家嘴金融片区、金桥开发片区、张江高科技片区三大片区正式纳入上海自由贸易试验区,这标志着上海自由贸易试验区建设进入一个新的阶段。2017年4月公布的《全面深化中国(上海)自由贸易试验区改革开放方案》,明确提出了要“在洋山保税港区和上海浦东机场综合保税区等海关特殊监管区域内,设立自由贸易港区”。多年来,上海自贸试验区在党中央、国务院领导下,在中央有关部门和上海市委、市政府共同努力下,主动“对照国际最高标准、最好水平”,以制度创新为核心,以形成可复制可推广经验为要求,在简政放权、放管结合、加快政府职能转变、体制机制创新、促进贸易投资便利化以及营造市场化、国际化、法治化营商环境等方面,进行了积极探索和大胆尝试,取得了一系列新成果,为在全国范围内深化改革和扩大开放探索了新途径、积累了新经验。上海自贸试验区先后推出和实施了一批重大改革创新举措,其中包括:高质量提前全面完成“3.0版”方案改革任务;全面深化“证照分离”改革试点任务;实施企业设立全流程便利化改革,简化优化企业设立流程;建成国际先进水平的国际贸易“单一窗口”;推进“互联网+政务服务”改革,对所有涉及企业的审批和服务事项“一网通办”等。累计有127个创新事项以及“证照分离”改革试点制度创新成果在全国、全市复制推广。

2017年3月,国务院印发的《全面深化中国(上海)自由贸易试验区改革开放方案》提出,上海将在洋山保税港区和上海浦东机场综合保税区等海关特殊监管区域内,设立自由贸易港区。对标国际最高水平,实施更高标准的“一线放开”“二线安全高效管住”贸易监管制度。上海自由贸易港建设是国家需求和国家战略,是在自贸试验区建设基础上的创

新与突破，是上海深化改革开放，从全球视角优化资源配置和整合的重大探索，必将助力上海在更高层面实现物流、商流、信息流、资金流、人才流的自由高效流动，推动上海经济转型与发展。

（二）国际著名自由贸易港建设情况

1. 中国香港自由贸易港建立与发展

中国香港特区自由港历史悠久，发展历程独特。中国香港自由港的范围包括整个香港地区，由香港岛、九龙和新界组成。香港拥有优越的地理位置，地处亚太地区的要冲，是欧洲、非洲通往东南亚的航运要道，也是中国内地与世界进行经济往来的重要桥梁。在1841年被英国侵占成为殖民地后，香港成为自由港，推行自由贸易政策。经过上百年的发展，香港逐步由单一的转口贸易港发展成为经济结构多元化的自由港。香港从转口贸易起步，抓住发达国家转移劳动密集型产业的机遇，适时采取“出口导向”发展战略，大力发展工业经济，启动了工业化进程，推动了经济起飞。从20世纪80年代起，得益于中国内地改革开放和经济快速发展，香港把握住作为内地与世界联系唯一窗口的地位，将低附加值产业转移到内地，服务业向专业化和国际化发展，极大地推动了香港服务贸易的发展，逐渐成为国际服务贸易中心。20世纪80—90年代，以金融业为龙头的服务业迅速崛起，促成了香港经济的转型。香港通过解除银行禁令，允许外资银行进入，仅仅用了十多年时间，就发展成为世界第三大国际金融中心。在此基础上，香港通过不断完善自由港制度，成为世界上最重要的国际贸易中心和国际航运中心之一。在建设自由贸易港区的过程中，香港特区政府奉行积极不干预政策，借助经济立法完善竞争规则，保证市场有序运行，依靠市场机制来调节经济运行、配置社会资源，确保人员、商品、资金等经济要素能够真正自由地进出，营造自由通航、自由贸易、自由竞争、自由投资的良好环境。特殊的历史背景造就了香港独特的发展经历，也使香港具备了国际航运中心、国际贸易中心和国际金融中心的功能，这些功能紧密地结合在一起，形成了巨大的能量。借助这种能量，香港能够从世界经济体系中吸收各种经济资源，以促进自身的蓬勃发展，这是很多自由贸易港区都望尘莫及的巨大优势。

2. 新加坡自由贸易港建立与发展

新加坡是全球著名的国际贸易中心和国际航运中心，转口贸易额在总出口贸易额中的比重一直保持在40%以上，也是继纽约、伦敦、香港之后的全球第四大金融中心城市。新加坡政府机构设置相对精简，中央政府共设有16个部门和64个法定机构。贸易与工业部是新加坡的经济主管部门，下设10个法定机构向企业提供各类服务。其中，经济发展局负责推动新加坡经济持续发展，创造更多就业和商业机会；国际企业发展局帮助新加坡本地企业走向国际市场，开展海外投资业务。新加坡于1965年独立，在不到50年的时间里，其经济发展取得了辉煌成就。这一方面得益于优越的地理位置和得天独厚的自然条件，另一方面与新加坡政府以自由经济政策为基础，实行贸易自由、创办企业自由、金融自由、通航自由为特征的自由经济政策密不可分。新加坡于1969年制定了《自由贸易区法》，并在裕廊码头内建立了第一个自由贸易区。到目前为止，新加坡共设有7个自由贸易区，其中樟宜机场自由贸易区以空运货物为主，由新加坡民航局负责运营；其余6个自由贸易区均以海运货物为主，除了裕廊自由贸易区由裕廊管理公司负责运营，剩下的5个自由贸易区全部由新加坡国际港务集团负责运营。新加坡7个自由贸易区都以围墙与外界隔离，进出自由贸易区的通道由海关查检站管理，进出人员和车辆必须接受检查。

3. 阿联酋迪拜自由贸易港建立与发展

阿联酋迪拜自由贸易港区于1985年由迪拜政府建立，位于迪拜城区西南约50公里处，依托世界第三大港口——杰贝阿里港和建设中的世界最大机场——阿勒马克图姆国际机场，总面积达100平方公里，是阿联酋乃至整个中东地区最大的自由贸易区。目前，自由港区内企业超过7 000家，贸易额占迪拜非石油贸易总额的比重超过25%，已成为迪拜的经济中心。迪拜自由贸易港实行“1＋N”发展模式。1个自由贸易港(杰贝阿里港)结合N个特色产业城(迪拜金融城、迪拜互联网城、迪拜媒体城等)。杰贝阿里港定位为低投资、低运营的工贸结合型自贸区，专注于物流贸易供应链管理、加工制造再出口等相关业务，主要实现贸易便利化的功能。杰贝阿里港设有物理围栏，主要进行区域监管(海关特殊监管区)。各个特色产业城则发挥人才、资本、技术集聚的作用，实现特色产业的高速发展。“1＋N”发展模式成功实现了自由港与产业的协调发展，突破了物理围栏的界限，最大限度地释放了自由贸易港的“制度红利”和辐射效应，以点带面，形成了自由贸易港与腹地经济之间的综合性功能网络。迪拜自由贸易港允许大部分商品进出自由港区，采取一切有利于加快货物流通效率的措施，提供各种个性化服务。外资可100%独资，不受阿联酋公司法中规定的条款限制；资本和利润可随时100%汇出境外，不受任何金融和货币限制；无外汇管制，货币可自由兑换；税收政策优惠，规定50年内免除公司所得税，公司营业税、所得税和资本收益税期满后延长15年免税期，无个人所得税、进出口关税和再出口关税，自贸区内存储、贸易、加工制造均不征收任何税收；海关通关手续和程序简单便捷，办理审批进出口手续、签证等可在24小时内办结；办理投资审批手续7天内即可完成。另外，还有跨国招工不受限制、可向银行抵押不动产等优惠政策。

(三)深化自由贸易港建设助推上海“两个中心”联动发展

中国香港作为全球著名的自由贸易港，同时也是国际重要的金融与航运中心，其建设及发展经验对上海深化自由贸易港建设助推“两个中心”联动发展具有重要的参考及借鉴意义。通过分析中国香港自由贸易港建设与发展历程不难发现，其通常拥有如下特征：一是高度的金融开放，二是优惠的税收条件，三是较低的投资门槛，四是自由的贸易流通，五是完善的法律保障。上海应充分借鉴香港等自由贸易港所特有的制度及政策优势，实现自由贸易港建设与上海“两个中心”联动发展深度融合，协同发展。

1. 扩大金融开放，助推“两个中心”高水平发展

中国香港作为全球领先的金融中心，已经实现资本项目下的完全开放。香港实行自由汇兑制度，是亚洲地区唯一没有离岸业务和本地业务之分的“一体化中心”，其货币市场是全球最开放的市场之一。

(1)投融资汇兑较为自由。中国香港是世界第三、亚洲第一大金融中心城市，不仅有完善的法律制度和监管机构，还沿用了符合国际标准的会计准则，加上网络遍及全球的银行体系，令资金和资讯全面流动且不受限制，再配以先进完善的交易、结算及交收设施，可以为国际投资者提供便利的融资和服务。一是资本市场完全开放。香港特区法律对外资公司参与当地证券交易没有限制，外国公司或个人只需开立买卖证券账户就可以随时交易。香港拥有全球最开放的债务市场，国际投资者可以自由投资香港发行的债务工具，境外借款人可自由利用本地债务市场发行的各种债务工具为其业务融资。二是对外融资自由。香港凭借发达的金融系统和国际金融中心的优势，可以为企业提供各类融资渠道，具有很高的融资自由度。香港的融资服务优势主要体现在商业融资服务和贸易融资服务两大方面。对于商业融资服务，从租购及租赁、设备及固定资产贷款、项目融资、透支，到发行股票债券、营运资金贷款、利得税贷款等，香港的金融机构都能为企业提供便利优质的融资服务。对于贸易融资服务，无论是进口贷款、提货担保，还是出口装运前的融资、赊账贸易和保理服务，香港银行都能方便提供。

(2)资金跨境自由流动有保障。香港特区对货币买卖和国际资金流动，包括外来投资者将股息或资金调回本国，都无限制。香港在 1973 年和 1974 年先后取消了外汇和黄金管制，完全开放了外汇及黄金市场。无论实行何种汇率制度，香港本地资金和境外资金都可自由进出、自由流动，这大大促进了金融业的发展。

反观上海，在金融开放领域仍有较大提升空间。一是金融市场开放度不够，与国际市场联动有限。从境内人民币金融资产持有者结构来看，2018 年上半年，境外投资者在境内人民币债券投资占比约为 2%，低于韩国、巴西等新兴经济体。从发行主体来看，2017 年境外机构“熊猫债”发行量为 719 亿元，仅为同期债券发行量(18.96 万亿元)的 0.38%，而目前尚无境外企业在中国发行股票。从交易主体来看，截至 2018 年上半年，A 股“沪港通”交易量为 8.75 万亿元，占同期沪市交易额的 3.26%。从金融机构国际化程度来看，尽管在沪法人外资银行数占在沪法人银行数超过一半，但是外资银行总资产占比于 2017 年刚突破 10%，2018 年上半年才达到 10.2%。二是金融服务水平不高，难以满足实体经济转型和发展的迫切需要。我国实体企业发展过程中的“融资难”和“融资贵”的问题依然没有解决。境内外融资成本落差较大，以建造 1 艘 VLCC 船舶为例，船舶境外美元融资贷款利率约为 4.3%，人民币融资贷款利率约为 6.55%(民营企业更高)。以此测算，在船价相同的情况下，国内订造 1 艘 VLCC 船舶的成本将比在国外订造增加利息成本支出 4 753 万元。因此，面对船舶经营成本并不比国外船东低很多，在同样的国际航运市场，运

费或租金收入相差无几的情况下，中国船东处于不利的竞争位置。

上海是中国金融领域对外开放的窗口。为落实我国政府进一步推进对外开放的承诺，上海应利用好此次自由贸易港建设契机，从自身开放型经济的优势条件出发，着力在金融领域开放合作，以高水平开放促进包括“两个中心”建设在内的高质量发展。

2. 优化税收环境，释放“两个中心”发展红利

当前，跨国企业面临着激烈的全球化竞争，税赋水平对企业盈利有着较大的影响。中国香港优越的税收环境，是吸引世界著名跨国公司聚集的重要因素之一。香港低税赋主要表现在两个方面：第一，香港作为自由港实施典型的零关税政策，除酒类、烟草、碳氢油类和甲醇四类商品外，一般进口或出口货物均无须缴付任何关税。第二，香港实行简单低税率政策，税种少，税率低。香港不设增值税和营业税，境外所得利润也不纳税。除非是经营业务，个人也无须就利息、股息、红利、股票等投资所得纳税。香港主要征收利得税、薪俸税和物业税三种直接税。从主体税种看，利得税的税率分别为16.5%(适用于有限公司)和15%(适用于非有限公司)，这与世界上大多数国家和地区的税率相比都是相当低的。根据世界银行《2014年营商环境报告》，香港企业应税总额占利润的比重为22.9%，低于东亚及太平洋地区经济体平均34.5%的水平，也低于经合组织经济体平均41.3%的水平。

反观上海，其税收环境仍待改善，导致“两个中心”建设相关举措未能深入开展，改革红利无法得到有效释放。以国际船舶登记制度为例，作为上海国际航运中心建设的基础工程，同时也是带动上海国际金融中心联动发展的重要举措，多年来进展乏善可陈。其中一项重要的原因就是税收环境不佳，存在企业所得税、船员个人所得税较高，同时收取车船税及船舶吨税的做法也与香港等地征收政策存在较大差距。以VLCC船舶(净吨为97 129吨)为例，中国“五星旗”和“香港旗”船舶登记费用比较情况如表2—33所示。

表2—33　“五星旗”与“香港旗”船舶首次入籍费用情况

船　旗		五星旗(元)	香港旗(港元)
首次入籍费用	总计	582 774 (折合为84 987美元)	92 578 (折合为11 856美元)
	所有权/国际证书费	0	15 000
	车船使用税/吨税	582 774	76 633
	电台执照	50	150
	连续概要记录	0	260
	最低配员证书	0	0
	燃油担保证书	0	535

资料来源：作者根据相关资料整理。

从表2—33可以看出，“五星旗”船舶首次入籍费用与“香港旗”船舶相比，高达近8倍，在海事相关证书费用减免的情况下，船舶吨税却成了航运企业沉重的负担。

“五星旗”船舶在营运期间的税负相较“方便旗”船舶同样存在差距(见表2—34)。

表2—34　“五星旗”与“方便旗”船舶营运费用情况

税费项目	五星旗船舶	方便旗船舶	备注
增值税	从事国际运输业务使用增值税零税率,并使用退税管理办法	无增值税	—
企业所得税	境内注册公司需要按照来自境内外全部所得的25%缴纳企业所得税	方便旗船舶在当地国家基本都可以获得企业所得税免税待遇,仅对香港本地业务征收16.5%	—
个人所得税	按照7级累进税率缴纳个人所得税	在外航行超过一定时间,个人所得税予以免征	
船舶吨税	24～31.8元/净吨	15 000～77 500港元/年	—
车船税	6元/净吨	无	缴纳船舶吨税可减免车船税的国度政策在2016年12月31日结束

资料来源:作者根据相关资料整理。

2018年12月19日至21日召开的中央经济工作会议提出,要实施更大规模的减税降费,以疏解经济运行中出现的困难。上海应把握好本次自贸港建设契机,创建具有比较优势的税收环境,充分释放“两个中心”建设红利。

3. 降低投资门槛,激发“两个中心”建设活力

中国香港特区拥有高度开放的投资制度,对外来及本地投资者一视同仁,没有任何歧视措施。对其经营活动,香港特区政府不干预,也无任何补贴政策,只要遵守香港的法律法规,就可投资从事任何行业。除电信及广播等少数行业为有条件准入外,在所有香港特区现行法律允许经营的商业活动中,理论上没有一个行业是完全禁止私人和外来投资者参与的,也没有控股比例限制,港内或港外的投资者都可以实现100%的控股。

反观上海,在众多领域仍实行严格的准入机制。以保税油供应为例,随着上海国际航运中心建设的深入发展,上海市政府对船用保税油供应市场进一步放开,不少未获保税油资质的燃供企业纷纷表示有兴趣参与上海的保税油燃供市场,并在各种场合提出了他们的诉求。然而由于进一步开放市场的方式、评估标准、监管机制迄今尚无一个具体可行的第三方研究方案,令推进工作进展有限。上海目前有5家船用保税油供应企业,其中上海中燃是中国船燃和中石化中海船舶燃料供应有限公司(简称中石化中海)在上海的合资公司,而中石化中海又是原中海集团和中石化的合资公司。随着中国远洋集团和中国海运集团的合并,相信上海中燃和上海中船燃也极有可能合并。届时,上海的船用保税油供应商有可能变成4家。由于缺乏有效竞争环境,寡头竞争下的上海保税油供应市场势必造成生产效率及服务质量低下等问题。

保税油供应问题只是“两个中心”建设过程中因投资准入门槛造成无法合理发展的一个缩影。上海应利用本次自由贸易港建设契机进一步深化“负面清单”管理机制，不断降低投资门槛，实施更为开放的投资制度，激发“两个中心”建设活力。

4. 深化贸易自由，加速“两个中心”开放互融

国际贸易、航运物流的运输工具主要是船舶、航空器、车辆等。作为货物实际运输的载体，是否能够自由航行和实现多种方式的集疏运对接，对香港的货物进出口有着重要影响。香港作为世界著名的自由港，运输工具进出不受海关限制。船只从海上进入或驶离港口时都无需向海关结关，进出或转运货物在港内装卸、转船和储存不受海关限制。此外，也没有海关、检验检疫、边防等部门对船舶和船员实施额外检查。

反观上海，虽已在自由贸易区内启动“先入区，后报关”“分送集报，自行运输”等模式，取消了进出口配额，免于常规海关监管，但在通关效率、货物分类监管、港区联动等方面仍需进一步提升。

5. 完善法制体系，夯实“两个中心”运行保障

香港特区的法律制度健全，具有公平、公开、公正的经营环境。香港的自由港政策建立在高度成熟的市场法制基础之上。香港的条例和附属立法有 1 000 多件，而经济法规约占总数的 45%，这些法规构成了自由竞争“游戏规则”的基础。涉及投资和贸易的法规主要有《公司条例》(香港法例第 32 章)、《商业登记条例》(香港法例第 310 章)、《进出口条例》(香港法例第 60 章)、《应课税品条例》(香港法例第 109 章)等；涉及金融行业的法规主要有《银行业条例》《证券条例》等；涉及劳资法规主要有《雇用条例》《劳资关系条例》等；涉及知识产权法规主要有《商标条例》《商标规则》《注册外观设计条例》《版权条例》等。严密的法规和条例，使得在香港从事任何经济活动，都可以找到法律依据，并受到法律监督。同时，随着经济的发展，香港这些经济法规又在不断地进行补充、修改、完善。2012 年 7 月，修改后的《公司条例》获得香港立法会通过，相关附例的立法随之展开。

反观上海，先前设立的自由贸易区是基于深化改革需要而成立的“试验田”，其法制体系与国际先进水平相比仍有较大差距，缺乏专门针对自由贸易区的相关法律，未有效明确规定自贸区的性质和法律地位。贸易自由、投资自由、金融自由以及日常管理都缺乏必要的法律制度基础。上海应利用本次自由贸易港建设契机，加紧制定和完善相关法律制度，尽快弥补自由贸易港基本制度和现行法律体系之间的冲突。

四、上海“两个中心”与自由贸易港联动具体情况——以国际船舶登记为例

(一)国际船舶登记的定义及其意义

国际船舶登记制度，又称离岸登记制度，目前尚无统一定义。国际海事组织将其定义

为“一国在其国内设立的并设置与其本国船舶国籍登记条件不同的船舶登记制度”。英国学者文森特(Vincent J. G. Power)将国际船舶登记制度界定为“一国在其本土设立特定的船舶登记处,通过在船舶所有权、船舶状况、船员配备、航运管理等方面的特殊登记条件吸引特定国家船舶进行船舶国籍登记的制度形式”。自 20 世纪 80 年代挪威创立以来,现已在挪威、丹麦、德国、日本等 10 多个传统海运国家得以确立,同时也已获得国际海事组织(IMO)、国际航运联合会(ISF)等国际海运组织的广泛认可。该登记制度主要特点如下:(1)国际船舶登记制度属于船舶国籍登记制度的基本范畴,它是一种特殊的船舶国籍登记制度形式;(2)国际船舶登记制度与传统的严格船舶登记制度在同一实施国之中是一种并存关系,而它同开放船舶登记制度之间具有一定程度的借鉴关系;(3)国际船舶登记制度的实施地点为一国境内,实施机构通常为专门的国际船舶登记处;(4)国际船舶登记制度的实施对象为国际航行船舶,包括本国船东所有的、从事国际航运业务的境外“方便旗”船和新建购的船舶以及外国船东所有的国际航行船舶;(5)国际船舶登记制度的设立目的是旨在吸引前述船舶入籍登记国;(6)国际船舶登记制度的基本特点是登记条件宽严适中且通常会为登记船舶提供较为优惠的税收与融资待遇。

1. 打造中国籍船队有利于维护国家主权安全

近年来我国国有航运企业重组、并购进程持续深化,中国商船船队规模不断扩张。2016 年 2 月 18 日,远洋海运在上海正式成立,重组后的远洋海运将拥有全球第四大的集运班轮公司、全球第一大的干散货运输自有船队、全球第一大的油运船队、全球吞吐量第二大码头运营商以及全球第三大集装箱租赁企业。2018 年 7 月 27 日,中远海运集团所属中远海运控股有限公司(简称中远海控)发布公告,中远海控联合上港集团完成了对东方海外公司的要约收购,中远海控下属中远海运集运与东方海外两家公司集装箱船队总运力合计将超过 290 万标箱(含订单),经营船队超过 400 艘,船队规模将超越法国达飞轮船。

然而,与之形成鲜明对比的是中国籍船队的数量增长极为缓慢,大量船况良好、技术含量较高的船舶选择“方便旗”国家进行登记。截至 2017 年底,中国海运控制运力为 3.06 亿载重吨,其中悬挂“方便旗”的船舶约占 70%。中资船舶登记为“方便旗”船籍,在法律认定上属于外国船舶,我国 90%以上贸易依靠海运完成,如此庞大的中资“方便旗”船队对我国推动“21 世纪海上丝绸之路”建设,实现经济安全和战略安全造成了潜在的不利影响。因此,尽快完善国际船舶登记制度及其配套措施,扩大中国籍船队规模,提高中国籍船队承运进口能源、资源、粮食等物资比例,对于保障我国海上运输能力、维护国家安全至关重要。

2017 年全球船舶运力情况如表 2—35 所示。

表 2—35　　2017 年全球船舶运力情况

排名（载重吨）	国家或地区	船舶数量	载重吨	悬挂外国船旗占比（载重吨）	排名（美元）	总价值（百万美元）	船舶平均价值（百万美元）	每载重吨平均价值（美元）
1	希腊	4 199	308 836 933	78.76	3	72 538	17.3	235
2	日本	3 901	223 855 788	85.89	2	77 898	20.0	348
3	中国	5 206	165 429 859	53.97	4	65 044	12.5	393
4	德国	3 090	112 028 306	90.77	8	38 412	12.4	343
5	新加坡	2 599	104 414 424	39.02	7	39 193	15.1	375
6	中国香港	1 532	93 629 750	23.98	9	25 769	16.8	275
7	韩国	1 656	80 976 874	81.98	11	20 928	12.6	258
8	美国	2 104	67 100 538	85.73	1	96 182	45.7	1 433
9	挪威	1 842	51 824 489	64.62	5	58 445	31.7	1 128
10	英国	1 360	51 150 767	80.55	6	40 671	29.9	795
11	百慕大	440	48 059 392	96.93	13	19 691	44.8	410
12	中国台湾	926	46 864 949	90.62	17	10 857	11.7	232
13	丹麦	920	36 355 509	56	15	18 694	20.3	514
14	摩纳哥	338	31 629 834	100	23	7 903	23.4	250
15	土耳其	1 563	27 732 948	71.57	20	9 055	5.8	327
16	瑞士	405	23 688 303	92.58	22	8 458	20.9	357
17	比利时	263	23 550 024	67.81	27	6 505	24.7	276
18	印度	986	22 665 452	27.35	25	6 938	7.0	306
19	俄罗斯	1 707	22 050 283	67.38	19	9 081	5.3	412
20	意大利	768	20 609 725	29.36	10	23 184	30.2	1 125
21	伊朗	238	18 838 747	68.80	32	2 799	11.8	149
22	印度尼西亚	1 840	18 793 019	7.96	26	6 613	3.6	352
23	马来西亚	644	18 351 283	51.07	16	14 641	22.7	798
24	荷兰	1 256	18 033 334	64.72	12	19 970	15.9	1 107
25	阿联酋	883	17 876 272	97.30	24	7 406	8.4	414
26	沙特阿拉伯	283	155 659 518	77.97	30	4 101	14.5	262
27	巴西	394	14 189 164	72.25	14	19 676	49.9	1 387
28	法国	452	11 931 397	69.93	18	10 616	23.5	890
29	加拿大	376	10 235 954	75.48	28	5 231	13.9	511
30	科威特	86	10 208 147	49.92	31	5 231	13.9	511
31	塞浦路斯	277	9 257 094	63.95	33	2 711	9.8	293
32	越南	943	8 801 765	17.84	29	4 161	4.4	473
33	阿曼	49	7 490 956	99.92	34	2 215	45.2	296
34	泰国	393	7 022 484	27.84	35	1 949	5.0	278
35	卡塔尔	117	6 640 467	87.56	21	8 827	75.4	1 329
全球前 35 船舶所有人		44 036	1 755 783 748	70.3		770 109	17.5	439
其他		6 119	91 847 146	64.30		58 509	9.6	637

资料来源：UNCTAD。

2. 严控“方便旗”规模有利于控制国家金融风险

自 2018 年 3 月 22 日美国总统特朗普针对中国贸易签署备忘录起，中美贸易摩擦迅速拉开帷幕，并在反反复复中持续升级，全球金融市场随之动荡加剧。加之美国采取缩表、加息，大规模推行减税、基建和贸易保护措施，短期内刺激美国经济，引发全球资本加速回流美国。20 世纪 80 年代的拉美金融危机和 20 世纪 90 年代的亚洲金融风暴的惨痛教训仍历历在目。目前，我国持续加强金融监管，严控资本外流。例如，中资“方便旗”船舶由于其特殊属性，虽表面姓“中”，但实际所有人一般为外国企业，将船舶登记为“方便旗”船籍从某种意义上讲等同于将国内资产转移至海外。同时，由于国内水路运输船舶运力管控要求，化学品、油船及客船需要经过严格审批通过后才能登记成为“五星旗”船舶，这也是导致上述类型船舶选择悬挂“方便旗”的重要原因。中资“方便旗”船舶所带来的资本外流风险也应引起相关部门的足够重视。

以国内企业国外订造船舶并登记为“方便旗”船籍为例，国内企业一般采取在境内融资的方式支付建造款项，这种“国内负债＋海外投资”的方式，虽未必存在主观故意，但其性质与现阶段受到国家严厉管控的民间资本海外投资的模式如出一辙。值得注意的是，此类远洋船舶造价高昂，一艘 2.2 万标箱双燃料动力集装箱船造价高达 9.6 亿美元，折合人民币近 70 亿元，且中资“方便旗”船队规模仍有不断扩大的趋势。根据克拉克森研究的统计数据，截至 2017 年年中，全球各家造船厂所接收到的来自中国船东的订单，包括所有类型和所有运力大小的新船订单，一共为 405 艘，以吨位计算的运力总共为 2 420 万载重吨，这个数字已经相当于我国现有船队运力总和的 16%。若其中大部分船舶在建成后登记为“方便旗”船籍，届时将造成万亿元资产游离于国境之外。因此，严控中资“方便旗”船队规模，从政策及制度层面进行引导船舶回归登记，对防范资本外流风险具有积极作用。

3. 有利于聚集航运要素，促进航运产业纵深发展

当前，我国集装箱吞吐量连续多年稳居世界第一、船队规模世界第三，世界十大集装箱港口中国已占 7 席，无论从港口规模还是从实际吞吐量来看，中国已然成为国际贸易和航运大国。连续 7 年稳居全球第一大港口的上海港，2016 年完成货物吞吐量 7.02 亿吨，完成集装箱吞吐量 3 713 万标箱，超过英国伦敦港 10 倍不止。但迄今为止，伦敦仍然是世界公认的第一航运中心。从历史发展角度看，国际知名航运中心普遍都曾拥有和聚集着雄厚的航运资源及要素，第二次世界大战期间，英国曾拥有一支总吨位为 2 100 万吨的商船队，占当时世界商船总吨位的 1/3。庞大的船队规模为英国日后在航运金融、海事仲裁等航运服务领域的发展奠定了坚实的基础，同时也使其顺理成章地成为现代航运规则的制定者。反观我国现有中国籍船队，其规模远逊于中资“方便旗”船队，又因船籍与船舶相关商业利益紧密相连，这使我国本就起步较晚的航运高端服务产业在对外竞争过程中更为艰难。

以航运保险业为例，目前国际船舶保险市场的保费总额约为 300 亿美元，由国内保险

公司承保的不到 20 亿美元，份额不足 1%。这与我国船队占全球船队总规模 13%的比例极不相称。而且在我国船队规模快速增长的情况下，国内保险公司航运保险费占全球市场的份额多年来几乎没有提升。也就是说，近年来我国船队规模快速扩张带来的保费支出基本上流向国外保险机构。不同于中国籍船舶必须由中国保险公司承保，中资“方便旗”船舶可以在世界范围内选择保险公司进行投保。由于国内航运保险业务较国外同行起步较晚，承保及服务能力方面仍存在一定差距，导致大部分中资“方便旗”船舶用脚投票，选择国外保险公司进行投保。

目前，全球制造业和贸易的转移使得航运中心逐步转移至亚洲，航运高端服务转向亚洲亦成为必然趋势，而东移的目标无疑以中国为首选。然而，如同人口是一个国家发展的重要资源保障一样，缺乏中国籍船队的有力支撑，发展航运高端服务业，增强航运国际话语权便像“水中月，镜中花”般不切实际。因此，重视国际船舶登记制度对航运要素聚集的作用，有效吸引中资“方便旗”船舶回归，是抓牢历史机遇、实现航运产业纵深发展的重要保障。

（二）国际船舶登记制度在我国的探索实践与现状

我国现行船舶登记制度属于严格船舶登记制度，是一种对船舶所有人的国籍、船员的国籍与配备、船舶的技术条件、本国在船舶建购中所占的资本比例等事项都有严格要求的船舶国籍登记制度形式。为吸引中资船舶回归登记，我国相继出台了一系列船舶登记政策或制度，分别从船舶登记主体适用范围、登记地的选择、登记程序的规范、办理流程等方面进行优化，不断完善国际船舶登记制度。

1. 特案免税登记

为促进我国航运产业健康发展，经国务院批准，交通部于 2007 年 6 月发布《关于实施中资国际航运船舶特案免税登记政策的公告》（交通部公告 2007 年第 18 号），宣布在 2007 年 7 月 1 日至 2009 年 6 月 30 日对中资国际航运船舶实施特案免税登记政策，在此期间申请办理特案免税登记的船舶，如符合一定的船龄和技术等条件，免征进口关税和进口环节增值税。政策执行两年后，2009 年，国务院通过《关于推进上海加快发展现代服务业和先进制造业、建设国际金融中心和国际航运中心的意见》，将中资国际航运船舶特案免税政策的执行截止日期由 2009 年 6 月 30 日延长至 2011 年 6 月 30 日。2011 年 12 月，交通运输部再次发布《关于在“十二五”期内继续实施中资方便旗船舶特案免税登记政策的公告》，将中资国际航运船舶特案免税登记政策的实施期限进一步延长至 2015 年 12 月 31 日。

2. 洋山港保税船舶登记

2011 年交通运输部海事局正式批复，洋山保税港区成为我国第一个可以开展保税船舶登记的区域，开创了国内保税船舶登记的先例，为进口保税船舶和国内制造入区退税船舶进行船舶登记创造了条件。洋山港保税船舶登记对符合条件的船舶免征关税和进口环节增值税，因为拟登记船舶需为国际航运船舶，所以将船舶视为保税货物，利用当时洋山港保税区境内关外的政策，进境未进关，从而达到免征关税及进口环节增值税的目的，另拟登记船舶不需要多部门进行审定。

目前，5 艘实施洋山港保税船舶登记的船舶，均已注销“中国洋山港”船籍，原上海浦海航运有限公司所属“向明”“向珠”“向兴”和“向旺”轮由于船龄及公司经营等方面原因均已报废拆除。

3. 自贸试验区国际船舶登记

2013 年 8 月，国务院批准设立了中国(上海)自由贸易试验区，标志着中国内地首个自由贸易园区建设正式启航。按照总体方案要求，建立国际航运和国际物流中心核心功能区，是上海自由贸易试验区总体发展目标和主要功能定位的重要组成部分。自贸区国际船舶登记制度是在我国现行船舶登记制度之外，在特定区域(上海自由贸易试验区)建立一个高效、便捷和国际化的外籍或拟境外登记国际航行船舶入区登记的特殊船舶登记制度。即以“中国洋山港”为船籍港，吸引符合一定条件的外籍或拟境外登记国际航行船舶在自贸试验区注册登记，对其实施境外船舶监管和进出口税收规则，同时形成高效便捷的登记服务。自贸区国际船舶登记制度是独立于现行船舶登记制度的一个新型登记模式，两者并行且互相独立，在适用范围、登记程序、监管模式、营运范围等各方面均不相同，从而形成我国多样化的船舶登记制度。该制度在不改变原有船舶登记制度的基础上创设，主要以吸引中资船舶回国登记为目的，实施国际通行的船舶登记和管理模式，属于半开放性质的国际船舶登记制度。

其特点如下：(1)适用范围特定化，以吸引外籍或拟境外登记国际航行船舶入区登记为目标，限于在自贸试验区注册的航运企业；(2)监管与国际接轨，凡船舶航行于国际航线的，将视作境外船舶进行监管；(3)标识方式特殊，“中国洋山港＋五星红旗”，即用特定船籍港加五星红旗来区别于“现行船舶登记”制度下的船舶；(4)适用国际船舶登记通行税收规则。

其主要依据为：(1)2013 年 9 月 18 日国务院批准《中国(上海)自由贸易试验区总体方案》，同意充分发挥上海的区域优势，利用中资“方便旗”船税收优惠政策，促进符合条件的船舶在上海落户登记。在试验区实行已在天津试点的国际船舶登记政策。简化国际船舶运输经营许可流程，形成高效率的船籍登记制度。(2)2013 年 12 月 31 日交通运输部批准《中国(上海)自由贸易试验区国际船舶登记制度试点方案》，同意在自贸试验区试点“中国洋山港”国际船舶登记制度。(3)2014 年 8 月 1 日起施行的《中国(上海)自由贸易试验区条例》也将自贸试验区国际船舶登记制度创新列为明确内容。

(三)实施国际船舶登记制度存在的问题

相关问题已在上文“航运便利程度与金融发展需求仍存在差距”中详述，这里就不在冗述。

五、两个中心与上海自由贸易港深度联动发展的模式、路径与举措

（一）两个中心与上海自由贸易港深度联动发展的模式

1. 总体目标

以建设具有全球航运资源配置能力的上海国际航运中心为出发点，以“创新驱动、转型发展”为动力，发挥市场调节机制、创新政府服务机制，以促进产业集聚、打造平台经济、健全产业服务链为抓手，建成具有国际竞争力的国际金融中心，探索建设功能完善、运行高效、法制健全、具有国际竞争力的自由贸易港。

2. 原则

(1)市场定位明确。一是大力发展航运金融的细分子行业，以国际化、专业化、特色化、差异化为抓手，集中发展优势业务领域，如船舶融资信贷、产业基金、航运保险、船舶融资租赁、航运衍生品。二是努力将境外市场要素吸引回国，即做大国内航运和金融增量，提升上海国际航运中心的竞争力。三是探索建设中国特色自由贸易港，依托上海自身的区位优势，形成上海自由贸易港发展的自身特色。

(2)集聚市场要素。从需求角度看，加快吸引更多的船东、航运公司、航运服务企业等在上海充分集聚。从供给角度看，努力吸引境外各类金融机构或总部在上海落户，不断创新金融服务和金融产品，提升上海航运金融产业的竞争力。与此同时，获得航运企业和航运服务机构的高度认可，打造具有上海特色的航运市场服务产业链。

(3)完善政策支持机制。航运金融是上海建立国际航运中心和国际金融中心的重要组成部分，从长计议、科学布局上海航运金融产业中长期发展专项规划尤为必要。一是注重政策支持和服务支持，出台鼓励创新突破的各项政策。二是加快简政放权、放管结合、优化服务的步伐，使上海尽早成为全球行政效率和市场透明度最高的地区之一。三是建立多部门之间的协调机制。四是构建精简、高效的航运金融监管体制，以适应航运与金融市场开放的需要。

(4)完善市场环境。建立与国际基本相同的营商环境。从中短期看，具有与新加坡同等条件的各项市场环境（主要是税收和船舶登记制度）；从长期看，具有与伦敦看齐的金融服务环境。探索建设自由贸易港，有利于我国推进由贸易大国向贸易强国的转变。通过推动自由贸易港的建设，能够积极探索实施符合国际通行做法的管理制度，推动以港区为载体，加强与各国各地区的制度和规则对接，特别是“一带一路”相关国家和地区，在促进贸易和投资更加便利化的同时，推动我国完成构建更具活力的内外经济联动体系。

3. 思路

(1)紧扣上海发展航运金融的优势和不足，既能扬长避短，巩固现有优势，又能探寻发展短板业务。

优势：船舶制造、航运企业、港口吞吐量在全球具有优势；已初步建立国内航运金融和市场服务体系，船舶融资租赁、航运保险、银行信贷、产业基金、衍生品在全国具有优势。

不足：再保险、船东互保险、能源险、船舶资产证券化、航运债券没有开展，民营资本投资航运金融企业亦没有广泛开展；航运法规、船舶登记税费、航运中介服务、航运相关税收、航运保险、融资租赁、会计政策、航运金融人才等较国际上有较大差距。

（2）厘清政府和市场的定位，把握好三层关系。基础层指船舶、航运企业和航运金融服务企业；中间层指航运金融服务企业和地方政府部门；顶层指地方政府部门和中央主管部门。地方政府应起到承上启下的积极作用，引导和促进航运金融企业为航运企业服务，促进建立和完善航运金融市场，加强与地方相关部门、中央主管部门的沟通协调。

（3）地方政府扶持产业政策框架。根据产业扶持政策框架、内容，制定、完善相关发展航运金融的产业政策。

（4）地方政府发挥作用的着力点。一是处理好与市场的关系。市场主体是航运、船舶企业和航运金融服务企业。二是明确抓手。地方政府应发挥在航运金融市场经济中的引导、激励、推动和协调作用，培育和完善航运金融市场，加强市场监管，维护市场公平。三是创新政策。推出扶持航运金融业发展方面的补贴、贴息等优惠政策，加大金融产品创新研发等方面的奖励力度，改进人才引进、培训、信息服务举措，协调相关政府职能部门，合力完善航运金融市场建设环境。

（二）两个中心与上海自由贸易区深度联动的路径

1. 打造“四个平台”

实现上海国际金融中心与上海国际航运中心、上海自由贸易区的联动发展，促进航运金融服务领域由局部环节向整个产业链不断拓宽；手段由传统方式向新方式不断创新；市场由片面单一向全面综合不断扩大。要紧紧抓住中央赋予上海的先行先试政策和国际航运金融等服务业向上海转移的各种机遇，着力打造和完善“四个平台”，不断创新航运金融体制机制和航运金融服务手段，推动国际金融中心与国际航运中心、自由贸易港联动发展。

一是打造基础服务平台。以提供快捷完善的信息共享和专业高效的金融服务为目标。重点完善上海船舶产权登记信息平台、船舶融资租赁登记中心、航运金融结算与汇兑中心。

二是打造市场交易平台。以促进低成本高效率航运交易为目标，重点完善船舶融资（信贷、债券）市场，船舶融资租赁交易（飞机、船舶）市场，航运保险、再保险市场，船舶交易市场，航运衍生品市场。建议在上海大力扶持集装箱业务单证中心建设，鼓励企业建立外包服务中心，为企业提供提单制作和发票开具业务，降低航运企业处理单证的成本。

三是打造资源集聚平台。以构建航运金融业良好营商环境、促进资源优化整合为目标，重点集聚国内外银行、保险、产业基金、信托、外资、民间资本对航运企业投融资，鼓励航运企业组建银行、融资租赁公司、保险公司、船东互助组织，优化航运业资产结构。

四是打造产品创新平台。以拓宽航运业资金渠道、提升行业国际竞争力为目标，重点推进离岸船舶信贷、船舶资产证券化、船舶融资租赁产业基金、船舶融资租赁“忠信基金”、船舶融资租赁担保基金、拆船基金、邮轮基金，包括政府购买船舶采取的融资租赁等金融模式创新。

2. 实现“两个创新”

一是实现制度创新。利用上海自贸区先试先行，探索自由贸易港建设的政策优势，研究发展上海航运金融市场、航运船舶融资租赁市场的创新政策，如利用上海自贸区的政策优势与市场需求，打造上海航运金融产业集聚区（包括银行、融资租赁、航运保险、中介服务等）。

二是加快服务创新。着眼“协调有力、信息有道、预警有效、监管有度”，转变服务理念，改进服务模式，创新服务举措，做长做优能够集合各类航运服务要素的产业链，发挥政府规范市场秩序、维护市场公平的作用。

3. 实施步骤

(1)依托自由贸易港政策，实现关键环节突破创新。中共十九大报告明确指出，要赋予自由贸易试验区更大改革自主权，探索建设自由贸易港。国家相关部委正在研究上海上报的自由贸易港建设总体方案，上海自由贸易港的建设指日可待。要瞄准新加坡、伦敦这些世界公认的国际航运中心和国际金融中心，围绕货物、资金和人员三大要素的自由流动，加快探索，谋求突破。

(2)聚焦船舶登记，完善融资市场的基础设施建设。筹备设立中国船舶登记中心，坚定不移推进国际船舶登记制度尽早落地，吸引各类外籍船舶在上海登记，并借此推动船舶融资租赁征信(信用)中心总部落户上海。建立船舶融资租赁登记中心、船舶融资征信(信用)中心。依托立体化综合性的租赁交易市场和平台，整合优化，加快租赁资产的交易和流转，以提高租赁资金的流转效率。试点建立船舶产权登记中心，进而推动建立长三角船舶登记中心，整合区域信息平台，形成区域功能联动，为航运产业信息预警和有效监管提供支撑。

(3)突出规范服务，完善航运金融产业服务体系。在建立中国船舶登记中心、船舶融资征信(信用)中心的基础上，按照“先国内，后国外(中资非五星旗)”的思路，完善新船与二手船交易市场，建立程序标准化、运行规范化的信息登记和征信服务体系，有序规范交易行为，拓展融资、结算、汇兑、交易、投资、保险、监管等功能。注重商业模式创新，突破传统产业边界、服务边界和市场边界，向产业两端延伸服务，提升“链与链”的国际竞争能力，最终打造具有上海特色的航运金融市场产业服务链。持续推进上海自贸港的物流基础设施建设，利用电子商务平台构建世界顶级航运服务体系。

4. 实施范围

（1）从地域范围看，航运金融市场建设要统筹国际国内两个市场。对外要形成面向全球的航运生产、服务、投融资的发展网络，加快培育与全球公认的国际金融中心与国际航运中心合作和竞争的新优势；对内要巩固上海在全国航运市场和金融市场的领先优势，瞄准既定目标，保持发展定力，聚焦问题短板，围绕航运金融业资源配置的关键因素和制约环节，率先创新突破。

（2）从业界形态看，国际航运业走向“深海”已是趋势，航运金融业主体正从货主、船舶公司到各类金融机构等，业态也从船舶融资扩展至在线支付、航运保险、航运衍生品、新型金融服务及供应链金融等。上海要着眼于做长做优航运金融产业链，梳理航运业上中下游产业各环节金融服务的薄弱点、业态融合的需求点，利用我国“互联网＋”、航运第三方支付的优势，制定国际航运在线结算支付技术标准，助推人民币国际化，为上海国际金融中心与国际航运中心建设联动发展夯实基础。

5. 实施重点

（1）更加注重金融结构的优化。从航运金融发展和演进趋势来看，上海已形成由劳动密集、资本密集和知识密集等不同产业特征提供的低、中、高端航运金融服务，并且以货运为主的传统航运业务比重在逐渐下降，以提供高端金融服务为导向的趋势愈加明显。上海金融市场必须着眼于为上海、长三角、“一带一路”沿线国家和地区提供航运发展融资服务，这是上海航运金融市场发展的需求基础，也是上海航运金融市场发展的竞争优势。

（2）更加注重基础性服务体系的构建。全球航运金融业高度聚集在成熟的国际金融中心，发达的海运保险、资金结算体系和衍生服务、综合资源配置功能及结算能力奠定了其成为国际航运金融中心的基础。上海要发展航运金融市场，不在于引进了多少国际金融机构，也不在于创新了多少金融产品，而是在于自身资金结算、资源配置等要素集聚能力的不断提升和辐射影响。

（3）更加注重发挥市场自身的作用。政府的支持政策需要尽量采取市场化运作的方式，通过改善收益或减少风险的方式引导市场主体的行为，以实现政府有效治理的目标。要让市场机制在航运金融产业发展过程中发挥决定性作用，同时通过政府的有效治理，实现上海国际航运中心与国际金融中心建设的目标。

（4）更加注重扩大开放和监管能力提升。现阶段需要继续扩大开放，上海自贸试验区金融监管能力有待提升。需要加快构建与世界知名自由贸易港港相匹配的离岸税制，构建国际性的融资模式，发挥政策性金融机构对金融企业的保障作用。同时，需要扩大资金的自由流动，改善外汇管理方式，继续完善自贸区账户制度，进一步加快发展人民币离岸业务，完善对金融企业的风险保障体系。

六、政策建议

航运金融市场是上海国际金融中心和国际航运中心建设的重要联结点，通过上文分析论证，上海发展航运金融市场具备相对竞争优势，上海两个中心与自由贸易港要真正实现联动发展，必须大力发展航运金融市场。根据上海的既有基础和现实条件，借鉴全球知名自由贸易港发展的经验，针对上海航运金融市场发展过程中存在的问题，现提出如下联动发展举措。

（一）立足国家战略，加强联动的顶层设计

中共十八大以来，中国在全面深化改革开放上的步伐越来越快，特别是“一带一路”倡议、长江经济带发展，包括建设自由贸易试验区的重大安排，都要求上海必须发挥好“排头兵”和“先行者”的作用。中共十九大报告提出，要以“一带一路”倡议为重点，坚持引进来和走出去并重，遵循共商共建共享原则，加强创新能力开放合作，形成陆海内外联动、东西双向互济的开放格局；实行高水平的贸易和投资自由化便利化政策；创新对外投资方式，促进国际产能合作，形成面向全球的贸易、投融资、生产、服务网络，加快培育国际经济合作和竞争新优势……上海的金融业与航运业如果能抓住国家全面深化改革、扩大开放的战略机遇，在发展规划、体制改革、法律保障、人才引进等方面进一步完善顶层设计，加快发展与提质优化，完全可以更大程度提升上海在国际金融中心与国际航运中心舞台上的竞争力，为航运金融业务发展、自由贸易港建设提供更为理想的环境。

1. 成立更高层级的航运金融联动发展的协调推进机构

无论是航运中心、金融中心还是自由贸易港建设都需要服务到位、管理到家的政府机构，以及市场化运作、高效运转的运营机构。在国际上，纽约、新加坡等地都有专门的运营公司，完全按市场化方式运转，同时又有管理能力的政府来监管运营机构。目前，上海有一个由副市长挂帅的国际航运中心建设推进小组，并在上海交通委设有航运中心建设协调处，在金融方面有地方金融监督管理局（原上海市金融服务办公室）作为协调机构，在自由贸易港方面则由自由贸易试验区管理委员会负责相应事务。但由于航运业与金融业分工太细、专业性太强、牵涉面太广，现阶段的机构层级和架构难以满足统筹协调的需要。因此，上海需要一个更高层次的协调推进机构去统筹、协调，推进两个中心与自由贸易港联动的各个环节工作，能够与交通运输部、商务部、财政部、工信部、一行三会、国家税务总局、公安部（出入境事务）、海关等涉及航运业和金融业管理的相关国家部委直接对话。近年来，上海在两个中心与自由贸易港建设上显现出的一些问题，更多的是总体思路的落地和工作协调的问题，恰恰证明了成立这个机构的重要性。因此，建议成立由主要领导挂帅的协调推进领导小组，成立类似航运金融发展局这样的机构，由政府部门、业界机构和航运专业人士组成，以加强重大事项协调、推进重点任务突破。这样的机构可作为上海国际

航运中心建设的头脑、中枢，其使命、任务和职责就是研究并制定相关上海航运中心建设的总原则、总思路、总政策，补短板、解难题、强优势，形成整体推进合力。

2. 统合长三角地区港口发展

一体化发展是物联网时代的客观要求，上海需要发挥金融中心配置资源的功能，通过战略投资、兼并、收购、重组、园区合作等多种途径，积极构建“一带一路”和长江经济带的产业联盟体系和国家价值链体系。“一带一路”倡议提出的基础设施联通、区域贸易畅通，完全离不开资金的融通。中国在“一带一路”沿线国家中处于产业链制高点，在以金融推动产业链形成方面，中国金融机构大有作为，对上海两个中心与自由贸易港建设联动发展也是千载难逢的机遇。

长江黄金水道是长江经济带沿线省市联为一体的关键。多年来长江航运功能不断萎缩，水运成本低、运量大，绿色、经济、环保的优势难以发挥。而长三角地区的港口集群是十分宝贵的资源，在目前的行政管理体系下，地区间的港口协作很难取得实质性进展。建议上海抓住全球国际航运中心东移的战略机遇，争取中央的支持，成立长三角港口管理委员会，或与隶属交通运输部的组合港管委会合署办公，对接相关国家战略，统一协调港口岸线资源规划，统一协调港口和航运政策，统一协调上海国际航运中心、南通江海联运示范区、舟山江海联运服务中心和长江下游港口的协作运营，发挥黄金水道、黄金流域的黄金组合优势。

（二）放眼全球竞争，确立上海比较竞争优势

上海航运金融市场目前还处于发展的初级阶段，在制度环境上还存在较大的局限性，无论是航运中介功能还是市场体系发育都存在诸多需要完善之处。在国际金融中心与国际航运中心建设的初级阶段，对于经济自由度和开放度要求相对较低。凭借上海的资源禀赋、制度环境足以支撑其初级阶段的快速发展。但是必须看到，在航运金融联动融合发展的高级阶段，特别是随着金融机构创新意识的增强、创新能力的提高，上海应放眼全球竞争。这就对上海国际航运金融市场的开放性、自由度要求更高。自由贸易港建设需要有一套完整的国际化服务支撑体系。这个体系包括金融、法律等中介机构，也包括物流、人员流动所需要的生产生活各方面的国际化服务。

1. 吸引一批具有行业影响力的组织落户上海

目前，国际性的航运组织和机构在上海落户少，全国性的行业组织在上海落户的也不多。其中，国际性的航运组织和机构仅有“国际海事组织亚洲技术中心”“国际海事组织教师联合会”“波罗的海国际航运公会（BIMCO）上海中心”等在上海落户。环顾全球，除欧美传统航运国家外，亚洲的日本、韩国、新加坡等国都积极参与国际海事组织的各项活动，争取具有国际影响力的航运组织和机构在本国落户，以做大做强本国航运业。国内的航运组织和机构只有中国船东协会、中国港口协会、中国船东互保协会、上海航运保险协会和中国航海博物馆落户上海，但国内具有重大影响的中国海事仲裁委、中国

航海协会、中国引航协会、中国船舶工业协会、中国造船工业工程协会、中国船舶代理及无船承运人协会、中国船舶代理行业协会、中国海员建设工会全国委员会等都还不在上海。

为此，建议上海市政府抓住非首都功能疏解的契机，加强与相关部委的沟通协商，吸引中国海事仲裁委、中国航海协会、中国引航协会等行业组织落户上海，形成行业发展集聚效应。同时，加强组织间的合作协调，为上海在国际航运组织中发挥作用，增强上海在国际组织中政策、规则和标准制定中的话语权，共同出谋划策，提供智力支撑和技术保障，并为上海科创中心和“两个中心”建设的国际交流起到带头示范作用。

2. 自主建设和培育一批具有国际影响力的组织机构

建议借鉴央行支持上海国际金融中心建设的举措——中国人民银行上海总部落户的方式，探讨将与航运相关的海事管理、船舶登记、船舶检验、航空运输、水运信息管理等机构在上海设立总部的可行性，加快推进上海国际航运服务中心、技术中心、信息中心建设。同时，发挥上海现有的国际海事组织功能性机构作用，做好整合资源，建立对接平台，争取将国际海事组织亚洲环境、安全中心落户上海。巩固上海“一带一路”桥头堡地位，建立“一带一路”特别是海上丝绸之路沿线国家航运、港口等自由贸易港区和开发区的合作交流机制，建立“一带一路”国家航运合作联盟、绿色发展联盟和科技发展联盟等。

3. 重视行业协会的作用

让纯民间的行业协会担负起社会责任，发挥提供服务、反映诉求、规范行为的作用，增强市场的自治功能。由行业协会制定业内自律、投诉和处分制度，向政府主管部门集中反映业内诉求，政府则支持、指导行业协会，发挥规范市场交易行为的作用，引导行业协会建立一种良性的竞争机制，通过行业协会这个下情上达的窗口，听取行业会员的各种反映、诉求和建议，改善政府监管与服务方式，提供符合市场发展需求的营商环境。建议上海整合融资租赁协会、外商投资租赁协会、中国设备租赁协会、上海融资租赁专业委员会等资源，加快组建中国租赁协会，逐步形成租赁业功能集聚区。鼓励在上海航运保险协会的基础上，成立中国航运保险协会，加强与境外机构的交流。

4. 继续鼓励中介机构的发展

采取合理的金融和税收政策继续鼓励航运经纪公司在上海发展。政府无需对航运经纪行业的专业事务实施微观的管理，更不应该以烦琐而又无后续监管效力的前置审批和规章制度来限制市场的自由发展。政府应充分利用现有资源，以宏观调控为主，减少前置审批，注重事中事后监管，同时引导行业协会提升航运经纪业的服务和水准、诚信度和规范化水平以及国际影响力建设。促进国内航运服务机构与境外航运服务机构合作，提高国内航运服务机构提供产品及服务的能力。着力支持国内航运企业与金融机构共同组建航运经纪公司，发挥金融与航运业协同发展效应。

（三）完善保障措施，助推深度融合

1. 优化资本投资结构

现有以国有资本、国有企业为主的航运生态体系，无法与跨国航运巨头进行竞争，必须在国内市场全面对外开放之前，完成国内航运市场的重组、整合。解决之道在于在全面落实中共十八届三中全会精神，放松对国内航运市场的管制，借鉴推广 PPP 模式①，依靠政府投入，来吸引民间和社会资本进入，以市场化的手段解决国内航运市场竞争水平低下的问题。

航运相关项目一般投资金额较大、风险较高、项目回报周期较长，对一般民间和社会资本缺乏足够的吸引力。因此，往往需要政府投入必要的资金，进而发挥引导民间和社会资本投入的作用。政府投入的资金不应追求在某个领域的“控股权”或“垄断权”，也不应谋求资金的高收益，这样才能提高政府投资资金的使用效率，引导上海航运市场的结构优化。

2. 合理调节企业税负

“营改增”以后，部分交通运输企业和金融企业由于进项税抵扣不足等原因，综合税负不降反升，进一步制约了上海航运企业与金融企业的发展，中远海运、太平洋保险等企业对此反响强烈。从国际经验来看，金融业的主要业务实际上是零税率的，金融业的可抵扣项很小，只有很小的一部分需要缴纳增值税。而目前航运业处于低谷阶段，“营改增”后企业负担加重对于其平稳度过低谷十分不利。因此，短期内建议政府采取适当的财政扶持政策，对于综合税负增加的企业给予适当的财政补贴。从长远看，建议国家尽快研究制定减税降负的相关政策，补充增值税税收优惠措施，扩大免税业务范围，为企业成本的降低出台实质性的利好政策。

3. 实施必要政策倾斜

2009 年出台的《国务院关于推进上海加快发展现代服务业和先进制造业建设国际金融中心和国际航运中心的意见》中，明确提出要“探索建立国际航运发展综合试验区”。航运产业的集聚与集群是其不断创新与发展的驱动力。上海已形成北外滩、陆家嘴、外高桥、临港等航运服务集聚区。因此，上海应当加强集聚区有关政策法规、区位环境的研究，着重依托集聚区良好的商务环境和优越的区位条件，在人才引进、税收汇率等方面实行特别机制或含金量较高的倾斜政策。

首先，对于航运服务集聚区内金融机构从事涉及本外币兑换的航运金融业务以及由此衍生出的对冲外币头寸交易，可以适当放松人民币汇率浮动的范围。借鉴自贸区监管经验，支持区内航运企业的离岸账户资金结算以及金融企业的离岸金融业务。其次，放宽

① PPP 模式：英文全称为 Public-Private Partnership，即政府与社会资本合作，是公共基础设施中的一种项目运作模式。在该模式下，鼓励私营企业、民营资本与政府进行合作，参与公共基础设施的建设。

对于区内企业从事航运金融业务的资本要求和监管要求，适当简化审批程序。最后，对于集聚区建设也应找准定位。要根据城市规划和资源禀赋，研究明确上海适合建多少航运集聚区，航运集聚区之间是否要做功能上的区隔等方面的问题，避免基础设施的重复建设和区域之间的恶性竞争。同时，在区域规划、功能定位、形态设计等方面都要对标国际一流。

4. 提升航运与金融中心信息服务能力

新加坡由于汇聚了大量的亚洲航运和金融信息，波罗的海交易所就选择新加坡生成、发布亚洲的波罗的海运价指数。由此可见，掌握航运信息数据是获取话语权与定价权的基础。上海已成功争取中国船舶动态监控中心落户，该中心汇聚了大量有价值的船舶、船员、货物信息。上海市政府可以充分依托该船舶动态监控中心，聚焦航运信息数据拆解分析，如建设信息处理中心、价格查询平台等，将数据的获取与整合作为航运服务核心业务，打造全球航运数据中心，实时掌握全球货物流动数据；未来若能以航运数据中心作为支撑，提供高质低价的规则及服务，吸引各国来此交割清算，全球结算中心自然水到渠成。

汇总“一带一路”沿线国家航运产业大数据，包括航运产业技术水平、航运企业诚信情况、航运市场业务规模等，以构建航运信息服务大平台，发布全球航运综合指数信息，形成全球航运贸易价格信息发布权，提高市场交易效率和供需双方相互信任度，从而促进各类航运服务功能机构集聚，提升上海国际航运中心的国际地位。

（四）借力自由贸易港建设，加快航运开放与功能创新

自由贸易港要有一套完整的国际化服务支撑体系。这个体系包括金融、法律等中介机构，也包括物流、人员流动所需要的生产生活各方面的国际化服务。自由贸易港应当成为全球营商环境最好的地区。这主要包括三个方面：完善的知识产权保护制度；实现对所有企业的权利平等、规则平等、机会平等；有公正、公开、透明的法治化环境，使各方对未来发展有稳定的预期。

1. 深化自由贸易区国际船舶登记制度改革

目前施行的过于严格的船舶登记制度虽然有利于维护航运经济秩序和航行秩序，但也造成了监管效率低下和市场活力不足。再加上缺乏具有吸引力的政策，形成了方便旗船舶泛滥、中国籍船舶日渐萎缩的局面，最终阻碍了船舶融资、航运保险等船舶金融业的发展。因此，必须持续推进自由贸易区国际船舶登记制度改革，给予中资方便旗船舶回归相应的便利政策，构建航运金融业健康发展的强大基础。

（1）充分认识国际船舶登记的重要性。一是高度重视，通力协作加紧落实。将实施国际船舶登记制度上升到国家战略高度，将其与实现“交通强国”“一带一路”等发展目标紧密联系起来，从国家层面对整体工作实施顶层设计，充分认识到吸引中资“方便旗”船舶回归登记的重要性，加强各部门间协调联动，确保工作落实。

二是分析差距，切中要点制定对策。全面细致地分析我国与“方便旗”国家在营运成

本、配套服务能力及监管措施等方面存在的差距，形成一套完整的真正具有吸引力的国际船舶登记制度。

三是摒弃短视行为，追求长远利益。摒弃眼前利益，从长远的角度正确地看待“方便旗”船舶回归登记带来的潜在增量收益，以点带面，充分释放国际船舶登记制度红利。

四是转变思维定式，形成良好政策导向。转变理念，将便利企业经营、扶持行业发展作为政策制定的原则。充分发挥政策导向作用，给予勇于参与改革实践的企业更多的优惠，增强企业对政策的信任及支持。

(2)建立更为开放的新型登记模式。一是放开船龄限制。建议参照国际船舶登记惯例，对自贸区登记的船舶实施有效的监管模式，通过对此类船舶实施船舶质量管理和船舶检验机构技术检验等方式，控制和提高船舶质量，保障航运安全。针对自由贸易区国际船舶登记制度下的《老旧运输船舶管理规定》、《关于船舶进口有关事项的规定》(外经贸部2001年第38号公告)、《关于规范进口二手工程船舶有关事宜的公告》(交通部2004第27号)等关于船舶船龄的限制，以及进口二手工程船舶登记备案管理要求的限制，可进一步放开。

二是开放船舶检验限制。建议分步实施：第一步，不突破现有《中华人民共和国船舶和海上设施检验条例》规定，允许自贸区国际船舶实施第二船级检验，即双船级检验。只需要中国海事局批准扩大外国船舶检验机构在华开展此项业务即可实现。双船级检验对于技术先进的化学品船、天然液化气船、海工类船舶具有较大市场需求。第二步，暂停《中华人民共和国船舶和海上设施检验条例》第十三条对自由贸易区国际船舶的适用中仅允许中国船级社实施入级检验的规定，参照国际惯例，扩大中国海事局委托、指定或者认可的检验机构实施法定检验与入级检验的范围，引入全球领先船级检验，通过加强船舶质量控制，促进我国国际航行船舶质量提升和结构升级。

(3)建立有区别的、便捷高效的监管方式。一是适当放开营运限制。建议适当简化或取消对国际船舶登记制度下登记船舶及其所属公司的经营许可。目前，航运公司从事国际航行运输，需要事先取得相应的国际营运资质许可以及相关备案，此类资质比较难批，而且与其他事实国际船舶登记的国家和地区相比，这些国家和地区对从事国际航行的公司和船舶均未设相应门槛，使其能够更加充分、公平地参与国际竞争。

建议允许自由贸易区国际船舶在国内开放港口和上海港之间的中转捎带业务。2013年9月，交通运输部与上海市人民政府联合发布了《关于落实〈中国(上海)自由贸易试验区总体方案〉加快推进上海国际航运中心建设的实施意见》，允许中资航运公司利用自有或控股拥有的非五星旗国际航行船舶，先行先试外贸进出口集装箱在国内开放港口和上海港之间的中转捎带业务。鉴于自由贸易区国际船舶属于中国的“类方便旗”船队，建议将这一规定同样适用于其国际船舶登记制度下的船舶。

建议对工程类船舶尽早设定相应的实施细则和条件，并经交通运输部审批同意后，可以在国内水域施工作业。根据交通部批复的自贸区国际船舶登记制度方案，在该制度下登记的船舶只能从事国际航行，特殊情况下相关工程类船舶须经批准后方可在国内水域施工作业。

二是适当放宽监管要求。建议适当放宽证书文书要求。据了解，相关航运企业对中国籍船舶进出境海关监管簿的申请及换新颇有微词，办理时限过长及频繁换新严重影响船舶正常营运。因此，建议使用船舶自动识别系统（AIS）、船舶远程识别和跟踪系统（LRIT）等信息化技术代替纸质文书对船舶进出境情况进行监管。

建议缩短原有8年的监管期限，或规定一定年限内不得从事国内运输，适度放宽政策灵活性。根据2009年2月1日起施行的《中华人民共和国海关进口物资减免税管理办法》（海关总署令第179号），实施特案免税登记的船舶需经历8年监管期，监管期限内不得擅自将减免税船舶转让、抵押、质押、移作他用或进行其他处置。这使得航运企业无法根据市场行情及自身营运需要处置资产，给企业正常经营带来不利影响。

建议适度放宽海关对船舶物料及备件监管，打通“码头最后一公里”，提升航运企业岸基支持效率。相关企业反映海关对船舶物料及备件的监管过于严格，时常导致船期延误情况的发生。

（4）构建有竞争力的税收政策体系。一是对标国际通行税收规则。建议对实施国际船舶登记的船舶实施境外船舶监管和进出口税收规则。不适用船舶进口的税收政策，不必办理进口手续并缴纳进口关税和进口环节增值税，即《关于规范船舶进口有关税收政策问题的通知》（财关税〔2014〕5号）规定不适用于自由贸易区国际船舶登记制度。适用通行的国际船舶登记税收规则，即境内船舶入区登记视作出口，新造船可以享受出口退税政策；境外船舶入区登记不作为进口；区内船舶转让或光船租赁到境内区外，视作进口；对自由贸易区内船舶实施境外船舶监管要求。

二是改革船舶吨税及车船税征收模式。根据相关企业提供的数据，船舶吨税是船舶营运过程中一项较大的开支，费用是“方便旗”登记国家的近八倍，且在缴纳船舶吨税的同时仍需缴纳车船税。根据《中华人民共和国车船税法实施条例》第二十五条，按照规定缴纳船舶吨税的机动船舶，自车船税法实施之日起5年内免征车船税。目前该政策已过期，而“方便旗”登记国家和地区均未征收该项税费，且现行船舶吨税在金额及作用上均能完全覆盖车船税。因此，建议对在洋山保税港区实施国际船舶登记的船舶免征车船税，并适当降低吨税征收税率。

三是开征吨所得税。建议对实施国际船舶登记的航运企业根据自身经营情况在吨所得税和企业所得税之间二选一进行缴纳。目前，全世界已经有27个航运国家开征了船舶吨所得税，这些国家控制的运力超过了全球的70%，船舶吨所得税的开征已经得到了世界航运大国的共识，逐渐成为国际船舶运输税制的一个世界性标准。

四是海员税负减免。海员队伍是建设海洋强国以及推进“一带一路”倡议的基础力量。没有稳定的海员队伍,建设"海运强国"目标就成了无源之水、无本之木。然而,海员免征个人所得税问题迟迟未得到解决。减免海员个税是国际惯例,且海员不能完全享受国内的各项社会福利。因此,建议对在洋山保税港区实施国际船舶登记的船舶上工作的海员免除海员个人所得税或对个人所得税给予优惠。

(5)大力提升航运发展软环境。一是促进航运服务业特别是高端航运服务业发展。①优化政府对航运服务业的监管。对于基础航运服务业,应建立和完善市场准入、竞争、监管、退出的系统化机制。市场准入门槛应当更多地关注安全、环保以及宏观调控等因素,简化行政审批流程,强化事中事后监管。从以行政审批管理为重点转向以对经营资质的审验和市场秩序的监管为重点,对企业进入市场后的经营行为、价格行为、竞争行为进行动态监管和规范,营造良好的市场环境。对高端航运服务业,要明确行业主管部门。由于高端航运服务业还处于起步阶段,需要各种政策予以扶持培育。应大力开展北外滩等航运服务集聚区建设,集聚航运服务资源,形成集聚效应和辐射效应。

②落实航运服务优惠政策。现代航运服务业的发展一般遵循由依靠自然条件推动到政策推动,再到市场推动这样一个发展历程。实施优惠政策是世界航运发达国家和地区的普遍做法和建设国际航运中心的必然选择。政府应建立有效的引导和鼓励机制,提供必要的土地、税收、政策支持,如提高通关效率、简化通关手续和业务模式、实行低税率关税、放宽进出口货物配额限制等。

③完善航运服务法律法规。制定和完善发展航运服务业的法律法规,建立符合国际惯例、公平、透明的政策法规平台,接轨航运服务业政策法规的国际准则。同时,积极参与航运业及航运服务业国际准则的制定。

④推进航运服务产业升级。通过出台有针对性的行业政策,以市场化的手段推动上海市航运服务业领域的改革,淘汰落后产能,优化技术工艺,提高关键性技术或设备的研发能力。在深化改革的基础上,夯实中端航运服务业基础。完善航运服务业的硬件设施,建立便捷完善的集疏运网络,大力发展集装箱多式联运业务,特别是开展洋山港集装箱海铁联运业务,发展现代物流业,促进公路、铁路、水路和航空的协同发展,支撑航运服务业的快速发展。

⑤优化航运服务业的软件环境。不断推进信息服务平台的建设,加大对信息技术的投入,进一步加快上海口岸大数据的建设,构建覆盖整个港区、关区的信息网络平台,将港口、海关、商检、代理、货主等连接为有机的整体,为航运服务业的发展提供良好的软环境。

二是培育航运人才成长成材的良好环境。①制定航运金融人才培养规划。在经济新常态下,上海航运金融市场需要在服务的多元化、功能的具体化和创新动力的多重化等方面不断努力,其中人才是航运金融创新发展的原动力,加强人才培养是重中之重。上海相关政府职能部门需要加强与上海海事大学、上海财经大学等专业院校的合作,参与制定培养计划,促进理论与实际相结合,努力培养既有丰富的理论知识,又有较强的实践能力的新一代航运金融人才。同时,也要加大国外相关专业人才的引进力度,通过内部培养和外部引进相结合的方式,不断充实航运金融人才储备。

②改革现行资格考试制度。上文论述中已经说明航运经纪人在资格考试上的弊端。在航运服务领域,国内的资格考试种类远远超过任何航运大国。事实证明,资质种类的繁多,并没有带来航运服务业的发达,反而增加了企业的负担,消耗了人员的精力,埋没了真正的人才,也阻碍了企业的发展。因此,政府聚集人才首先要做的不是强化准入制度,而是全面梳理、修正当前航运服务业存在的各种考试准入制度,坚决化繁为简,做到"宽事前审批,严事后监管"。除涉及人身、船舶、货物、公共安全等重要岗位外,逐步取消不必要的法定准入种类,让人才安其位、敬其业,把时间和精力花在做真学问上,让真才实学者有发挥的空间,获得社会的公认。

③突出实务教育与职业培训。光有合理的准入制度只能吸引现有人才,因而还应建立一个合理、有效的教育和培训机制,才能让更多人有成才的机会。建议上海抓紧建立针对航运金融人才培养的职业培训和再教育的专业机构,在师资选择上充分吸收学界与企业界力量,在课程设置、书目选择、教材编写上更加贴近实务操作。要特别重视在航运金融或相关岗位历练出来的行家里手和具有丰富经验且善于捕捉市场机会的精英人士,发挥其在航运金融人才培养中的作用。

2. 打造政府背景的船舶交易服务平台

船舶交易市场在上海发展较晚,在信用制度还不完善的情况下,政府背景的船舶交易平台拥有较强的公信力,有利于交易双方充分规避风险,享受完善的信息与金融服务。政府交易平台既可以通过政府许可收取交易费实现盈利,又可以通过拓展价格发现和信息搜集功能,充分开发各类市场报价、销量等数据产品,获取信息服务的收入。

与此同时,政府背景的船舶交易服务平台不仅可以促进船舶交易的发展,而且可以为中小经纪公司的转型发展提供思路和方向。与旨在消灭经纪人的一般船舶交易平台不同,政府背景的船舶交易服务平台可以不是一个直接从事船舶交易的平台,而是专门提供给船舶经纪人的服务平台。经纪人可以充分利用平台的信用和信誉,以及平台上的各种设施、服务和资源,为船东提供全面的解决方案。考虑到经纪人的独立性、中立性和专业性,平台的设施、服务和资源可仅对准入经纪公司开放。船东不能直接使用平台的设施、服务和资源。其优势在于:第一,政府可以发挥其公信力为平台做整体营销,充分利用政策优势,吸引更多的船东、船厂、银行、保险以及其他航运服务企业或机构关注其船舶交易服务平台。第二,通过宣传平台的准入门槛、交易及监管规则、经纪人自律规则和职业道德守则,让市场对平台准入经纪人产生信任感(也就是给平台准入经纪人背书)。第三,平台向准入经纪人提供交易(中国境内的法律与实船交割)、融资、保险、技术等辅助服务,让平台准入经纪人掌握更多的资源并具有更好的条件,从而获得更大的竞争优势。

(五)明确发展策略,形成上海航运金融市场特色

利用上海自由贸易试验区,探索自由贸易港建设的先发优势,精准开展航运金融产品创新。自由贸易试验区明确了"扩大服务业开放、推进金融领域开放创新,建设具有国际水准的投资贸易便利、监管高效便捷、法制环境规范的自由贸易试验区,使之成为推进改革和提高开放型经济水平的'试验田'"的建设目标。上海作为全国第一个开展自由贸易试验区建设的省市,具有一定的先发优势。接下来的自由贸易港建设将赋予上海更大改革自主权,上海必须紧紧抓住先行先试的契机,从满足航运企业全球扩张入手,结合人民币国际化进程,在航运领域精准有序开展一系列金融改革试点,为上海国际金融中心与国际航运中心联动发展,提供更广阔的平台和更有力的抓手。在上海国际金融中心和国际航运中心建设、探索自由贸易港建设中,上海必须根据航运金融市场的发展规律,明确自己的定位及发展思路,采取精准的发展策略,实现航运金融市场平稳快速发展。

借助自由贸易港建设,进一步探索外汇管理体制改革,不断降低航运企业开设离岸专用账户的注册资本门槛,扩大适用航运企业范围,并逐步赋予离岸专用账户的融资和理财功能,对开展离岸金融业务的航运企业提供相应的税收优惠,增强航运企业资金运作效率,降低其实际运营成本。建立完善的离岸金融交易市场,大力发展外汇、期货、债券市场等。通过航运企业离岸金融的发展,探索人民币国际化道路,推动上海金融服务业向着专业化和国际化的道路迈进,并发挥对其他航运服务业试点项目的关联带动作用。

1. 发展航运保险

(1)给予航运保险政策倾斜。一是扩大航运保险免税范围。上海现有的免税航运保险险种为远洋船舶险、进出口货运险、集装箱险三种。免税险种占总体保费规模不足五成。现有免税险种未能体现鼓励产品和服务创新。对于市场需求高、发展潜力大、社会效益高的一些新兴险种,如承运人责任险、油污责任险等,均未能免税。建议扩大免税险种和范围,将国内水陆路货物运输保险、船舶建造险、航空保险、海上责任险等纳入免税范围。

二是政府可尝试提供强有力的海事担保。解决中小船东的保险问题是顺应建设上海国际航运中心的需求,是激活海上保险业发展和尽快建成上海国际航运中心的一项有力措施,对广大船东来说是一项实事工程。政府职能部门如果能积极牵头,设法在政策上吸引他们加入上海当地的船东保赔协会,政府、航运公司、互保协会就可以形成一个"三赢"的良好局面。

(2)发展离岸保险业务。一是充分鼓励离岸保险业务的发展。充分利用自由贸易区内资本项目可兑换、外汇管理体制改革的优势,推动自由贸易区内离岸保险市场的设立,通过发展离岸保险业务有效吸引原来流失海外的"中国概念"保险业务重新回流。探索更加高效、透明的监管方式,推动自由贸易区内离岸保险市场健康发展壮大,提升中国保险市场的国际化程度,并努力构建离岸保险领域的中国优势。鼓励支持在岸的保险机构积

极拓展海外业务，尤其是服务中资企业走出去；吸引海外机构聚集，增强巨灾保险、保赔保险、高端医疗以及特殊风险的承保能力。

二是要加强离岸业务监管。采取“一市两制”的监管思路，进行分离型监管模式，严格区分离岸业务与在岸业务。对在岸账户和离岸账户的监管方面，建立一个认证系统，实现对离岸贸易公司、离岸贸易种类、离岸贸易收入及离岸贸易金额的认定等。一方面鼓励离岸业务的创新，另一方面避免离岸业务对在岸保险市场造成过大的冲击，使自由贸易区内的保险市场准入标准、产品备案监管、偿付能力标准、税收征收标准、外汇管理制度等更加市场化。建议从事离岸业务的保险机构设立专门的离岸账户，方便离岸保险业务运作，适当隔离离岸资金与在岸资金的往来和渗透。

(3)壮大发展船东互保协会。一是保赔协会对国内外船东和协会开放。由于我国法律和法规对保赔协会没有任何明确的规定，国外的保赔协会欲进入我国保险市场也找不到门路，这不但对我国船舶互保业务的对外开放、与国际接轨十分不利，而且对我国保险业的发展毫无益处。因此，建议在组建“上海船东互保协会”时，适当引进国外互保协会的技术、经验、人才，甚至资本，实现公开、透明、高要求、高水准，使协会的经营管理有一个良好的开端，使其尽快地融入国际保险业，最终获得国际保赔协会的认可，并成为其会员。

同时，保赔协会不同于一般的行业协会，国际性是它的主要特点。保赔协会的会员由很多国家的船东所组成，因此上海的保赔协会也应该尽可能地吸收国际船东的参与，成为一家名副其实的国际性的船东互保协会。

二是充实协会赔偿基金。由上海船舶产业基金牵头，募集部分资金，协会可通过结余的保费偿还基金的本金和利息。如果当年的赔偿金额超出所入保费，则通过向各大船东增收保费来营运。

三是争取国际保赔协会的支持。船东互保协会虽然有着良好的条件和较高的发展起点，但是在管理和运作方面还是新手，需要与国际资深的保赔协会加强交流和联系，通过不断学习提升能力，包括参与协会管理公司的运作、协助提供协会的担保等。

(4)发展再保险业务。发展能源险和航运各种责任险，鼓励商业再保险在上海注册、落户，吸引国内民营经济和外资再保险公司、国际各类再保险协会在上海落户或设立分支机构。建议设立上海再保险中心，为国内保险企业开办商业再保险公司创造条件。

2. 发展航运金融衍生品交易

(1)改革指数发布机制，完善产品设计。上海航交所要进一步完善指数发布机制，形成功能合理、应用广泛的指数产品。尽管目前上海航交所发布的指数不少，但适合做航运衍生品到期结算的现货价格指数并不多。如果要进行衍生品交易，则必须要紧跟国际贸易与国家战略，全面真实地反映市场现状，并且考虑相关企业的对冲需求。

同时，还要充分调查研究，对现有的航运金融衍生品进行梳理整合，推出适应航运未来发展需要的航运金融衍生品。通过借鉴国外航运金融衍生品的发展路径，大力发展金融衍生品市场，为航运金融衍生品发展提供良好的金融环境。

(2)规范对航运金融衍生品的监管。由于航运金融衍生品在我国发展时间较短，相关政府部门无论在法律保障方面还是市场监管实践方面都没有“先例”可供参考。因此，健全的航运金融衍生品市场机制体制和完善的市场监管制度对上海航运金融衍生品未来发展非常重要。上海可学习借鉴英国等西方发达国家的监管经验，尽快完善相关法律法规，为航运金融衍生品市场的进一步发展保驾护航。

一是放开金融交易限制。由于航运衍生品到期结算使用的是一个价格指数，按现行政策规定，即属于金融期货的范畴。对于金融期货，政府监管措施非常严格。应进一步放开对航运交易所的相关限制，规范场外交易；出台措施，鼓励航运企业积极参与航运金融衍生品交易，为扩大航运金融衍生品交易量创造条件。

二是引导企业进行对冲交易。集装箱运价交易要与实体班轮市场联系起来，提高必要的门槛，让更多的专业公司来从事以避险为目的的对冲交易，而不是以投机为主。如果航运金融衍生品是一个以套期保值为主要目的的专业市场，那么参与者就应该是市场的买卖双方，即班轮公司和货主，而不是那些与实体市场无关的所谓投资者。

三是完善相应的法律法规。目前我国关于航运金融衍生品的定位尚未完全清晰。现有关于金融期货的法律法规更多是从金融审慎监管的角度出发，对交易自由实施某些限制。应尽快制定完善统一的航运金融衍生品法律法规，保证航运金融衍生品交易有法可依、有章可循。

参考文献

[1]刘洪槐. 自贸试验区金融开放创新研究[M]. 北京：中国社会科学出版社，2018.

[2]郑杨. 中国(上海)自由贸易试验区金融开放创新报告[M]. 上海：复旦大学出版社，2019.

[3]刘巽良. 航运中心建设纵横谈[M]. 上海：格致出版社，2011.

[4]计小青. 上海国际航运中心建设的金融引擎[M]. 上海：上海财经大学出版社，2012.

[5]甘爱平. 中国航运金融市场报告[M]. 上海：上海交通大学出版社，2018.

[6]上海海洋大学航运金融课题组. 航运金融[M]. 北京：中国金融出版社，2012.

[7]国家开发银行. 上海国际金融中心发展报告[M]. 上海：上海交通大学出版社，2018.

[8]李振福. 航运金融：现状、趋势与发展策略[J]. 中国船检，2018(4)：30－32.

[9]张文博. 新加坡航运业对中国港口经济发展启示研究[J]. 财经界：学术版，2019(7)：17－18.

[10]曹有挥，梁双波，吴威，陈欢，叶士琳. 枢纽港口城市港航服务业空间组织机理——以上海市为例[J]. 地理学报，2017，72(12)：2226－2240.

[11]郑杨. 努力建设新时代的国际金融中心[J]. 中国金融，2017(22)：47－49.

[12]陈勇鸣. 中国(上海)自由贸易试验区助推上海“四中心”建设[J]. 上海商学院学报，2013，14(6)：1－5.

[13]沈家文. 构建新型临港经济网络是推动全球化的重要动能[N]. 中国经济时报，2017-12-20.

[14]李泉. 要素集聚、价值转化与建设上海国际航运中心[D]. 上海：中共上海市委党校，2013.

[15]李栋梁. 航运保险在上海国际航运中心建设中的作用研究[D]. 宁波：宁波大学，2014.

[16]陶慧敏. 上海航运产业与金融产业联动发展研究[D]. 上海：上海社会科学院，2011.

[17]夏雪. 国际船舶登记制度在我国试行中的法律问题研究[D]. 大连：大连海事大学，2016.

[18]Zhen Wu, Ruishan Chen, Michael E Meadows, Dhriti-raj Sengupta, Di Xu. Changing urban green spaces in Shanghai: trends, drivers and policy implications[J]. *Land Use Policy*, 2019, 87: 1—11.

加快长三角科创一体化建设研究

◎ 吴一平[①] 汪 波[②] 李鹏飞[③] 周文婷[④]

摘要：2019年5月13日，中共中央政治局会议指出长三角一体化发展要紧扣"一体化"和"高质量"两个关键，既要着力提升长三角集聚全球资源要素的能力，提升区域能级和核心竞争力，又要着力增强辐射带动的能力，使广大地区都能享受长三角一体化建设的红利，形成高质量发展的区域集群。首先，基于中共十八大以来党中央出台的各项战略规划和方针政策，全面介绍本课题研究的长三角科创一体化背景。其次，课题组从长三角区域协同创新的顶层框架设计、资源开放共享机制、地区间优势互补机制、要素顺畅流动机制和渠道等方面分析了长三角地区科创一体化的建设现状，并在此基础上对建设成效做出科学评判。再次，课题组基于从技术创新到产业集群的四个发展阶段，即0到1、1到100、100到100万乃至几百万的四个重点环节，分析了长三角科创一体化建设中存在的短板和"瓶颈"，内容包括：长三角地区同质化竞争日趋激烈，难以形成利益共享机制、长三角地区创新要素流动不畅；科技成果转化机制有待完善。最后，课题组在借鉴国内外发展经验的基础上，提出了切实可行的改革措施，对于推动长三角在科创一体化领域的重大突破、实现中国经济再次腾飞具有重要的现实意义。其中包括：促进创新要素的跨区流动，提升"0到1"的原始创新供给水平；加快科技成果转化体系建设，畅通"1"到"100"的创新成果应用渠道；完善长三角区域合作机制，加快"100到100万"的大规模产业化和协调区域产业发展，实现"100万到几百万"的产业集群发展。

一、长三角科创一体化建设的背景

中共十八大以来，习近平总书记发表了一系列重要讲话，提出了治国理政新理念、新思想和新战略。在科技创新方面，党中央提出了国家知识产权战略和创新驱动发展战略，

① 吴一平，上海财经大学教授、博士生导师，上海财经大学上海国际金融中心研究院客座研究员。
② 汪波，上海对外经贸大学副教授。
③ 李鹏飞，上海财经大学博士生。
④ 周文婷，上海财经大学博士生。

以加快建设知识产权强国为指导思想，高质量完成加快创新驱动发展和知识产权改革的任务。中共十九大报告中也明确提出“倡导创新文化，强化知识产权创造、保护、运用。培养造就一大批具有国际水平的战略科技人才、科技领军人才、青年科技人才和高水平创新团队”的宏伟目标。当前，全球化、信息化、网络化深入发展，城市发展面临新的机遇和挑战。城市之间的竞争合作格局已发生巨大变化，城市群或者城市圈在国家和区域发展中发挥着越来越重要的影响。世界级城市群不同于一般的全球城市，能够集聚全球的高端要素并且对这些高端要素的流动起着管控作用。这些高端要素包括新思想、新创意、新知识、新技术、新理念、高端人才等，它们在全球城市网络节点处汇聚成流并受到挑战，然后得以相互发展和检验，最终实现融合。通过“集聚—创造—进化—筛选—发展—反馈”的机制形成世界级城市群不断发展的源泉。

自 1982 年提出“以上海为中心建立长三角经济圈”以来，长三角一体化发展先后经历了五轮重要的发展阶段。2018 年 7 月，《长三角地区一体化发展三年行动计划(2018—2020 年)》正式印发，明确到 2020 年，长三角地区要基本形成世界级城市群框架。习近平总书记在 2018 年中国国际进口博览会上提出，将长三角一体化发展上升为国家战略，从战略的高度为长三角的区域发展指明了方向。通过构建现代化经济体系，推进更高起点的深化改革和更高层次的对外开放，同“一带一路”建设、京津冀协同发展、长江经济带发展、粤港澳大湾区建设相互配合，完善中国改革开放空间布局。目前，中国改革已进入深水区和攻坚期，难点在于创新能力欠缺。作为中国经济改革发动机的长三角地区在快速发展中遇到了土地、劳动力等商务成本上升，资源、环境、能源约束加大，以及创新、创业活力不足等问题。同时，当前国际需求结构出现明显变化，围绕技术、市场、标准的竞争更加激烈，对于长三角地区高度外向型经济体系构成较大挑战，传统的发展模式越来越难以为继。上海正在建设具有世界影响力的经济、金融、贸易、航运、科技创新中心和国际文化大都市，必须要以长三角一体化为重要依托。

目前中国三大经济增长极的定位存在差异：京津冀是行政的疏导，粤港澳大湾区是不同制度的合作，而长三角一体化是城市之间的合作。长三角地区集中了我国发展水平较高的城市，为进一步提升城市群竞争力，需要从城市群的高度进行高端产业布局，推动区域科技创新能力提升所需的人才、资本、技术等要素在城市群内部有效流动，激励各城市发展具有比较优势的产业，实现长三角地区高端产业协同发展，最终推动长三角科创一体化的实现。

二、文献综述与理论基础

(一)文献综述

区域科技创新一体化发展是区域间整合科技资源、带动区域科技及经济社会协调发展的重要模式及战略选择。① 目前，大多数学者认为其形成主要是基于区域间各创新主体的需求以及资源流动的内生性要求。高丽娜(2011)认为，跨区域的科技创新合作是市场机制作用下自组织演化的结果，其主要推助力源自知识的空间溢出、创新资源要素跨地域流转以及毗邻区域发展水平形成的空间相互作用。王鹏(2009)认为，知识、R&D、创新政策等创新要素的自由流动是构建行政区域创新系统的客观要求。陈丽娟(2018)认为，创新主体的需求是跨城市创新合作的原始驱动力，创新资源的耦合是跨城市创新合作的内在原动力。同时，由于一个城市地区无法具备全部的创新要素，加之创新和竞争的日益国际化与全球化，多城市的科技创新合作已成为必然趋势。对于跨区域科技创新系统的运行机制，部分学者从资源要素配置角度出发，认为跨区域科技协同创新是资源要素配置过程中通过竞争与协作而形成的非线性关系(陈丹宇，2010)。也有学者从多维视角探讨协同创新的运行机制，认为跨区域科技协同创新通过创新主体的需求激励、创新生态体系打造、创新系统内部自组织的过程以及技术创新和产业的生命周期发展进程推进等机制来实现(杨洁，2010)。

为了更好地促进区域间科技合作与融合以带动区域整体的发展，部分学者对区域科创一体化的影响因素进行了深入分析。毕娟(2016)认为，跨区域科技协同创新的影响因素主要包括绩效因素、内部因素和外部因素三个方面。其中，绩效因素是协同创新的结果，也是重要的行为导向；内部因素是和主体行为相关的因素；外部因素是指影响创新主体行为的资源、环境、链接等相关因素。但目前大多数研究分析主要聚焦在外部因素，尤其是环境因素和资源因素上(胡恩华和刘洪，2007；叶一军等，2014)。环境因素包括一个能为创新主体活动提供有效支持的制度环境，一个鼓励创新、推崇协作的文化环境和区域战略及经济发展状况。良好的制度环境可以为协同创新要素的配置以及合作机制的运行、创新体系形成等提供合理保障(李金海等，2013)。同时，如果各方创新主体之间在价值观和文化上的认同感越强，就越容易形成互赢的心理预期，合作关系也越融洽和持久。此外，区域经济的综合竞争力是吸引科技要素聚集的一个核心因素，区域内不同子系统间经济发展水平的差异化程度将会影响跨区域科技协同创新的模式选择。不同区域的发展战略定位不同也会造成其所聚集的产业存在差异性和互补性，从而使得不同的技术和其他创新要素在不同区域间聚集(毕娟，2016)。

科技创新资源是跨区域科技协同创新的能量基础，但与传统经济要素类似，创新要素亦具有稀缺性和追逐自身加之最大化的特征，会从边际收益率低的区域向边际收益率高的区域流动(杨省贵和顾新，2011)。而创新要素本身包含了大量的知识与信息，这些要素流动产生的知识溢出效应、规模效应以及配置优化效应都能够促进区域创新绩效的提升(白俊红和蒋伏心，2015)。因此，各种资源只有合理有序流动，共同发挥作用，才能推进跨

① 毕娟.跨区域科技协同创新的影响因素分析[J].中国市场，2016(26)：65—71.

区域科技协同创新活动的有效开展。人力资源、资金资源、物质资源、信息资源是资源因素的几个最为核心的内容。首先,人力资源在城市间的有序流动,能够优化整体人才资源,提升各城市的科技创新能力,同时还能促进不同城市间的文化融合,增进城市间的合作程度,提升跨城市创新合作绩效。其次,物质资源主要包括服务于科技创新的各种科技基础设施,区域内各城市间的科技基础设施具有一定的差异,在一定程度上会影响某些城市的科技转移的承接能力,阻碍协同创新的进程。而在区域科创一体化的进程中,各区域创新主体间有各种信息的流动,包括技术信息、人才信息、市场信息、政策信息等。这些信息对于科技研发、技术转移、科技战略决策等方面具有重要的作用。因此,信息资源是一种重要的科技创新资源,也是促进跨区域科技协同创新的外部影响因素。

然而,现实中以地方保护主义为主的行政壁垒往往成为限制创新要素自由流动的最大障碍(叶一军等,2014;陈光华和杨国梁,2015)。行政体制性障碍容易导致各行政区域创新活动各成体系,创新主体间的创新活动无法形成合力,从而影响区域整体资源利用率和创新能力的提高,阻碍区域科创一体化进程。此外,中介组织功能的缺失也限制着跨行政区域创新主体之间的协同创新(叶一军等,2014)。各区域创新主体中介组织由于隶属不同行政区域,表现出很强的政府导向性,难以构建一个有效的社会信息网络或稳定的信息集散中枢及利益协调机制,致使通过中介组织而形成的跨行政区域创新主体间的互动效应不明显,大大影响了区域科技创新与合作的成效。

(二)理论基础

1. 协同理论

协同概念最早由安索夫提出,而后哈肯据此提出了协同理论,认为存在于复杂系统内的各子系统通过协同行为使整个系统联合起来,从而产生超越各要素单独作用的效果。协同创新是协同理论在创新研究领域的应用和体现,它是以知识增值为目标,由企业、政府、高校和科研机构及中介机构等为了某项重大科技创新而开展的大跨度整合的创新组织模式。协同创新更强调各个创新主体以明确的创新目标为驱动,充分发挥各自的资源优势,实现各种创新要素的聚合和无障碍流动以及各个创新主体的优势互补,从而获得整体最优效应。但由于各个创新主体对利益的诉求不同,基于个体理性和对利益最大化的追求,要实现各主体间的协同,需要把握好沟通、协调、合作及协同的整个过程。

2. 创新合作网络理论

熊彼特最早提出创新概念,他认为创新是一种线性过程,而后随着创新实践和理论发展,学者们认识到企业创新会受到外部环境因素的影响,企业与外部环境的联系与合作表明创新过程是非线性的,必然会引发"网络范式"出现。创新网络概念最早源自系统创新和跨边界网络概念,盖文启认为区域创新网络是在一定地域区间内,各个行为主体相互作用、协同创新,进而建立起的能够促进创新的各种正式及非正式关系的总和。创新网络强调网络内协作的重要性,Jaffe 等(1998)认为区域创新网络内的行为主体地理上临近,有助于协作关系的建立和维持。

3. 产业集聚与贸易理论

将核心—边缘理论应用于产业层面，从产业间的运输成本、要素流动等方面来分析产业在空间上的集聚特征及贸易。新经济地理学认为，产业的前后向联系是促使产业集聚的主要力量。一个大规模产业能够为该产业提供大市场，进而激励上游生产商到该产业区域进行布局。同时，大规模产业能够降低中间产品成本，进而激励中间产品生产商即下游企业到该区域进行布局。产业的前后向联系促使产业集聚到有限的几个区域。

4. 资源禀赋论

资源禀赋理论由赫克歇尔-俄林提出，被称为新古典贸易理论。该理论克服了李嘉图模型假定只投入一种生产要素的局限，认为现实生产中有多种生产要素。生产商品成本价格的差异源自生产过程中所使用的各种生产要素的价格差异，而要素的价格差异取决于不同地区要素的丰裕程度。俄林认为，一国出口的产品应该使用具有比较成本优势的生产要素来生产，进口那些需要密集使用本国稀缺要素的产品。不同地区生产要素相对比例的差异会影响两地的贸易交流，应推动两地资源流动，整合创新力量，促进长三角科创一体化发展。

三、长三角科创一体化建设的现状

（一）长三角区域协同创新的顶层框架设计

长江三角洲城市群（简称长三角城市群）是我国经济最具活力、开放程度最高、创新能力最强、吸纳外来人口最多的区域之一，是“一带一路”与长江经济带的重要交汇地带，在国家现代化建设大局和全方位开放格局中具有举足轻重的战略地位。

自2003年以来，随着《苏浙沪共同推进长三角创新体系建设协议书》的签署，长三角科技创新合作开始“提速扩容”。为了进一步完善长三角区域创新体系的顶层框架设计，2016年6月，国务院发布《长江三角洲城市群发展规划》。规划指出，长三角城市群现突出矛盾如下：上海全球城市功能相对较弱，中心城区人口压力大；城市群发展质量不高，国际竞争力不强；城市包容性不足，外来人口市民化滞后；生态系统功能退化，环境质量趋于恶化。为加快构建“一核五圈四带”空间格局，2016年上海、江苏、浙江和安徽三省一市还签署了《关于共同推进长三角区城协同创新网络建设合作框架协议》，推进创新链与产业链深度融合，努力提升区域综合竞争力。三省一市积极落实响应中央规划要求，提升基础设施互联互通水平，合力打造现代化基础设施网络，加大联防联治力度，持续改善区域生态环境；着力推动要素市场和公共服务一体化，不断优化区域发展环境；通过创新工作联动机制，进一步提升区域合作效能。

2018年，三省一市共同搭建技术贸易服务枢纽对接平台。长三角地区依托地理优势,贸易比例在全国长期以来处于领先地位,2007—2017年长三角地区贸易竞争优势指数TC年均大于0.15,这显示出长三角地区的出口贸易具有竞争优势,但并不明显,未来存在巨大的上升空间。以中国国际进口博览会为契机,2018年第六届中国(上海)国际技术进出口交易会首次联合江苏、浙江、安徽等地搭建技术贸易服务枢纽对接平台,协同推进长三角地区产业结构升级和经济高质量发展,着力拓展全国性的技术贸易交流新渠道。2019年,长三角地区三省一市政府在上海签署《长三角地区市场体系一体化建设合作备忘录》,三省一市将协同做好第二届中国国际进口博览会服务保障,联合搭建进博会交易服务平台,推进长三角地区市场体系一体化。重点发挥上海口岸枢纽功能优势,做强做优各类专业贸易平台和国别商品中心,加快在上海自由贸易试验区、虹桥区域等建设高能级的保税展示交易平台,为长三角地区更好对接国际市场提供渠道和服务;加快促进长三角国家级及省(市)级经济技术开发区合作共建,加强政策、人才、资源、公共服务对接,构建具有国际竞争力的长三角地区产业集群。

(二)长三角区域科技创新资源开放共享机制

2017年12月,上海市委书记李强率领上海市党政代表团赴苏浙皖进行学习考察,同时商谈长三角合作发展。李强书记指出,要提升已有的长三角重大专题合作机制的运行质量,建立健全更有力的合作、推进机制;更要通过区域发展规划对接、重大国家战略和改革联动、建立统一开放协同的市场体系等,共同提升长三角作为一个整体的竞争力。2018年初,三省一市经过进一步商议,达成许多共识。重点考虑聚焦五个着力点来共同推进长三角一体化:一是规划对接,二是战略协同,三是专题合作,四是市场统一,五是机制完善。2018年1月底,长三角区域合作办公室正式挂牌成立,其人员包括发改部门长期负责长三角区域合作事宜的工作人员、交通部门工作人员以及机构专家学者等。这种合署办公的创新模式大大加速了长三角地区各省市间的信息传递与资源互通,进一步推进了长三角地区一体化工作以及形成科技资源开放共享机制。与此同时,长三角地区率先推进大型科学仪器开放共享;共建共享重大科研设施,联合开展科研攻关;以"创新券"政策为契机,积极推动科技资源开放共享一体化。

1. 科技资源共享服务平台

长三角科技资源共享服务平台由三省一市相关单位联合共建,围绕长三角地区产业与区域共性发展需求,集聚长三角科技"资源、服务、政策、成果"。平台着力通过政府管理与市场运营的双轮驱动模式,打破区域间行政壁垒,促进科技资源的跨地区共享共用。平台为区域内企业和科研单位提供大型科学仪器设备共享等服务,并通过科技创新券,对服务签约双方给予财政补贴。最终目标是成为长三角区域创新共同体建设的重要载体,以及国家跨区域科技创新共享共建的示范平台。

2. 研发公共服务平台

为了有效发挥上海市优质创新资源对长三角地区的辐射效应,上海市研发公共服务平台不断探索区域内科技资源共享的工作方法和合作机制。目的是充分发挥长三角区域创新体系建设联席会议作用，加强三省一市科技部门、相关单位的协调联动，充分调动区域内地方政府及企事业单位之间科技合作的积极性。通过引入市场机制，发挥三省一市技术转移交易平台作用，促进区域创新要素自由流动与高效配置。

上海联合江苏、浙江、安徽相关部门深入推进"长三角科技资源共享服务平台"建设，积极推动科技创新券跨区域"互联互通"，并加强研究区域内科技资源的有效管理和协同机制。上海市研发公共服务平台管理中心(上海市科技人才发展中心)建设的全球高层次科技专家平台已初见成效。该平台已完成35万名专家数据的加工和挖掘，为所有科技专家勾画了学术肖像，已应用于人才引进和分析评估，在上海人才高峰工程等人才计划评选中发挥了重要支撑作用。该平台面向全国开放，尤其注重服务长三角地区，助力区域创新发展。

3. 科技创新券

国际经验表明，区域间技术转移是推动区域创新协同发展的重要方式，其中创新券是促进技术转移的重要政策工具。创新券是国际上多国先行先试的一项科技政策。据统计，自1997年荷兰最开始使用创新券以来，到2009年欧洲已经有21个创新券管理机构共实施23项创新券计划，包括意大利、比利时、瑞士、英国、加拿大等多国在内，均使用创新券政策。为增强创新要素浓度、激发创新活力，长三角地区三省一市均推出创新券政策。整体而言，四地创新券政策既有重叠又有差异，目前并没有完全实现创新券在长三角地区的共享。

(三)长三角科创一体化有利于形成地区间优势互补机制

1. 长三角地区科创一体化合作机制

(1)基础设施。长三角交通网络已经形成以上海为龙头的多中心、网络化综合交通运输体系，以"四纵五横"为主骨架的干线铁路网。2018年长三角地区铁路营业里程为1.07万公里，其中高速铁路营业里程达4 171公里，高速铁路密度为1.23公里/百平方公里，有34个地级以上城市已开通高铁。依托高速公路和重要国省干线公路，长三角地区已具备较为完善的公路通道布局，形成以"四纵四横一环"为主通道的公路网。2018年长三角地区公路里程达50.13万公里，公路网密度为142.25公里/百平方公里，其中高速公路里程为1.4万公里，高速公路网密度为4.09公里/百平方公里。长三角地区国内外航线密布，初步形成了以浦东机场为核心，虹桥、南京、无锡、杭州、合肥等机场为枢纽的客货兼顾、全球通达的世界级机场群。2018年长三角地区共拥有23个民航机场，覆盖56.1%的地级市；机场群货邮吞吐量为569.2万吨，占全国总量的34%；旅客吞吐量为2.48亿人次，占全国总量的19.63%。长三角地区形成了以上海港为核心，江浙沿海港口为两翼的"一体两翼"世界级港口群。2018年长三角地区规模以上港口货物吞吐量达52.23亿吨，占全国总量的39.14%；旅客吞吐量达968万人，占全国总量的9.81%。长三角地区交通网络情况如表3—1所示。

表 3—1　　长三角地区交通网络情况

地区	铁路营业里程（万公里）	公路里程（万公里）	高速公路里程（万公里）	机场群货邮吞吐量（万吨）	机场群旅客吞吐量（万人）	规模以上港口货物吞吐量（万吨）	规模以上港口旅客吞吐量（万人）
上海	0.05	1.31	0.08	417.6	11 763.4	73 048	315
浙江	0.28	12.07	0.44	84.4	6 538.7	166 528	634
江苏	0.31	15.87	0.47	59.7	5 164.6	233 070	19
安徽	0.43	20.88	0.48	7.5	1 360	49 656	0

资料来源：根据《中国统计年鉴 2019》、中华人民共和国交通运输部统计数据和中国民用航空局统计数据整理。

(2)人才集聚。2018 年长三角三省一市人社厅(局)及部分公共人才服务机构签署了《三省一市人才服务战略合作框架协议》。三省一市人社厅(局)秉承“优势互补、资源共享、协同聚才、合作双赢”原则，充分发挥各地比较优势，形成了优势互补、各具特色的协同发展格局，促进了长三角区域内人才流动进一步提速。上海市为充分发挥“全球城市人才枢纽”集散地的作用，借助“互联网＋”技术，在长三角三省一市人才中心、人才市场官方网站创建互通链接，实现三省一市的人才信息共享。江苏则聚焦高校毕业生就业创业工作，通过一系列政策宣传和就业促进活动，拓宽海内外引才渠道，吸引海外高层次人才来苏创新创业。浙江作为长三角民营经济最发达的省份，着力打造“一港四平台”高质量人力资源协同网，根据企业需求聚焦专门领域，定向邀约高端人才，举办高层次人才封闭式洽谈会。安徽积极探索“公共人力资源市场＋民营职业介绍机构”新模式，利用“互联网＋”技术打造人力资源服务新平台，服务民营经济发展。从长三角地区科技人才发展状况来看，科技人才储量稳居全国前列，上海、杭州、南京、苏州、无锡、合肥均位列全国科技人才榜单(见表 3—2)前列。

表 3—2　　全国各类科技人才主要城市分布情况　　单位：%

城　市	全国 AI 人才分布	全国大数据人才分布	全国物联网人才分布	全国 5G 人才分布
北京	24.6	31.2	22.8	15.0
上海	19.3	20.4	17.0	18.5
深圳	12.8	8.6	11.8	16.3
杭州	7.4	4.9	5.8	2.5
广州	4.3	5.3	5.3	3.6
成都	4.2	3.1	2.5	4.5
南京	3.0	2.9	4.6	4.7
武汉	2.5	1.7	—	—
西安	2.3	1.3	—	5.8

续表

城　市	全国 AI 人才分布	全国大数据人才分布	全国物联网人才分布	全国 5G 人才分布
苏州	2.2	—	2.1	2.9
重庆	—	1.5	2.5	—
无锡	—	—	1.7	—
合肥	—	—	—	1.1

资料来源：商讯，http://js.ifeng.com/a/20190926/7731439_0.shtml。

(3)创新飞地。长三角地区在产业园区双向"飞地"经营等方面积极探索、突破攻坚，创造了产业协同发展和利益分享的新机制。"飞地经济"模式打破了行政壁垒对创新资源跨区域流动的藩篱，实现了空间结构和科技资源的优化配置。过去，作为科技创新策源中心的上海，因缺少土地只能向外省市开辟"产业飞地"；如今，随着长三角一体化深度推进，一些经济实力强且有研发需求的城市主动到"寸土寸金"的上海寻找"飞地"，设立"飞地"研发中心，利用上海高端人才和科研机构集聚优势，促进企业创新发展"双向模式"开启。从上海到江浙设立"产业飞地"，发展为周边城市到上海设立"科创飞地"，这种互动成为长三角地区经济转型升级、发展动能转换的最直观体现。创新"飞地经济"合作机制，不仅能发挥不同地区的比较优势，完善发展成果分享机制，而且能进一步推进区域协同的发展。

(4)一网通办。"一网通办"优化了区域营商环境、推动了异地投资便利化，同时也成为激发市场活力、推动区域内政务服务一体化的创新之举。G60 科创走廊九城市(区)以跨城市营业执照和工业产品生产许可证办理为切入点，推行"一网通办"制度，打破了行政区划限制，促进了市场流通。G60 科创走廊通过加强政务信息和数据的互联互通，面向九城市(区)企业建立长三角"一网通办"试点机制，在九城市(区)建立 G60 科创走廊综合服务通办窗口，提供区域性一体化受理、收件、查询、发证等服务，打破了行政壁垒，促进了市场统一，有利于构建"行政审批事项少、办事效率高、营商成本低、政府服务优、创新创业活力强"的营商环境。

(5)司法保障。为深入贯彻落实习长三角区域司法一体化重要部署，2019 年 5 月，上海市第一中级人民法院、杭州互联网法院、苏州市中级人民法院、合肥市中级人民法院、蚂蚁区块链科技(上海)有限公司共同签署了《长三角司法链合作意向书》，宣布以杭州互联网法院司法区块链平台为依托构建长三角司法链，打造"全流程记录、全链路可信、全节点见证"的司法级别信任机制，共促长三角区域司法一体化发展。长三角司法链建立后，将在全国首次实现审判执行全程上链，起诉、调解、立案、送达、举证质证、庭审、判决、执行、档案管理等影响审判质量效率、司法公信力的关键环节全都被盖上区块链的"戳印"。这些"戳印"包含了可信时间、可信身份、可信流程、可信环境等关键信息，并向区块链的全体节点实时进行广播，全程留痕、安全可控、不可篡改，在方便群众诉讼、服务法官办案、提升审判质效、促进司法公开等方面具有重要作用。

2. 长三角地区存在优势互补

长三角地区是中国经济最具活力、开放程度最高、创新能力最强的区域之一，是“一带一路”和长江经济带的重要交汇点。上海的金融业和国际化、浙江的民营经济积累、江苏的大型企业力量等，可以形成优势互补，最终成为建立充满创新活力的世界级城市群的重要力量。

在创新驱动发展方面，上海存在着创新成果转化的阶段性瓶颈。技术成果转化为现实生产力进程相对缓慢，某些时候创新链被阻断。体制机制、利益分配、中介服务、金融配套、知识产权保护等诸多方面的不完善，特别是政府干预较多，阻碍了技术转化为生产力的传导机制。而江苏的高端制造业发展、浙江的民营企业需要引进大量的技术实现转型升级，上海可以与江浙在技术创新方面加强合作，促进科技成果转化。

江苏土地面积占长三角地区的30％，人口占36％，地区生产总值占42.6％，是长三角地区的重要组成部分。江苏要主动服务和支持上海发挥龙头作用，加强同浙江的两翼联动，更好地辐射和带动安徽发展。江苏实体经济尤其是制造业在全国处于领先地位，扬子江城市群是江苏高端产业发展的“金色名片”，也代表着长三角地区制造业的最高水平。江苏正着力加快建设现代产业体系，这就要求江苏省与长三角地区其他省市共同整合利用长三角地区的金融、市场、科教人才等资源，推动创新链、金融链和产业链融合，最终形成中高端的产业结构。

浙江的民营企业、信息化服务与互联网经济、金融与风险投资在全国处于领先地位，这对于建设长三角区域协同创新共同体，具有重要的提升与促进作用，成为长三角区域协同创新不可或缺的“浙江元素”。民营企业是产学研合作的倡导者与推动者，以较高的市场敏锐性，推动产学研合作迈上一个新台阶。浙江在信息化技术应用上走在全国前列，积极构建以政务服务平台为枢纽的一体化政务服务体系，加强各地区各部门间信息数据的共享共用与互联互通，消除“信息孤岛”，努力实现政务服务“一网通办”，其网上技术市场是全国访问量最大的技术市场。科技管理与服务的信息化与体系化，极大地提高了浙江的科技创新能力，也提升了浙江省同长三角其他省市的协同创新水平。浙江科技金融发展迅速，成为推动长三角地区科技创新的重要力量。目前，浙江已出台多项管理办法，支持和引导民间资本投资科技型中小企业。浙江省在全国率先发展以互联网为核心的信息经济，抢占经济发展的信息制高点，走以信息经济为主导的产业发展之路。其中，以电子商务、大数据、人工智能为代表的信息经济发展迅猛，已经成为长三角地区经济发展的新引擎。

安徽近年来加快打造创新型省份建设取得了瞩目的成绩，作为科技大省，近年来科技创新成果显著。合肥综合性国家科学中心与上海张江综合性国家科学中心实现了更好地对接，优势互补，共同发展。但是安徽本地的科技创新型企业在资金方面也存在着不容忽视的压力，长三角一体化的推进能有益于企业在长江中下游城市群内部资金链的融合、产学研的衔接以及市场资源的整合，从而给企业带来资金上的补充，弥补企业发展所面临的瓶颈。

（四）长三角科技创新要素顺畅流动的机制和渠道

长三角地区合作着眼点应该放在创新技术的服务系统链接，建设区域科技公共服务平台，促进服务链与创新链的对接，为科技创新创业提供信息交流、技术交易、企业孵化、人才流动、知识产权、投融资等配套服务。同时，长三角地区应促进区域创新要素在空间上的配置与流动，围绕区域科技成果转化重点加快区域科技中介体系建设，着力优化区域科技创新创业环境，推进创新要素的梯度升级与转化，携手打造科技创新创业的适宜区。

1. 共建科技公共服务平台

各方分工明确、有序推进长三角区域科技公共服务平台的构建，努力完善平台的服务功能，制定相应标准，并用制度法规加以保障，目标是打造三省一市一体化、高效共享的区域科技公共服务平台网络体系。加大长三角大型科学仪器共用共享机制，整合三省一市的资源，集中建设一批工业研发设计的服务中心，联合制定和实施区域知识产权保护和开发战略，建立知识产权保护协作网络。2018 年浦江创新论坛上，在科技部和三省一市科技部门的共同见证下，长三角科技资源共享服务平台启动建设。目前，该平台已在区域内共建 9 个服务站点，与苏浙两省八地建立了“科技创新券”跨区域互认互用机制，逐步构建长三角区域科技服务体系。

2. 建设区域产业共性技术研发基地

目前，长三角地区通过政府引导、共同投入、风险共担、利益共享的方式，围绕区域战略产业、支柱产业、新兴产业和重点产业，鼓励各类研发机构与企业紧密合作，面向区域产业发展需求，建立了一系列区域产业共性技术研发基地，集聚三省一市科研优势，开展区域共性技术联合攻关。例如，江苏与复旦大学、上海交通大学、浙江大学、中国科学技术大学、中国科学院上海光学精密机械研究所等长三角地区知名高校院所共建南京先进激光技术研究院、浙江大学苏州工业技术研究院等新型研发机构，研发基地已达到几十余家。通过建设区域性产业共性技术研发基地，健全产业共性技术研发资金保障机制，突破阻碍长三角地区产业发展的共性技术瓶颈制约，为优化长三角地区产业结构和提升产业竞争力提供技术支撑。

3. 共同出台区域协调政策

长三角科创湾区的建设，关键是要打破行政管辖，建立全新、高效的跨省市协调机制，在湾区内实现科技、资本和土地资源共享。加快创新要素和产品市场一体化，打破市场壁垒，整合区域内要素市场，健全有利于创新要素自由流动的市场体系。2008 年以来，国家层面针对长三角地区共发布了三个重要文件，分别是 2008 年的《国务院关于进一步推进长江三角洲地区改革开放和经济社会发展的指导意见》、2010 年的《长江三角洲地区区域规划(2011—2020)》、2016 年的《长江三角洲城市群发展规划》。2018 年 11 月 29 日,《中共中央国务院关于建立更加有效的区域协调发展新机制的意见》全文发布。2018 年 11 月 15 日,浙江温州与上海嘉定联合发布了《温州市嘉定区更高质量一体化发展深度融合示范区建设工作举措》。

(五) 长三角科创一体化成效评判

面对日益复杂的专业化趋势以及激烈的国际竞争,长三角地区的发展开始采取整体区域战略,即整合区域资源,发挥整个长三角地区的竞争优势。长三角地区根据地区间存在的发展梯次,重点发展区域优势特色产业,并利用高新技术改造和提升传统产业素质,推进产业分工格局从数量的平面调整向质的纵深方向发展。

1. 长三角科创一体化已见成效

现阶段,为了实现长三角面向全球、辐射亚太、引领全国的世界级城市群整体定位,上海利用综合性总部经济优势,依托张江综合性国家科学中心及科教资源优势,在光子科技、能源科技、类脑智能、计算科学、生命科学等前沿交叉学科研究领域,实现颠覆性集群式突破。杭州依托其在大数据和云计算方面的信息优势,从数字科学方面进行突破,其中以电子商务、大数据为核心的电子信息技术领域正走在世界前列。南京依托其在“大军工、大健康、大芯片”产业的远景规划,充分发挥科教资源优势,实现军事科学与民用技术的深度融合,取得了一批原创性研究成果。合肥依托中科大和中科院科学岛的品牌互动优势,发挥其在量子通信和超导材料等基础科学方面的辐射作用。

长三角科技资源共享服务平台于 2019 年 4 月开通,致力于集聚长三角地区各类优质科技资源,通过政府管理与市场运营的双轮驱动模式建立科技资源服务运营体系,打破长三角各省市的区域界限,促进跨区域科技资源的共享共用。该平台实现了长三角区域大科学装置、仪器设备、国家级实验室、工程中心、高新园区、服务机构、科研人才、科技政策等科技创新资源数据层面的打通,并逐渐形成“研发—技术—人才—市场—服务”的创新链条,降低了信息搜寻成本,显著地提高了各类资源的匹配效率。截至 2019 年底,长三角科技资源共享服务平台已整合区域内 31 164 台(套)大型科学仪器设施,总价值超过 360.5 亿元(见表 3—3),大型科学仪器共享率达到 90.3%。

表 3—3　　长三角地区科技资源共享服务平台大型科学仪器设施情况

地　区	大型科学仪器(台/套)	仪器总价值(亿元)
上海	10 794	138.9
浙江	9 477	88.4
江苏	7 505	89.7
安徽	3 393	43.5

资料来源:长三角科技资源共享平台。

为有效促进长三角科技资源共享服务平台的区域辐射效应，平台积极整合长三角地区的研发资源，通过设立服务分中心、服务驿站等形式，借助“科技创新券”的跨区域政策，促进创新服务与研发需求的跨区域对接。长三角科技资源共享服务平台在长三角地区拥有 8 个服务分中心、1 个服务驿站，并形成“科技创新券”跨区域互认互用机制，加速各类创新要素跨区域开放、共享和流动。上海已与浙江长兴、嘉兴、海宁，江苏宿迁、苏州、无锡高新区等部分地市实现“科技创新券”通用。截至 2018 年底，上海申领“科技创新券”企业总数为 6 330 家次，发放“科技创新券”高达 3.37 亿元，“科技创新券”研发服务次数为 3.44 万次。历年上海市科技创新券成效情况如表 3—4 所示。

表 3—4　上海市科技创新券成效情况

时　间	科技创新券服务机构(家)	发放企业(家)	发放金额(万元)	补贴企业(家)	补贴金额(万元)	研发总支出(万元)
2015—2016	500	1 804	9 535	828	1 949	9 042
2016—2017	545	2 045	11 040	1 022	2 785	15 947
2017—2018	642	2 380	13 130	1 313	3 884	19 473

资料来源：长三角科技资源共享平台。

2. 地区间利益协调难度制约了长三角科创一体化发展

长三角科创一体化作为长三角一体化发展战略的重要组成部分，其核心在于形成地区之间的合作机制，推动创新要素在地区间顺畅流动，而高端产业必然是要素流动的载体，这就要求各省和城市之间形成错位发展的产业格局。课题组梳理了长三角地区 G60 科创走廊沿线九城市“十三五”规划中重点扶持的产业（见表 3—5），发现各城市产业政策的目标导向大致相同，均是先进制造业、战略性新兴产业、现代服务业、高端服务业等，城市之间存在着产业趋同竞争问题，这在相当大程度上阻碍了创新要素在长三角地区的优化配置。

表 3—5　G60 科创走廊沿线九城市重点扶持的产业目录

城　市	十三五规划的产业政策
合肥	基本形成以战略性新兴产业为先导、先进制造业为主导、现代服务业为支撑的现代产业新体系
湖州	深入贯彻“工业强市、产业兴市”战略，全面把握信息化与工业化、制造业与服务业深度融合发展的新趋势，积极对接国家产业发展导向和省七大万亿级产业，努力抢抓动力转换新机遇，加快实施“互联网＋”“金融＋”等行动计划，着力构筑产业集聚新优势，重点培育“4＋3＋N”现代产业发展新体系
苏州	经济发展保持中高速增长、产业迈向中高端水平，构建具有较强竞争优势的区域创新体系，进一步完善以高新技术产业为主导、服务经济为主体、先进制造业为支撑的现代产业体系

续表

城　市	十三五规划的产业政策
芜湖	必须以全球视野谋划产业发展，聚焦培育战略性新兴产业，提升壮大支柱产业，加快发展现代服务业。大力实施创新驱动发展战略，加快创新平台建设，加强知识产权创造运用和保护，强力推动大众创业、万众创新，推动增长动力实现新转换、产业结构率先迈向中高端，全面构建高层次、高技术、高附加值、高外向度和具有综合竞争优势的现代产业体系
宣城	加快调结构、转方式，推动产业转型升级，加快形成战略性新兴产业为先导、先进制造业为主体、现代服务业为支撑、现代农业为基础的优质高效产业新体系
杭州	深入实施"一号工程"，推进智慧产业化、产业智慧化，形成以信息经济为引领、高端服务业为主导、先进制造业为支撑、都市现代农业为基础的产业新体系
嘉兴	突出制造业强市、服务业兴市不动摇，加快打造互联网经济强市，统筹推进战略性新兴产业、高新技术产业发展和传统优势产业改造提升；重点培育信息、文化、旅游、时尚、金融、节能环保、高端装备制造和新材料八大千亿级产业，打造支撑嘉兴未来发展的新增长极；推动生产性服务业向专业化和价值链高端延伸、生活性服务业向精细化和高品质转变；加快发展都市型生态农业
金华	打造全省先进制造业基地、加快发展现代服务业
上海	进一步激活松江区制造业发展基础优势，系统谋划松江区先进制造业发展体系，使松江区朝着沪西南制造业港湾方向发展；积极支持新兴产业发展；积极培育新产业、新技术、新模式、新业态，促进现代服务业和新兴产业融合发展；以佘山国家旅游度假区为重点，促进旅游休闲产业发展；以各类文化产业园区为载体，促进文化产业大发展；加快各类生产生活性服务业发展；基本实现农业现代化

资料来源：根据各城市的"十三五"规划文件整理。

四、长三角科创一体化建设中存在的短板和瓶颈

长三角科创一体化的关键在于从技术创新到产业集群的四个发展阶段，即 0 到 1、1 到 100、100 到 100 万乃至几百万的四个重点环节，逐步实现从创新要素的自由流动到高新技术产业开发体系和支撑体系、良好的成果转化体系、大规模生产制造的产业化体系以及良好的技术扩散网络和科研带动能力的产业集聚体系。制约长三角科创一体化的核心问题是日趋激烈的同质化竞争导致利益共享机制难以形成，并且由此而衍生出创新要素流动机制不畅、科技成果转化一体化机制有待完善等问题。

（一）长三角地区同质化竞争日趋激烈，难以形成利益共享机制

自 1982 年提出"以上海为中心建立长三角经济圈"以来，"长三角区域一体化发展规划"至今已经走过 37 个年头，以上海为核心的长三角城市群已发展成为我国最具经济活力、开放程度最高的地区之一，被视为中国经济发展的重要引擎。根据国家统计局数据，长三角地区三省一市 2018 年经济总量已经达到 23.15 万亿元，占全国的 23.12%，其中以 26 个城市为边界的长三角城市群，2018 年的经济总量约为 17.8 万亿元。长三角城市群以仅占全国 2.2%的土地面积和全国 11%左右的人口，却创造了 20%的国内生产总值。尽管长三角城市群经济发展水平处于国内领先地位，甚至在国际上也有重要影响力，但是

与以先进制造业、高端现代服务业为主导产业的世界级城市群相比，长三角城市群的产业结构仍处于全球价值链的中低端，科技创新总体水平偏低。中共十九大报告将“促进我国产业迈向全球价值链中高端，培育若干世界级先进制造业集群”作为贯彻新发展理念、建设现代化经济体系的重要目标和任务之一。

长三角地区各城市纷纷将高端产业作为本地区发展的重点方向，制定了互相竞争的产业政策。然而，共享实践缺乏操作层面的规则，合理分工、优势互补的协作格局难以形成。长三角地区的激烈竞争不仅造成资源浪费，还对上海科创中心资源集聚功能提出了挑战。现阶段重点是以长三角区域一体化发展规划为契机，加快实施长三角创新共同体计划，形成利益共享、产业错位发展的发展态势，推动人才、资本、技术等要素在区域内部有效流动，组织区域科技创新联合攻关，推动长三角地区全面融入全球创新网络。

1. 地区同质化竞争日趋严重，难以形成长三角地区产业竞争合力

从长三角地区产业布局来看，产业主要由市场竞争主导，目前各省市制造业虽然表现出较强的竞争力，但产业布局趋同化现象普遍存在，合理分工、优势互补的产业格局尚未形成。不仅浪费资源，还使得竞争力分散化，难以形成区域产业竞争的合力。

一方面，主导产业布局趋同。各地政府缺乏战略眼光的招商引资策略，导致盲目的模仿跟随，城市间产业形成重复建设的局面。各地在土地、税收、人才、创新领域出台了一系列相似政策，导致产业政策扁平化，进一步加剧了城市间产业的同构化和激烈竞争。如长三角各省市都将汽车制造业、计算机通信、电子设备制造业、化学原料和化学制品制造业等定位为传统主导产业，且发展重点方向大同小异；生物医药、新一代信息技术、新能源、新材料等战略性新兴产业的发展定位也趋同。

另一方面，新兴产业面临平行竞争。上海、苏州、杭州、南京等核心城市都在大力抢抓新兴产业领域如信息经济、智能制造的龙头企业和重大项目，招商引资竞争激烈，产业布局分散。新兴产业代表未来产业的发展方向，但由于新兴产业尚处于培育阶段，主导技术不成熟、市场需求滞后，发展过程面临极大的不确定性和风险性。地方政府在选择重点培育的方向时，难以预见未来可能成长起来的新兴产业方向，实践中就往往将上级政府确定的新兴产业方向移植过来，该模式有可能造成新兴产业在发展之初就面临着同构化竞争的风险。

2. 缺乏区域间产业协同发展的利益共享机制，跨区域产业联动机制有待深化

目前长三角科创资源开放共享机制缺乏长效的利益分享机制。一方面，由于飞地经济、共建园区多是财政“分灶吃饭”的不同行政区合作，合作双方面临着经济指标统计、农用地占补平衡以及税收分成等利益关系，缺少一套行之有效的制度性安排，各省市政府层面的统筹协调还待加强。另一方面，合作政策缺乏协同和可操作性。飞地建设或园区共建双方往往在合作重点、需求对接、合作机制、合作政策方面缺乏明确规划和具有可操作性的政策。以大丰飞地为例，江苏省与上海市在园区推进时序、政策文件上不同步，目前

江苏省仍未出台明确的政策性文件，实际操作中飞地优惠政策甚至不如省内合作园区的政策有吸引力。

目前缺乏关于成本和收益的明确法律条文，影响了参与各方的积极性，未来收益不确定引发的风险导致参与飞地建设的经济主体踌躇不前。此外，缺乏科技资源共享的相关制度和具体运行机制的支持，加之共享实践缺乏操作层面的规则，导致科创资源共享在具体实践中容易产生内部优先、预约困难等情况。

（二）长三角地区创新要素流动不畅

创新要素投入是科技创新的第一阶段。地方政府往往从地方利益出发，致使创新要素无法从本地区流出，严重阻碍了要素的跨地区流动。这样一来，创新要素无法流动到与之相匹配的高端产业群中，最终抑制了长三角地区创新水平的整体提升。目前地方政府虽然搭建科技资源共享服务平台，但是创新要素流动没有全面开放，区域一体化平台因为利益关系没有理顺而无法有效运行。

1. 科创人才跨区域流动机制尚未形成

创新要素主要包括资本要素和劳动要素两大类，其中创新型人才是长三角科创一体化的重中之重。目前长三角地区缺乏完善的科创人才跨区域流动机制，如“三省一市”社保、户籍互不相通，提高了人才流动成本，这严重制约了长三角科创一体化的发展。长期以来，长三角地区“三省一市”在人才政策方面存在较大差异，阻碍了区域内部人才流动。我国社会保障制度多是以省、地级市为基本统筹单位，碎片化较为严重，再加上省市之间、地市之间衔接难度大，人员一旦调离原地区，各种社会保障也将随之中断，增加了人才流动成本。另外，地方政府为增加本地户籍人口就业率，要求用人单位加大聘用持有本地户口居民的力度，客观上也限制了人才的自由流动，从而降低了长三角地区对科创人才的吸引力。

2. 创新券无法在长三角地区通用

资本要素方面，目前长三角的融资结构单一是阻碍一体化的一个根本原因，企业依赖于向银行贷款，而银行信贷决策一定程度上受地方政府的影响，导致地区之间资金流动不畅。现阶段长三角地区大部分城市都已实施科技创新券制度，在一定程度上降低了中小科创企业的研发成本，但创新券服务更多的还是点对点的合作，尚未形成长三角地区各城市间资源与政策的互认互通。其主要原因在于各地政策不衔接，各地补助方式、支持范围、兑换机制、支持力度存在较大差异。同时，创新券通兑还受制于财政资金跨区域结算问题。从这个角度来看，长三角地区以创新券为代表的创新资源存在分散化、要素集聚浓度低的问题。

3. 区域内资金的流动受到较大限制

由于受到行政分割、金融组织结构和金融业务分割等影响，创新要素的跨区域流动受到很大限制，导致金融资本割裂、金融资源配置效率不高。长三角地区各个城市的经济情况不同，金融行业的起点不同，致使区域和行业金融发展不平衡，加之区域内资金流动的限制，导致金融发展程度较高的上海存在巨大资金闲置。而江浙地区由于资金不足，企业在成长过程中缺乏有利的资金支持，最终阻碍了长三角科创一体化进程中创新企业大规模产业化的形成。

（三）科技成果转化一体化机制有待完善

投入创新要素产出发明专利之后，接下来需要将发明专利进行商业化，实现创新成果应用。从宏观层面来讲，促进科技成果转化，既是实施创新驱动发展战略的重要任务，又是加强科技与经济紧密结合的关键环节，对于推进结构性改革尤其是供给侧结构性改革，打造经济发展新引擎，具有重要意义。习近平总书记高度重视科技成果转化工作，多次作出重要指示，明确要求“科技创新绝不仅仅是实验室里的研究，而是必须将科技创新成果转化为推动经济社会发展的现实动力”①。2018 年中国国内（数据不含港澳台）发明专利拥有量达到 160.2 万件，同比增长 18.1%，每万人口发明专利拥有量达到 11.5 件。② 2019 年我国全球创新指数排名升至全球第 14 位，排名连续 4 年上升，在中等收入经济体中连续 7 年在创新质量上居首。③ 但是，我国科技成果转化应用达到产业化的比例仅有约 2%～6%④，研发对经济和社会的支撑作用并没有得到充分发挥。

1. 区域范围内确权比例差异较大

由于长三角地区知识产权确权比例差异较大、转化收益分配比例较低，地区或单位的发明创造者促进科技成果转化的积极性受到挫伤。确权比例差异性较大已成为阻碍地区科技成果转化一体化的一大障碍。首先，不同地区的科技成果转化确权比例差异较大。三省一市为鼓励科技成果转化，引导地市结合国家政策制定了本地区促进办法。各地区自主制定鼓励政策虽然促进了科技成果转化，但在一定程度上也造成不同地区科技成果在单位和个人之间所有权及收益权划分比例存在差异。其次，即使同一行政区域，不同单位的确权比例也存在差异。以地方促进条款为参考，企事业单位按照领导要求自主报备划分科技成果转化所有权关系的现象比较普遍。这导致即使在同一地区，不同单位间的确权比例不尽相同。最后，科技成果跨地区、跨单位转化存在困难。由于科技成果跟单位有一定的捆绑关系，科技成果跨地区、跨单位转化存在困难，很多需要跨地区、跨单位才可实现转化的成果就此搁浅。跨地区、跨单位无法实现顺利转化，而本地区本单位成果转化又不具备条件或确权比例达不到理想状态，发明创造者就会因此离开。政策环境较差，造

① 2016 年 5 月 30 日，习近平总书记在全国科技创新大会、中国科学院第十八次院士大会和中国工程院第十三次院士大会、中国科学技术协会第九次全国代表大会上发表重要讲话。

② 国家知识产权局. 2018 年中国知识产权发展状况新闻发布会在京举行[EB/OL]. (2019J-04-28)[2019-07-24]. http://www.sipo.gov.cn/zscqgz/1138755.htm.

③ 美国康奈尔大学，欧洲工商管理学院和世界知识产权组织. 2019 全球创新指数报告[R]. 瑞士日内瓦：世界知识产权组织，2019.

④ 陆园园. 科技成果转化难在哪儿，如何打通“最后一公里”？[N]. 学习时报，2018-09-26(6).

成了严重的地区人才流失。

2. 缺乏区域性知识产权交易平台

科技成果从发明创造到转化成为实际生产力最为关键的环节就是知识产权交易。科技成果交易平台既能为成果转化找到匹配的买卖双方，又是一个明确发明成果回报的信息平台。目前，区域性知识产权交易平台还不够完善。就拿平台建设最好的上海来讲，仍然存在交易市场覆盖面不够的问题。在长三角范围内很多地市甚至没有知识产权交易平台。统一的区域性交易平台缺失，不仅容易导致成果转化覆盖面不够，还会导致信息不对称以及定价不公平的问题。

3. 科技成果转化人员激励机制缺乏统一标准

三省一市出台了大量针对科研人员科技成果转化的鼓励政策，但是这些政策存在一刀切现象，简单粗暴的比例划分不仅无法有效调动科研人员的积极性，还可能造成国有资产流失。部分地区在鼓励政策中只强调对主要科研人员的奖励，忽略对基础学科人员及科研辅助人员的奖励，这在一定程度上损害了这些人的积极性。考虑不全面的鼓励政策容易导致科研团队出现内部不团结的现象，影响科技成果转化的同时，甚至会影响发明成果的创造。

4. 地区内部缺乏统一的法律法规条文

对于科技成果转化权益的保护，地市保护条例虽然发挥了重要作用，但是各个地方的保护力度差异较大，不同地区法规条文不尽相同。由于在区域范围内为科技成果转化保驾护航的法律法规不协调统一，造成科技成果一体化转化受阻，在法律法规薄弱地区容易滋生泛滥的科技成果黑色交易市场。

五、长三角科创一体化建设的战略性对策

长三角科创一体化的目标是推动上海建设全球有影响力的科技创新中心，带动长三角地区科技创新能力的整体提升。因此在制度设计上，应该秉承利益共享、实现共赢的原则。

(一)国内外经验启示与建议

结合我国制度背景，长三角一体化示范区的发展，应建立“利益共享、责任共担”的财税政策协同机制。一是从税收制度入手，建立税收利益共享和征管协调机制，包括税种改革、税收与税源的一致性、税收优惠、税务信息共享等；二是借助中央与地方财政关系改革，建立财政支出责任共担机制，规范支出责任与收入权利，完善转移支付，从而建立起权责清晰、财力协调、区域均衡的中央和地方、地方和地方的财政关系。

1. 建立税收征管协作与利益共享机制

明确各省市税收征管范围及责任。当前税法对分公司与子公司施行完全不同的征管

方式，当总机构享受税收优惠而分支机构不享受优惠时，可以选择总分公司模式，使分支机构也能享受税收优惠待遇；如果设立分支机构的地点有区域税收优惠政策时，可以把分支机构设立为子公司，以便适用优惠政策。由此而产生的企业税收筹划和地区的争权行为，可以按照厂房所在地税收政策机制在长三角三省一市内试点，然后由各厂所在地税务机关确立一致的税收征管弹性空间，实现地区内税收利益共享。

案例：G60科创走廊建设

2018年，根据习近平总书记关于“使长三角地区实现更高质量的一体化发展”的重要指示精神，上海松江提出以沪苏湖高铁建设为契机，深化拓展G60科创走廊从“高速公路时代的2.0版”迈向“高铁时代的3.0版”。2018年6月1日，在长三角地区主要领导座谈会期间，上海、嘉兴、杭州、金华、苏州、湖州、宣城、芜湖、合肥九城市签署战略合作协议，G60科创走廊发展为贯穿长三角三省一市，包括上海、嘉兴、杭州、金华、苏州、湖州、宣城、芜湖、合肥九城市的"一廊一核九城"总体空间布局，覆盖面积约7.62万平方公里，区域常住人口约4 900万人，GDP总量约4.86万亿元。3.0版从城市战略上升为长三角区域战略，在长三角层面统筹规划，共同推进。上海市松江区挂牌成立的长三角G60科创走廊联席会议办公室，被赋予了更高的使命和更大的责任担当，并且被列入"长三角地区一体化发展三年行动计划"。2019年6月3日，中央推动长三角一体化发展领导小组全体会议在上海召开，明确由国家科技部牵头推进长三角G60科创走廊建设工作。

在科技部牵头下，成立了由国家部委、三省一市部门、九城市人民政府等组成的推进G60科创走廊建设专责小组及其办公室。基础设施方面，沪苏湖高铁全面开工，G60高速省界收费站取消，5G网络协同布局。政策协同方面，“协同扩大开放”30条政策、地区规则标准互认等政策相继出台。专题合作方面，G60线上金融综合服务平台、金融信息披露及信用信息共享机制、政务服务“一网通办”等逐步启动。创新阵地方面，以创新链、产业链为纽带，G60九城市各扬所长，推出产城融合示范园区，建立“1＋7＋N”产业联盟体系。标准互认方面，九城市准入标准共认、业务系统互联、数据资源共享，实现审批事项无差别办理，实行特色金融服务并逐步辐射长三角其他城市。要素流动壁垒方面，在城市群范围内尝试逐步打破行政界线，鼓励生产要素按市场配置要求自由流动。

2. 建立项目化管理与统一预算制度

美国政府对有发展潜力的地区进行政策扶持，提高产业结构的优化。结合长三角一体化发展情况，为避免布局不合理、规模不经济、重复建设等财政资金不合理利用的情况，借鉴美国区域经济协调发展经验，增设专项项目化管理部门，统一人员调配，以提高人力资源使用率；统一成本核算，以增强项目核算一致性和决策可比性；统一预算管理，以抑制各省市的自利和隧道行为，真正实现公共服务一体化。

3. 设立区域一体化发展基金

设立区域一体化发展基金，实行项目制管理，统一预算，并将预算中的一部分用于基金建设，对落后地区进行项目援助，做到取之于“国”，用之于“国”。在区域一体化发展基金正式投资之前，首先要制定对各地区、各领域的投资计划；其次，受援地作为资金的使用主体，应及时跟进项目并做好监督与信息披露工作，定时向区域一体化发展基金管理单位报告项目建设进度与资金使用情况。

(二)促进创新要素的跨区流动,提升"0到1"的原始创新供给水平

科技创新的要素在长三角区域间更好地流动,帮助企业、科研院所、服务机构跨区域对接、合作,加快构建区域创新共同体,是实现长三角科创一体化的切实需要。

1. 上海牵头三省探索建立长三角人才跨省市流动机制

当前长三角地区社保互不相通、户籍难以迁移,严重限制了区域人才的跨省市流动,是阻碍长三角科创一体化的巨大障碍。建议上海市人力资源和社会保障局、公安局等通过"长三角一体化利益共享统筹建设领导小组"发力,协同其他省市相关部门共同探索建立针对人才的适应性社保互通共认机制,降低人才跨省市流动的户籍门槛,在长三角区域内盘活人才资源。

2. 加强长三角科创人才一体化顶层设计

制定长三角地区科技人才发展长期战略、科技人才发展与培养的总体规划,设定区域科技人才发展目标,统一区域科技人才引进、培养、使用、激励与保障等各方面的政策,逐步建立长三角区域科技人才信息共享、人才结构互补、人才智力自由流动、人才培养合作共荣新机制,最终实现科技人才资源共享、政策协调、制度衔接和服务贯通。

3. 加大交通基础设施建设,实现人才低成本流动

长三角地区拥有众多"双一流"高校,在科学研究、人才培养方面具有丰富的经验和优秀的资源,可以利用长三角地区便捷的交通网络,建立专家协同创新机制,通过客座教授、周末工程师、远程会诊等多种模式解决科研、生产领域的技术难题。吸引高层次人才到区域内各地参与科技创新,最大程度上消除人才要素在长三角内自由流动的障碍,以人才集聚引领科技创新,以科技创新带动人才集聚,打造一流大学、科研机构和世界级水平的知识基础设施和功能性科技创新平台,使科技创新人才以充沛的精力、活跃的思想,在科技创新战略性前沿领域创造出具有全球影响力的原创成果。

以基础设施的互联互通为途径、以科技创新人才为代表的高质量人力资本为载体,将高端要素如新思想、新创意、新知识、新技术、新理念等在城市之间传输,它们在城市网络节点处汇聚成流并受到挑战,然后得以相互发展和检验,进而融合,最终形成长三角科创一体化。

4. 完善科技创新券制度,实现创新券的跨区域流动

建议上海、南京、杭州、合肥可以先行先试,借鉴目前上海与昆山、长兴、嘉兴和海宁的合作经验,四地协调制订可实行方案,争取率先发布"长三角科技创新试点券",落实通用通兑政策,进一步降低长三角区域的整体创新成本,激发企业的创新活力。

(三)加快科技成果转化体系建设,畅通"1"到"100"的创新成果应用渠道

1. 建设行政机构一体化联盟为科技成果转化一体化做好组织保障

科技成果转化一体化对政策和政府引导的依赖性较强,组织机构一体化是顺利推动

科技成果转化一体化的必要条件。建议上海发挥科技成果转化带头作用,组织协调三省一市成立省市主要领导或分管领导挂帅的“长三角科技成果转化一体化联席会议”。同时,三省一市发改委(知识产权局)在联席会议制度下,形成“执法互助、成果共享、设施共建”的工作氛围,建立科学合理的科技成果转化人员职称体系、培训及交流合作机制。

2. 由上海市政府牵头,建设一体化的科技成果交易市场

交易市场越大,买卖双方可选面就越大,促进科技成果转化的力度也就越大。建设大市场可以避免地方因重复建设而造成的资源浪费。目前长三角范围内上海的科技成果转化市场最为完善,建议三省一市以此为基础共建一体化的科技成果转化市场,后续建设经费可由各省市按照财政状况比例均摊。

3. 建立科学合理的一体化比例分配机制

建议上海牵头三省一市发改委有关负责人和科技成果转化专家组建立专家委员会,深入研讨成果所属单位及发明创造个人在成果转化时的确权比例,形成既不浪费国家资源又能调动发明创造积极性,既不形成价格洼地又能兼顾地方实际发展水平的一体化比例分配机制体系。

4. 建立协调统一的科技成果转化保护条例

“书同文,车同轨”,协调统一的标准体系有利于降低科技成果转化一体化的政策消耗,建议由三省一市联席会议协调各地立法机构统一科技成果保护条例等法规制度。对科技成果转化保护缺失与侵权重灾区深度调研,补充完善科技成果转化保护机制。同时,在国家层面,三省一市应共同争取有关科技成果转化上位法的建立。

(四)完善长三角区域合作机制,加快“100 到 100 万”的大规模产业化

1. 推动以科创板为代表的金融制度创新

我国经济正处于转型阶段,科技创新类新兴产业具有国家战略性地位,原有的资本市场体系难以扶持中小科创企业的发展,影响产业转型升级的进程。只有通过制度创新,才能从根本上改变资本市场结构,优化市场资源配置,因而科创板发挥着尤为重要的作用。就目前长三角的现状而言,长三角的融资结构单一是阻碍一体化的一个根本原因,企业依赖于向银行贷款,而银行又容易受地方政府的控制,导致地区之间资金流动不畅。如果改变这种单一的融资模式,使资金的需求者能够多渠道地得到资金,那么一体化的步伐将加快。长三角经济相对发达,地区内业务创新和跨区业务创新的动力都较强,可以在金融创新方面进行探索。

具体来说,应积极鼓励长三角企业发行短期融资券,优化融资结构。支持长三角金融机构参与信贷资产证券化业务。积极推动债券市场发展,拓宽企业利用债券进行并购融资的渠道。支持长三角银行机构发展银团贷款等业务,促进信贷资金在长三角地区的合理流动。不断丰富债务融资工具,开发外汇、利率等金融衍生产品,推动货币市场和资本市场的创新和发展,建立长三角金融机构业务创新联动机制。支持长三角企业以应收账

款开展融资活动，推动动产担保融资业务在长三角地区的试点。同时，支持更多的长三角企业在股票市场发行上市，改善公司治理结构，并积极发展股权投资，尤其在投资活动比较活跃的地区，如上海浦东、江苏无锡、浙江宁波等地，加大力度推动股权投资活动。鼓励在区域内推广使用商业汇票转贴现交易统一合同文本，促进长三角票据市场一体化发展，探索商业汇票的电子化托管、交易和托收等，为全国统一的票据电子化建设提供经验。创造条件，促进电子交易平台建设，发展完善长三角统一的产权交易市场。推动以科创板为代表的金融制度创新，提升长三角地区金融体系对于创新和创业投资的支持力度。

2. 充分发挥政府产业投资基金的引领作用

建立长三角地区相互联动、相互衔接的政府产业投资基金管理体系，进一步优化政府产业投资基金管理机制，给予中小科创企业适量的资金支持和引导。同时凭借长三角政府产业投资基金的引领作用，带动更多市场资金参与科技创新，形成政府产业投资资金引导与市场资金共同参与长三角科创一体化的可持续化发展模式。

明确长三角政府产业投资基金的定位，促进基金合力的有效发挥。长三角地区经济、产业等环境和条件差异较大，三省一市政府可加强市场资源对接和合作，在长三角范围内整合财政资金，统筹产业投资基金的运作与调配，避免产业投资基金的重复设立。一方面，可以统筹优化存量产业投资基金资源，针对资金分散、投向重复等问题进行重点整治，以更好地发挥政府产业投资基金合力。另一方面，可根据实际需要增加产业投资基金的增量供给，以更好地支持长三角科技创新发展。

完善长三角政府产业投资基金配套政策，提高产业投资基金对社会资本的吸引力。通过税收减免、促进产业集群发展等配套政策协调配合，采取适当降低产业投资基金准入门槛、适度放宽对产业投资基金投资地域的限制、适当让利等方式，调动社会资本参与的积极性。建议根据投资领域的不同灵活调整放大倍数，对于政策性较强的产业投资基金可适当降低放大倍数，提高政府出资比例，而对于商业性较强的产业投资基金可提高放大倍数。

完善长三角政府产业投资基金的市场化机制，提高基金运行效率。长三角地区各级政府要积极转变观念，向市场化投资与监督理念转变，加强经济金融人才的培养与储备，增强经济金融专业能力，明确各地产业优势与未来发展方向，在此基础上进一步推动完善长三角政府产业投资基金市场化运作机制。监督方面，要强化政府产业投资基金中财政资金预算约束，加强对明股实债等情况的查处，严防地方政府新增隐性债务。退出方面，加强政府产业投资基金信息平台建设，降低资金需求方与供给方的信息不对称。绩效评价方面，完善政府产业投资基金评价制度，出台绩效评价的细则指导意见，建立全方位的基金绩效评价指标体系，这不仅需要考虑投资经济效益，还需要考虑社会效益、财政资金的放大效果等方面。

（五）协调区域产业发展，实现“100万到几百万”的产业集群发展

1. 强化统筹规划和顶层设计理念，形成区域产业一体化发展合力

为避免区域间产业结构同质化，加强各地区产业化形成，建议三省一市坚持统筹谋划，协同推进，深化长三角产业的规划协同、政策协同、服务协同、市场协同，发挥好政府、企业、第三方组织等多元主体作用，形成区域产业一体化发展合力。

长三角地区作为我国经济实力最强、最具增长潜力的地区之一，区域合作关系历史悠久，随着市场化改革的深入推进，上海、江苏及浙江一市三省之间的产业协作、结构整合关系更加向纵深发展，而地区之间的经济关系也日趋紧密。基于此，可以根据地区间存在的明显发展梯次，重点发展区域优势特色产业，此外还要强调利用高新科技改造和提升传统产业素质，推进产业分工格局从平面数量的调整向质的纵深方向发展，形成参与国内、国际竞争的有利平台。具体而言，可共同制定三省一市产业协同发展专项规划，研究制定长三角先进制造业发展指导目录，明确打造生物医药、民用航空、智能制造、新能源和智能网联汽车、工业互联网等重点产业发展目标、空间布局及各省市发展重点等。

2. 逐步完善“飞地经济”合作机制，发挥地区间比较优势，加快地区间产业化发展

建议由上海市发改委牵头税务局、商务局、规划局等部门创新飞地政策，在知识产权和专利归属、税收分成等利益分配方面建立一套行之有效的制度性安排和机制设计，以各方对飞地的初始投入作为后续收益分享的依据，构建一套科学合理的跨行政区域利益协调和分配机制。具体而言，可以借鉴深汕特别合作区这一成功案例，在管理上，形成由飞地两市政府高层管理领导小组决策—飞地区政府管理—建设开发公司运营的三层管理架构。飞地区党工委和管委会合署办公，获省委、省政府赋予地级市一级管理权限，管委会主任由飞入市推荐，党工委书记由飞出市推荐。按照适度分工原则，飞入市主导经济管理和建设等事务，飞出市主导社会管理事务。在飞地区内部机构的设置上，除人大、政协及法院、检察院等司法机关仍按原来的隶属关系管辖外，还需单独设置飞地区地税局、国税局及公安局分局等派出机构，并按照精简、统一、效能的原则设置若干内设机构。社会管理部门正职负责人人选主要由飞出市推荐，经济管理部门正职负责人人选主要由飞入市推荐，内设机构副职人选原则上实行交叉任职，由飞地两市共同协商推荐。

在利益分配上，按照“发展第一、尊重历史、权责对等、互利共赢”的原则，形成有利于飞地区较快发展的体制。飞地区的财政体制执行“省直管”模式，委托飞入市全权代管。飞地区产生的地方级税收在扣除省按体制规定的获益部分外，由飞入市、飞出市和飞地区按25%、25%和50%的比例分成。但在飞地区成立的前五年，飞入和飞出两市将各自所得分成收入全额返还飞地区；在后五年，飞入、飞出两市将各自所得分成收入的50%返还飞地区。若行之有效，则推广至长三角其他区域，建立红利共享的长三角一体化发展新路径。为了配合利益共享机制的形成，需要对长三角地区的各级政府考核体系进行改革和完善，弱化税收等经济指标的比重，提高跨地区协同发展在考核指标体系中的分量。

3. 打造国际化创新平台以形成科技创新策源地

2016年2月16日，国家发展改革委、科技部同意上海以张江地区为核心承载区建设综合性国家科学中心，作为上海加快建设具有全球影响力的科技创新中心的关键举措和核心任务，构建代表世界先进水平的重大科技基础设施群，提升我国在交叉前沿领域的源头创新能力和科技综合实力，代表国家在更高层次上参与全球科技竞争与合作。2017年1月10日，国家发改委和科技部联合批复了合肥综合性国家科学中心建设方案。该中心将建设成为国家创新体系的基础平台，聚焦信息、能源、健康、环境四大科研领域，开展多学科交叉和变革性技术研究。因此，为了促进长三角科创一体化的发展，需要集聚长三角科技资源，建立长三角区域协同、优势互补、分工协作以及创新链和产业链联合的体系，发挥上海科创中心和张江综合性国家科学中心原始创新策源地的辐射作用。

上海应依托张江综合性国家科学中心及科教资源优势，在光子科技、能源科技、类脑智能、计算科学、生命科学等前沿交叉学科研究领域，抢占科技战略制高点，实现颠覆性集群式突破；杭州以电子商务、大数据为核心的电子信息技术领域正走在世界前列，可以依托其在大数据和云计算方面的信息优势，从数字科学方面进行突破；南京可以依托其在“大军工、大健康、大芯片”产业的远景规划，实现军事科学和民用技术的深度融合，充分发挥科教资源优势，在材料科学领域加强应用基础研究，努力取得一批原创性研究成果；合肥可结合国家综合性科学中心建设，放大其在量子通信和超导材料等基础科学方面的辐射效应。

同时，长三角各中心城市应根据科学设施发展特色产业，发挥现有产业集群区域联动优势，推动长三角科技创新——科学设施集群建设。首先，依托上海—合肥量子技术合作，打造长三角量子技术研发和产业化走廊。上海多年来持续布局量子调控前瞻性研究，自2003年以来，已累计投入近1.2亿元，支持量子方向相关项目200多个，形成政府主导的新一代信息技术发展优势。① 上海技术物理研究所、上海微系统与信息技术研究所、华东师范大学精密光谱科学与技术国家重点实验室、上海交通大学光子集成与量子信息实验室和复旦量子调控实验室等在量子通信、分子精密测控和高品质光子芯片方面处于世界领先水平。合肥依托中国科学技术大学这一量子科学实验卫星规划和建设的主体单位，实现安徽省与全国领先大学及科研院所联合创新。2017年，合肥建立了中科院量子信息与量子科技创新研究院，作为安徽科技创新的“一号工程”，新获工信部“中国制造2025”试点示范城市资格。由于量子技术的开发和应用需要单独攻克关键技术，也需要联合创新。长三角可依托在量子卫星工程中各科研院所之间已有的跨省市合作关系，将科研体系内合作扩散到政府—科研院所—企业联动层面，建立全球新一代通信技术高地。

---

① 黄海华. 上海主动布局量子技术研究[N]. 解放日报，2016-08-17.

参考文献

[1]毕娟.跨区域科技协同创新的影响因素分析[J].中国市场,2016(26):65—71.

[2]王鹏.试论跨行政区域创新系统的形成基础和动力支持[J].科技管理研究,2009,29(1):215—217.

[3]陈丽娟.跨城市创新合作空间结构、合作网络及与区域经济增长关系研究[D].沈阳:辽宁大学,2018.

[4]陈丹宇.长三角区域创新系统中的协同效应研究[D].杭州:浙江大学,2010.

[5]毕娟.跨区域科技协同创新系统的特性及运行机制研究[J].中国市场,2016(39):55—59.

[6]胡恩华,刘洪.基于协同创新的集群创新企业与群外环境关系研究[J].科学管理研究,2007(3):23—26.

[7]叶一军,顾新,李晖,陈一君.跨行政区域创新体系下创新主体间协同创新模式研究[J].科技进步与对策,2014,31(16):29—33.

[8]李金海,崔杰,刘雷.基于协同创新的概念性结构模型研究[J].河北工业大学学报,2013,42(1):112—118.

[9]杨省贵,顾新.区域创新体系间创新要素流动研究[J].科技进步与对策,2011,28(23):60—64.

[10]白俊红,蒋伏心.协同创新、空间关联与区域创新绩效[J].经济研究,2015,50(7):174—187.

[11]陈光华,杨国梁.边界效应对跨区域产学研合作创新绩效的影响研究——来自广东省的证据[J].研究与发展管理,2015,27(1):92—99.

[12]叶一军,顾新,李晖,陈一君.跨行政区域创新体系中创新主体间知识流动研究[J].科技进步与对策,2014,31(18):45—50.

[13]高丽娜.跨区域创新合作的形成机制探讨[J].商业时代,2011(28):125—126.

[14]杨洁.武汉城市圈区域创新体系研究[D].武汉:武汉理工大学,2010.

[15]国家统计局.中国统计年鉴[M].北京:中国统计出版社,2019.

[16]美国康奈尔大学,欧洲工商管理学院和世界知识产权组织.2019全球创新指数报告[R].瑞士日内瓦:世界知识产权组织,2019.

[17]陆园园.科技成果转化难在哪儿,如何打通“最后一公里”?[N].学习时报,2018-09-26(6).

[18]商讯.2019星耀南湖 长三角精英峰会启幕 猎聘讲解长三角人才数据[EB/OL].[2019-09-26].http://js.ifeng.com/a/20190926/7731439_0.shtml.

[19]长三角科技资源共享服务平台.科创地图—科学仪器[EB/OL].[2019-12-31].http://www.csjpt.cn.

[20]长三角科技资源共享服务平台.科创地图－科创券[EB/OL].[2019-12-31].http://www.csjpt.cn/kejiquan.

[21]国家知识产权局.2018年中国知识产权发展状况新闻发布会在京举行[EB/OL].[2019-04-28].http://www.sipo.gov.cn/zscqgz/1138755.htm.

[22]华略智库．世界级产业集群，长三角还有多远？[EB/OL].[2018-05-08]. https://www.sohu.com/a/230848096_100098381.

[23]黄海华．上海主动布局量子技术研究[N]. 解放日报，2006-08-17.

[24]中国民用航空局发展计划司. 2018 年民航机场生产统计公报[EB/OL].[2019-03-05]. http://www.caac.gov.cn/XXGK/XXGK/TJSJ/201903/t20190305_194972.html.

[25]中华人民共和国交通运输部综合规划司. 2018 年规模以上港口货物、旅客吞吐量[EB/OL].[2019-05-13]. http://xxgk.mot.gov.cn/jigou/zhghs/201905/t20190513_3198921.html.

[26]Jaffe A B, Trajtenberg M, Henderson R M. Geographic Localization of knowledge Spillovers as Evidenced by Patent Citations[J]. *Quarterly Journal of Economics*, 1998(63): 577—598.

中国银行间债券市场跨市场风险传染与监管研究

◎闵 敏[①] 赵凡青[②] 胡 昊[③] 金 成[④]

摘要:本课题从我国银行间债券市场微观结构的视角,利用各类数量化工具对银行间债券市场的风险度量和传染方式进行了初步分析。基于银行间市场QQ群询价数据,来构建全新的测度,衡量债券交易中潜在的风险问题,具体研究分为三块:

一是基于知情交易模型对利率期限结构中动态风险的研究。新模型发现,以知情交易概率衡量的市场情绪有一定的持续性,对期限结构的形状会产生持续性的冲击,当市场情绪高涨时,短期利率的变化幅度要高于长期利率的变化幅度。

二是深入分析债券买卖价差风险的研究。通过对询价价差的分析发现,询价波动、成交数量、知情交易概率、上市时间和到期期限都对询价利差有显著的影响。中期债券容易受到期限结构曲率变化的影响,在询价过程中,交易员会寻求更高的安全边际使得买卖价差较大。

三是基于债券指数的中美两国宏观风险传染分析。研究发现,无论是收益率还是波动率,中美债券市场都具有相关性增强的变化趋势。而风险方面,美债券的风险溢出效应越发增强,与国内可形成较强风险联动,这需要我们在具体操作和相关监管政策上提高警惕,防范外来"黑天鹅""灰犀牛"入侵。

另外,本课题对应章节都给出了相关的政策建议。

一、引 言

(一)研究背景

近年来,我国债券市场快速发展,发行主体和交易主体不断增多,交易品种和对冲工

① 闵敏,上海财经大学上海国际金融中心研究院数据库主任,上海国际金融中心研究院金融科技与金融安全研究中心执行主任,上海财经大学金融学院实验室主任。

② 赵凡青,上海财经大学金融学院博士研究生。

③ 胡昊,上海财经大学金融学院博士研究生。

④ 金成,上海财经大学金融学院博士研究生。

具日益丰富，托管和交易规模不断扩大，债券市场在金融体系中的地位和作用与日俱增。截止到2018年12月，我国各类债券累计发行超过43万亿元，较2017年增长8%；累计余额约86万亿元，相较于2017年增加了15%。其中，新发各类信用债增长了38%，但仍只占新发债的18%，累计余额也只占24%，而国外机构债更是只占2‰。因此，虽然我国债券市场发展迅速，但是其结构仍旧是以政府信用类债券（利率债）为主体，与发达国家更加成熟的债券市场相比仍有差距。而随着我国债券市场对外开放程度的不断加深，"一带一路"倡议的深入推进以及"债券通"业务的发展和完善，我国债券市场的市场化和国际化程度会越来越高，各类发行人、投资者都将参与到我国的债券市场。届时，交易品种会更加丰富，债券结构也会更加合理，各级中间环节，包括发行、招标、托管、评级、询价、交易等也将随着债券市场化进程的不断推进变得更加高效。

从1981年财政部恢复发行国债开始，我国债券市场经过三十多年的发展，其中经历了场外柜台转让、交易所市场到银行间市场的转变。目前银行间债券市场的交易量和托管量占90%，已经是我国债券市场最主要的组成部分。在银行间市场成立的初期，债券交易主要是以交易商之间一对一的询价为主，其他交易商无法观测到已有的成交，也无法对市场流动性和市场情绪做出判断。2001年7月，中国人民银行批准9家商业银行在银行间市场开展做市业务，做市商有义务向市场上的其他做市商提供双边报价，并根据该价格成交，向市场提供流动性。2005年8月，银监会颁布《货币经纪公司试点管理办法》，允许设立专门从事促进金融机构间资金融通的经纪服务，并收取佣金的非银金融机构，即为交易商提供信息，促进交易的金融中介。随着经纪业务的不断发展，经纪商报价和成交占银行间债券市场的比重越来越大，相比于外汇交易中心的做市商报价和成交，其波动幅度更小。因此，外汇交易中心的做市商扮演着流动性的最终提供者，而交易商通过一对一询价和经纪商撮合完成交易。在与经纪商开展业务的过程中，除直接和经纪商一对一对接外，还包括QQ群等一对多的询价方式，交易商通过在QQ群广播自己的交易意愿来寻找自己的交易对手。因此，诸如QQ群等一对多的询价模式逐渐成为银行间债券市场中比较重要的询价方式。相比传统一对一的场外询价，一对多模式对信息的传递速度更加高效、市场竞争更加充分，也更加有利于债券市场的发展。

2018年1月5日，"一行三会"联合发布《关于规范债券市场参与者债券交易业务的通知》（银行〔2017〕302号），证监会也发布了302号文的配套文件《关于进一步加强证券基金经营机构债券交易监管的通知》（证监办发〔2017〕89号），其中规定债券投资交易人员应当使用统一配置的电话、邮件和即时通信开展询价活动。这说明监管机构对场外一对一单独询价和一对多集中询价的方式有足够的重视，原有在类似QQ等私人即时通信工具聊天群的询价不仅会变得更加正式，而且将得到更加严格的监管。

（二）研究意义

中国的债券市场拥有多个交易场所，其中银行间债券市场是交易量最为庞大的债券交易市场。其中,全国大中型金融机构基本都是市场的参与者,每天的交易涉及银监会、证监会、保监会等多个金融机构的资金往来,因此该市场的稳定发展关乎金融的核心命脉,是中国经济与金融发展的重要基础性设施。

一方面,该市场尽管有统一的清结算单位,却没有统一的询价平台。市场交易者可以通过一对一电话、聊天软件群发、货币中介、做市商或者其他各种场外的询价报价方式,寻找交易对手和交易标的,在这些方式中又以聊天软件群询价和货币中介询价报价方式为主。因此,从信息获取的角度来说,银行间债券市场的信息源众多,询价数据一般也以原始文本表示,进而导致这个市场在信息获取上存在较大问题。以往基于公开数据的研究只达其表,不能深入,从而无法对银行间市场的各品种、评级、类型债券的风险进行全面建模和刻画,更无法据此研究跨证券、跨衍生品市场的风险传染。

另一方面,银行间市场除债券交易以外,还有同业资金、票据和其他细分市场。这些偏短期的资金市场相对债券交易更为灵活,其与银行间债券交易的风险存在必然的联动关系,但也正因为缺乏相应的数据支持而近乎无人研究。上海作为全国重要的国际金融中心,需要时刻关注和防控金融市场的风险与隐患,深入理解跨市场的"黑天鹅"和"灰犀牛"的产生和作用机理,从而构建全面的金融预警体系,为全国的金融安全与经济稳定打下坚实的基础。

本课题将以银行间债券询价数据为核心,对银行间债券市场的风险计量和传导进行深入的建模研究,为监管者与政策制定者提供实时货币市场的风险预警,并为后续的跨资产、跨市场的风险研究打下扎实基础。

(三)研究框架

具体研究主要分为以下四个部分:

一是利用 Nelson-Siegel 期限结构模型对银行间各类债券的传导模型进行刻画,研究债券的利率风险在不同类型、不同评级以及各地域债券之间的相互影响关系。Nelson-Siegel 模型的优点在于能够很好地抽象为各类债券期限结构的三个主要特征,有助于分析我国银行间市场不同债券价格也就是利率的相互影响。

二是采用每日银行间债券市场的询价数据,对债券交易者的知情情况进行刻画,并进一步研究信息对债券市场的风险传导和预警作用。知情交易概率最早是用来刻画和分析做市商交易行为的,本课题对知情交易模型的修正使其能够刻画我国银行间债券询价市场,能够反映债券询价中所表现的非平衡的买卖意愿。

三是用知情交易概率衡量市场情绪对债券流动性的影响。当市场中有消息发生即知情交易概率上升时,做市商会选择放大价差以寻求更高的安全边际,但询价市场和做市商市场是两种不一样的市场,因此需要用知情交易概率对询价市场价差的刻画做进一步研究。

四是研究我国银行间债券市场与国外市场的联动情况,以及国外市场对我国债券是否存在风险溢出效应。由于多个市场的联动效应很难用先验的联立方程做计量研究，因此采用 VAR 类方法刻画多个市场的风险溢出效应。

同时，本课题基于研究结论给出了相关的政策建议。

二、基于债券即期利率的风险传染研究

（一）研究方法简介

1. 动态 Nelson-Siegel 模型

Nelson-Siegel 模型是通过参数模型来描述收益率曲线动态变化的方法，其优点在于简洁明了、拟合效果好、经济意义强且具有很高的拓展性，能和其他理论模型相结合。Diebold 和 Li(2006)将静态的 NS 模型用两步法拓展到时间维度上，并将 NS 模型改写为状态空间模型的形式。基本的 NS 模型可以表现为：

$$y_{t,\tau}=\beta_{1t}+\beta_{2t}\left(\frac{1-e^{-\tau\lambda_t}}{\lambda_t\tau}\right)+\beta_{3t}\left(\frac{1-e^{-\tau\lambda_t}}{\lambda_t\tau}-e^{-\tau\lambda_t}\right) \tag{4—1}$$

其中 $y_{t,\tau}$ 表示在 t 时刻期限 τ 的即期利率，λ_t、β_{1t}、β_{2t}、β_{3t} 是随拟合时点变化的四个参数。对各截面数据采用非线性最小二乘法，可得出各期限的即期利率。但是在公式(4—1)中，所有参数都随时间变化，不能保证拟合后的参数稳定连续。所以 Diebold 的做法是固定 λ，使之不随时间变化，损失一小部分拟合优度，以保证其他参数的稳定性。β_{1t}、β_{2t}、β_{3t} 分别被称为水平、斜率和曲率因子。1、$\frac{1-e^{-\tau\lambda_t}}{\lambda_t\tau}$、$\frac{1-e^{-\tau\lambda_t}}{\lambda_t\tau}-e^{-\tau\lambda_t}$ 分别称为三个因子的因子载荷，其中水平因子载荷保持不变，斜率因子载荷单调递减，曲率因子载荷先单调递增再单调递减（见图 4—1）。所以水平因子主要影响长期利率，斜率因子主要影响短期利率，曲率因子影响中期利率。

此处把图 4—1 曲率因子达到最大时的期限 τ^* 称为曲率因子影响期限，它决定了 λ 的大小。状态因子随时间序列过程演化构成了动态 Nelson-Siegel 模型(DNS)。

2. 向量自回归(VAR)模型

为了检验债券即期利率的风险传染机制，本部分将对动态 Nelson-Siegel 所估计的各类型债券即期利率进行实证研究。为了联合分析债券价格的动态关系，将使用向量自回归模型(VAR)进行实证分析。

Sims(1980)提出了 VAR 模型，他改进了传统联立结构方程组模型存在的内生性和预测偏差问题，使用当期所有变量作为被解释变量向量，对所有这些变量的之后变量进行回归。

由于 VAR 模型本质上是一个回归方程组，因此变量之间的结构关系无法从 VAR 模型的单一估计系数直接观测。因此，为了刻画某一类债券对另一类债券的价格传染关系，

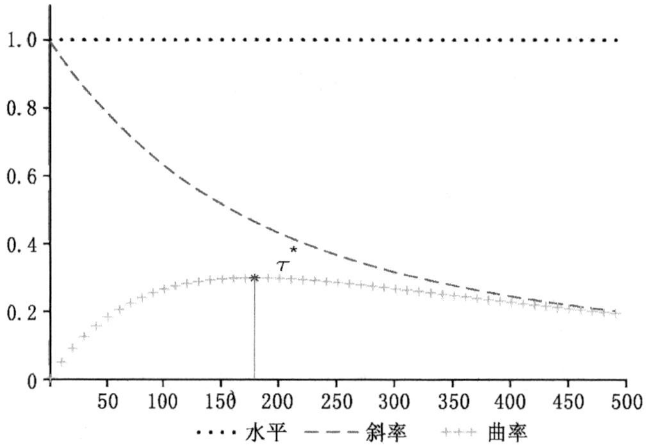

图 4—1 DNS 模型因子载荷

需要进一步运用脉冲响应函数和格兰杰因果检验的方法进行实证分析。

其中，脉冲响应函数是一个直观的研究方法，因为脉冲响应图可以描述 VAR 模型中某一类债券的价格由另一类债券的价格随时间变化所发生的冲击响应。

（二）研究思路及过程

本课题试图通过对银行间债券询价数据的处理，对各类债券之间的风险传染进行实证分析，刻画出债券风险的传染特点与传导路径。具体研究思路如下：

首先，对债券进行分类。债券根据发行主体的特点先分为由政府及政策性银行发行的利率债和由公司发行的信用债。对于利率债，可以细分为由财政部发行的国债、国家开发银行发行的国开债、非国开的政策性银行发行的非国开债以及地方政府发行的地方政府债；对于信用债，可按照主体信用评级进行划分，亦可根据公司主体的注册地进行大区域划分（分为华南、华北、华东、华中、东北、西北、西南），还可按照公司的行业进行分类。

其次，按上述分类标准对债券使用动态 Nelson-Siegel 模型进行即期利率估计（余文龙，2010），先分别对出价（Bid）和要价（Ofr）进行估计，接着对预测模型中的 Bid 和 Ofr 拟合的水平因子、斜率因子和曲率因子取平均值，作为该类别债券的 Nelson-Siegel 三因子。

最后，使用 VAR 模型，用不同类型债券的 Nelson-Siegel 三因子对其他类型债券的 Nelson-Siegel 三因子滞后变量进行估计，并使用脉冲响应函数分析债券之间的风险传染关系。①

（三）研究结论

从利率债之间的相互传染来看，首先，托管量最大的国债与交易活跃度最高的国开债的长期利率，存在较高的相关性，在受到外生经济环境的影响和冲击时，两者会同时水平

① 实证研究过程由于篇幅的关系不在本课题中给出。

移动，在时间序列上表现为互相影响。

其次，国开债长期利率的上升会使得包括国开债在内的三类政策性银行债和国债产生相反方向的变动。这说明整体利率水平发生变化时，银行间市场里的投资者在不同利率水平下，对国债和政策性银行债的偏好存在替代关系。

再次，从斜率因子的角度来看，国开债和国债的短长期利差同样相互影响。这说明当货币市场利率发生变化或者央行采用货币政策对短期利率造成冲击时，两者变化相同，但交易活跃度更高的国开债反应更快。在时间序列上表现为国开债斜率因子的冲击对国债有影响，而国债对国开债的影响几乎没有。相较于国开债，另外两家政策性银行的债券交易活跃度远小于国开债。在时间序列上表现为长期利率受到国债或者国开债的影响，短长期利差会先于国债和国开债做出反应。

最后，结合存量债券的托管量来看，其原因主要在于存量进出口银行债和农业发展银行债大部分的到期期限都比较短，短端的活跃度要领先于长端的活跃度。与之相对的是地方政府债，从存量上来看，地方政府债到期期限相对较长，长端的活跃度更高，因此在时间序列上表现为地方债的长期利率要领先于国债，但短长期利差反应较慢，受到国债的影响。从信用债的角度来看，信用债根据评级主要可以分为 AAA、AA＋、AA、AA－及以下，但由于我国的评级体系主要是被动的卖方评级，评级的高低是对企业偿债能力的直接衡量，又因为银行间债券市场的最大买方银行对资产的风险有非常严格的要求，所以低评级高利率的债券往往没有机构愿意购买，使得评级机构在对发债主体进行评级时，会考虑发债主体的诉求。有鉴于此，整个市场债券的评级都主要集中在 AA 以上，并且绝大多数债券都是 AAA 级。评级的相对集中也就导致相同评级到期日相近的债券，到期收益率差异很大。因此，期限结构的特征刻画难度非常大，AAA 级债券的到期收益率是带状的，AA 级以下的债券由于交易量和报价量较少，导致日间的差距会非常大，在时间序列的建模上存在一定的问题。除开信用评级，也可根据地域划分为东北、华北、华东、华中、华南、西北、西南或者更进一步细分到省份，来反映不同地区企业信用风险的整体情况。

由于信用债各评级内部差异较大、到期收益率呈带状分布，斜率因子和曲率因子在经济意义上很难解释，但水平因子仍旧能够反映整体长期利率的变化趋势。从各评级地区来看，信用债长期利率会受到利率债长期利率的影响和冲击，整体利率水平会出现平移。

（四）政策建议

1. 加强债券市场基础设施建设

可以发现，国内债券市场在基础功能上还存在提高的空间，因此需要对债券市场基础设施进行功能整合，推动互联互通。应将完善基础设施作为债券市场对外开放的有力抓手，推动债市后台一体化，整合中央结算公司、中国证券登记结算公司和上海清算所的托管结算功能，使投资者可以开立统一账户参与多个市场的交易，不再需要多头开立账户和复杂的转托管。同时，完善市场基础设施主要是托管结算公司法人治理结构，探索公司制改革。现行发达市场的托管结算机构普遍采取具有“行业所有”特征的股份制和独立专家委员会结构。

2. 以合理制度推动市场发展

通过数据分析可以发现，我国债券市场中还是以国债和国开债为主，公司债发展仍较为薄弱，信评机制更是有待加强。这也与我国债券市场的功能设定存在问题脱不开联系。好的制度才能带来好的发展，因此市场基础设施也应在公司制基础上，健全公司治理结构，引入多元化股权结构，以解决公司化后存在的营利性和公共性之间的利益冲突。

3. 引入国际成熟经验助力市场完善

与国外相比，目前我国债券市场的定价仍较为薄弱，无法有效反映其后背的信用情况。因此需要推动交易、清算、托管系统与国际接轨，加强我国中央托管结算机构与国际托管结算机构的合作。未来应以一级托管为主＋CSD 互联为基础，不断探索跨境业务合作模式，推动境内基础设施与更多国际登记结算基础设施（如 ICSD、CSD）的直联。甚至在坚持境内一级托管和中央集中托管结算的基础上，充分考虑境外投资者的交易和结算习惯，研究境内现有中央托管结算制度与国际广泛采用的多级托管制度之间的衔接，继续探索和拓展与境外金融市场、交易平台、托管机构之间多样化的合作模式。

三、基于债券知情交易识别的债券风险预警研究

（一）研究方法简介

1. 贝叶斯法则

债券知情交易识别原则基于贝叶斯法则，用新信息对已发生的现象进行主观概率分布判断（先验概率）的修正。

知情交易者和非知情交易者的交易行为可以用下述二叉树进行刻画：首先外生给定每个市场信息所对应的事件发生的概率是独立同分布的，概率都为 α；当事件发生时，好事的概率为 δ，坏事发生的条件概率为 $(1-\delta)$。其中，知情交易者会对好事的信息进行买入报价，对坏事的信息进行卖出报价，这种情况的条件概率都是 μ，而非知情交易者仅在不知道信息好坏的状态下进行白噪声交易。因此在这两种情况下，非知情交易者的交易条件概率是 ε。综合上述两种交易者行为，对好事进行交易买入报价和对坏事进行卖出报价的条件概率都是 $(\varepsilon+\mu)$。而对于好事卖出报价和对于坏事买入报价的行为仅有非知情交易者会实施，因此这两种状态发生的条件概率都是 ε（Easley 等，1996）。

假设做市商对所有事情的发生概率都是知道的，但他不知道哪一个事件将要发生，当做市商遵循贝叶斯法则进行决策时，他在 t 的先验概率是 $P(t)=[P_n(t), P_b(t), P_g(t)]$，分别对应没有消息、坏消息、好消息发生的先验概率。因此，做市商在 0 时刻的先验概率显然为 $P(0)=[1-\alpha, \alpha\delta, \alpha(1-\delta)]$。

如果令 S_t 代表 t 时刻 Ofr 询价这一事件发生，根据贝叶斯法则，可以反推没有消息、坏消息、好消息发生的后验概率。

t 时刻发生卖出询价的期望为：

$$E(S_t)=\varepsilon\times[\alpha\times(1-\delta)+1-\alpha]+(\varepsilon+\mu)\times\alpha\delta=\varepsilon+\mu\alpha\delta \tag{4—2}$$

观察到卖出，但没有消息发生的条件概率为：

$$P_n(t|S_t)=\frac{E(S_t\mid 无消息)\times P(无消息)}{E(S_t)}=\frac{\varepsilon\times P_n(t)}{E(S_t)} \tag{4—3}$$

观察到卖出，发生坏消息的条件概率为：

$$P_b(t|S_t)=\frac{E(S_t\mid 坏消息)\times P(坏消息)}{E(S_t)}=\frac{(\varepsilon+\mu)\times P_b(t)}{E(S_t)} \tag{4—4}$$

观察到卖出，发生好消息的条件概率为：

$$P_g(t|S_t)=\frac{E(S_t\mid 好消息)\times P(好消息)}{E(S_t)}=\frac{(\varepsilon+\mu)\times P_g(t)}{E(S_t)} \tag{4—5}$$

具体知情交易过程如图 4—2 所示。

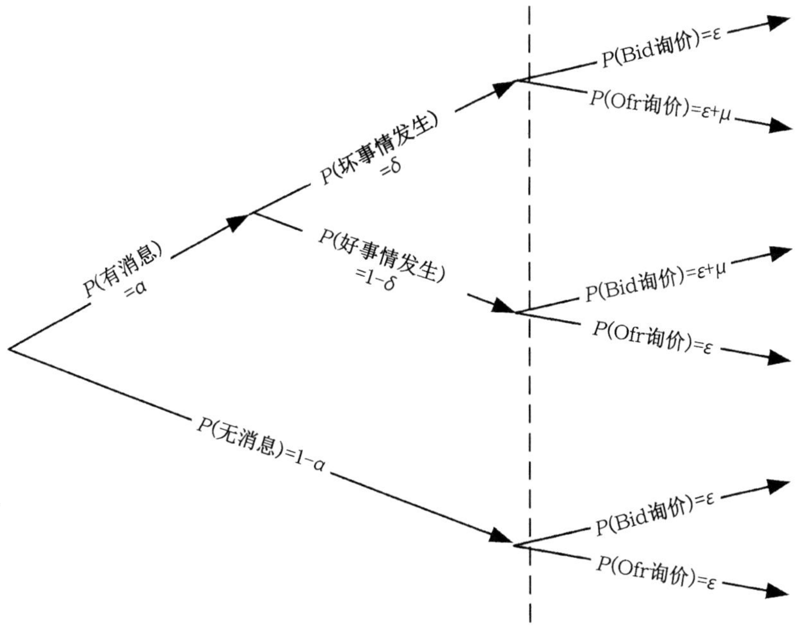

图 4—2　知情交易过程

2. 基于报价行为的知情交易识别模型

根据 Easley 等(1996)，PIN 主要由以下几个参数定义交易过程。假设交易员在交易日 $i=1,2,3,\cdots,I$ 交易风险资产，在每个交易日内，时间 t 是连续的，$t\in[0,T]$。交易员在任意时刻会根据当前的买卖报价，买入或者卖出一个单位的风险资产。

根据市场的先验信息，假设由自然决定，信息事件发生的概率为 α，坏消息发生的概率为 δ，则好消息发生的概率为$(1-\delta)$。

市场上的交易行为由两类交易员产生，一类称为信息交易员，假设他们可以观察到市场上信息给出的信号，另一类称为流动性交易员或者无信息交易员。在任意交易日，假定无信息的买入或者卖出交易员服从泊松分布，即无信息交易员选择买入或者卖出服从泊松分布，到达率由参数 ε 决定。相应的，对于有事件发生的交易日，信息交易员的交易行为也服从泊松分布，到达率由参数 μ 决定。

根据以上假设，可以计算出每天的知情交易概率 PI 为：

$$PI=\frac{\alpha\mu}{\alpha\mu+2\varepsilon} \tag{4-6}$$

上述原始模型是基于交易行为产生的，基于报价行为的知情交易模型将报价信息作为主要研究对象。假设信息交易员在观察到事件发生后会在市场上发出报价，那么流动性交易员无论事件是否发生都会在市场上发出报价。

从经济意义来说，知情交易行为是通过买卖报价的差异来反映市场上知情交易者和非知情交易者之间的不平衡状态，其本质上是对市场上供需关系的一种刻画，反映了市场的整体交易情绪。

（二）研究思路及过程

基于债券知情交易的债券风险预警研究，以报价流为研究对象。银行间债券市场主要以询价为主，首先根据债券分类，将银行间市场交易的债券分为利率债和信用债，其中利率债根据发行主体分为国债、国开债、非国开政策性金融债（农发和进出债）、地方政府债。信用债根据评级分为 AAA、AA＋、AA、AA－，并且假设同一类债券具有相同或者相近的风险，应当具备相似的报价特征，债券之间相互可以代替。

根据这一假设，首先统计每只债券每天的买卖报价数量（即 Bid 和 Ofr），并计算每个交易日，每一类债券知情交易概率为 PIN。$PIN\in[0,1]$反映的是知情的交易者占总交易者的比例，本身对好消息或者坏消息没有判定，好消息和坏消息由参数 δ 决定，将会在下一阶段做进一步研究。计算出 PIN 后，将其与 Nelson-Siegel 模型的三因子构建 VAR 模型，以预测债券收益率的变化和特殊事件发生的概率。

在之前的基础上，进一步对利率债的时间序列特征进行刻画，将知情交易概率细分为好消息和坏消息，由于两者存在较高的相关性，因此选择其中一个，与 Nelson-Siegel 三因子构造时间序列建模。以国开债为例，对构建的 VAR 模型进行平稳性分析，若存在协整关系，则对 VAR 模型进行修正，用 VECM 模型对期限结构特征和知情交易概率的均衡关系进行刻画。

（三）平稳性检验和协整检验

先对各个变量进行平稳性检验，采用 dfgls 方法根据最小 SC 原则，检验结果如表 4－1

所示。

表 4—1　　各变量平稳性检验结果

	检验统计量	滞后阶数	置信度(%)	临界值
*gkbeta*1	−1.425	1	1	−3.48
			5	−2.898
			10	−2.61
*gkbeta*2	−2.173	1	1	−3.48
			5	−2.909
			10	−2.62
*gkbeta*3	−3.096	1	1	−3.48
			5	−2.898
			10	−2.61
gkpgi	−1.91	7	1	−3.48
			5	−2.873
			10	−2.588
*d.gkbeta*1	−14.445 39	1	1	−3.48
			5	−2.909
			10	−2.621
*d.gkbeta*2	−10.107	1	1	−3.48
			5	−2.909
			10	−2.621
*d.gkbeta*3	−14.524	1	1	−3.48
			5	−2.909
			10	−2.621
d.gkpgi	−3.646	6	1	−3.48
			5	−2.873
			10	−2.588

结果显示，Nelson-Siegel 三因子以及平滑后的好消息知情概率在 1%显著性水平下都是一阶单整的，可以构造 VAR 模型。在已有文献中，有部分学者便是使用 VAR 模型对 Nelson-Siegel 三因子进行建模刻画，采用同样方法，结果如表 4—2 所示。

表 4—2　　NS 三因子 VAR 滞后期数检验结果

lag	LL	LR	df	p	FPE	AIC	HQIC	SBIC
0	3 216.02				0	−24.249 2	−24.232 9	−24.208 7
1	4 401.62	2 371.2	9	0	0	−33.129 2	−33.064 1	−32.967 1
2	4 430.59	57.93	9	0	0	−33.279 9*	−33.165 9*	−32.996 2*
3	4 439.15	17.118	9	0.047	0	−33.276 6	−33.113 7	−32.871 3

注：* 表示不同准则下的最优结果。

在 AIC、HQIC 和 SBIC 三种信息准则下，均认为滞后二阶是最优的，因此构造二阶向量自回归模型 VAR(2)，并对 VAR 系统做单位根检验，结果见表 4—3。

表 4—3　　NS 三因子 VAR 单位根检验

特征值	模
0.996 737	0.996 737
0.980 015	0.980 015
0.898 404	0.898 404
0.395 131	0.395 131
0.189 61	0.189 61
0.055 53	0.055 53

从表 4—3 可以看到虽然特征值的模都小于 1，但是有几个特征值的模非常接近于 1，所以整个系统可能是不平稳的。对三因子做协整检验结果如表 4—4 所示。

表 4—4　　NS 三因子 VAR 协整检验

最大协整向量数	特征值	迹检验统计量	5%临界值	最大特征值统计量	5%临界值
0		20.038 8	29.68	15.356 1	20.97
1	0.054 12	4.682 7	15.41	4.547 1	14.07
2	0.016 34	0.135 6	3.76	0.135 6	3.76
3	0.000 49				

对三因子做 Johansen 检验，无论是迹检验还是协整检验，都无法拒绝没有协整关系的原假设，因此无法构造 VECM 模型对模型做进一步刻画。这里尝试引入知情交易概率，对四个变量构造 VAR 模型。具体检验结果如 4—5 所示。

表 4—5　　VAR 滞后阶数检验结果

lag	LL	LR	df	p	FPE	AIC	HQIC	SBIC
0	4 341.89				0	−31.663 5	−31.642 3	−31.610 7
1	5 908.9	3 134	16	0	0	−42.984 7	−42.878 8	−42.721
2	5 964.89	111.98	16	0	0*	−43.276 6*	−43.086 1*	−42.801 9*
3	5 975.82	21.86	16	0.148	0	−43.239 6	−42.964 4	−42.553 9
4	5 991.42	31.197*	16	0.013	0	−43.236 7	−42.876 7	−42.34

注：* 表示不同准则下的最优结果。

在 AIC、HQIC 和 SBIC 三种信息准则下，均认为滞后二阶是最优的，因此构造二阶向量自回归模型 VAR(2)，然后对 VAR 模型的平稳性进行检验，四个变量的 VAR 系统特征值如表 4—6 所示。

表 4—6　　VAR 单位根检验

特征值	模
0.992 991 4	0.992 991
0.983 900 7	0.983 901
0.913 244 7	0.913 245
0.780 161 5	0.780 162
0.492 974 6	0.492 975
0.388 032 8	0.388 033
0.143 567 9	0.143 568
0.064 108 23	0.064 108

虽然特征值的模都小于 1，但是有几个特征值的模非常接近于 1，所以整个系统可能是不平稳的。Johansen 特征值迹检验和最大特征值检验结果如表 4—7 所示。

表 4—7　　VAR 协整检验

最大协整向量数	特征值	迹检验统计量	5%临界值	最大特征值统计量	5%临界值
0		61.153 9	47.21	36.237	27.07
1	0.123 04	24.917 0*	29.68	19.882 6	20.97
2	0.069 5	5.034 4	15.41	4.753	14.07
3	0.017 07	0.281 3	3.76	0.281 3	3.76
4	0.001 02				

注：* 表示在 5%显著性水平下无法拒绝存在 1 个单位根的原假设。

Johansen 迹检验和最大特征值检验都拒绝了无协整关系的零假设，并均在 5% 显著性水平下接受了最多含有 1 个协整向量的零假设，即 Nelson-Siegel 三因子同知情交易概率存在协整关系。

基于以上结果，构造如下 VECM 模型：

$$\Delta y_t = \alpha + \Gamma_0 ecm_{t-1} + \Gamma_1 \Delta y_{t-1} + \Gamma_2 \Delta y_{t-2} + \varepsilon_t \qquad (4-7)$$

其中 $\Delta y_t = (\Delta gkbeta1_t\ \ \Delta gkbeta2_t\ \ \Delta gkbeta3_t\ \ \Delta gkpgin_t)'$，$ecm_{t-1} = A' y_{t-1}$，只存在一个协整关系，所以 A 是一个向量，Γ_0 是误差修正项的系数向量，Γ_i 是滞后内生变量的系数矩阵，$i=1,2$。

（四）向量误差修正模型分析

通过对构造的 VECM 模型进行平稳性检验，发现除 Johansen 检验得出存在一个协整关系（即应当有 3 个单位根）以外，其他单位根的模均小于 1，检验结果如表 4－8 所示，构造的 VECM 模型是平稳的。

表 4－8　　VECM 单位根检验

特征值	模
1	1
1	1
1	1
0.766 621 3	0.766 621
0.518 118 5	0.518 118
0.407 271	0.407 271
0.159 599 7	0.159 6
0.075 522 59	0.075 523

通过对 VECM 模型的参数估计，发现协整方程中所代表的长期均衡关系可以表示为：

$$gkbeta1 = 0.05 + 0.21 gkbeta2 - 0.58 gkbeta3 + 0.57 gkpgin \qquad (4-8)$$

或

$$gkpgin = -0.09 + 1.76 gkbeta1 - 0.38 gkbeta2 + 1.02 gkbeta3 \qquad (4-9)$$

结果显示，当产生短期好消息的情况下，比如债券市场情绪上涨等，对水平因子和曲率因子的影响较小，长期利率与中短、中长期利差之和变大，但对斜率因子有较大影响，即正面情绪的上升会使得水平因子和斜率因子变小、斜率变大，短期利率变小的幅度更大。从到期收益率的角度来看，长期利率债到期收益率的变动幅度要小于短期利率债的变动幅度；从远期利率的角度来看，好消息对短期利率的影响会在一定程度上导致远期利率的上升。

为进一步了解银行间市场利率期限结构与市场情绪的关系，发现市场情绪在不同期限利率的传导特征，将 VECM 模型改写为 VAR 进行脉冲响应分析。

首先考虑市场情绪对各个变量的影响，具体如图 4—3 所示。

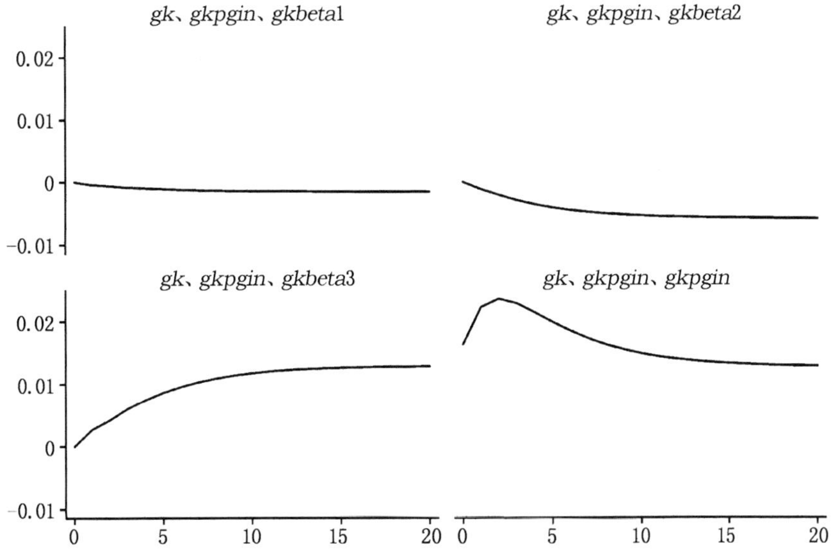

图 4—3　市场情绪对各变量脉冲响应

从图 4—3 上可以得出，消息或者说市场情绪的冲击对利率期限结构的影响是持续的。从三个因子分别来看，在一个标准差的知情概率冲击下，对水平因子有较小的负向冲击，对斜率因子有更大的负向冲击，对曲率因子则产生了正向冲击。上述说明在好消息发生、债券市场利好的情况下，会导致整体利率水平的下降、债券价格的上升，但是短期利率的下降幅度要明显大于长期利率。从其对自身的冲击来看，市场情绪在短期有一定的持续性，并且较易出现先上升后下降的趋势。

其次考虑水平因子对各个变量的影响。从图 4—4 可以看到，当水平因子出现一个标准差的正向冲击时，对自身影响较大，对斜率因子的影响基本为零，对曲率因子会产生负向的影响，并且短期的冲击更大，对市场情绪在同期影响可以忽略，但从长期来看会造成负向的影响。这说明当债券市场出现外部冲击时，长短期利率期限结构会产生平移，虽然对长短期利差影响不大，但会对中期债券产生影响，在短期可能会产生一定的错误定价。对市场情绪来说，正向的水平外部冲击不利于债券市场，从长期来看会使得市场情绪走弱。

再次考虑斜率因子对各个变量的影响。从图 4—5 可以看到，当斜率因子出现一个标准差的正向冲击时，对自身影响较大，对水平因子的影响几乎为零，对曲率因子会产生负向的影响，并且短期的冲击更大，对市场情绪在同期有略微正向的影响，但从长期来看影

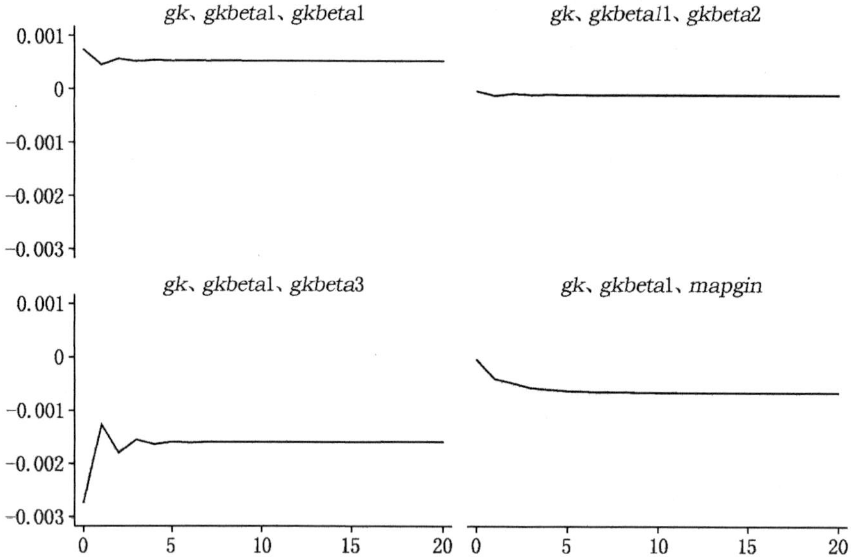

图 4—4　水平因子对各变量脉冲响应

响为负。这说明在长期利率几乎不受影响的情况下，利差的变化主要来源于货币市场利率的冲击，斜率因子增大说明斜率减小，长短利差减小，短期利率上升，并导致曲率减小。反映到市场情绪，货币市场利率的上升在短期可能会使得短期投机者的交易数量上升，推高市场情绪，但上升的利率从长期来看对债券市场不利，会削弱投资者的情绪。

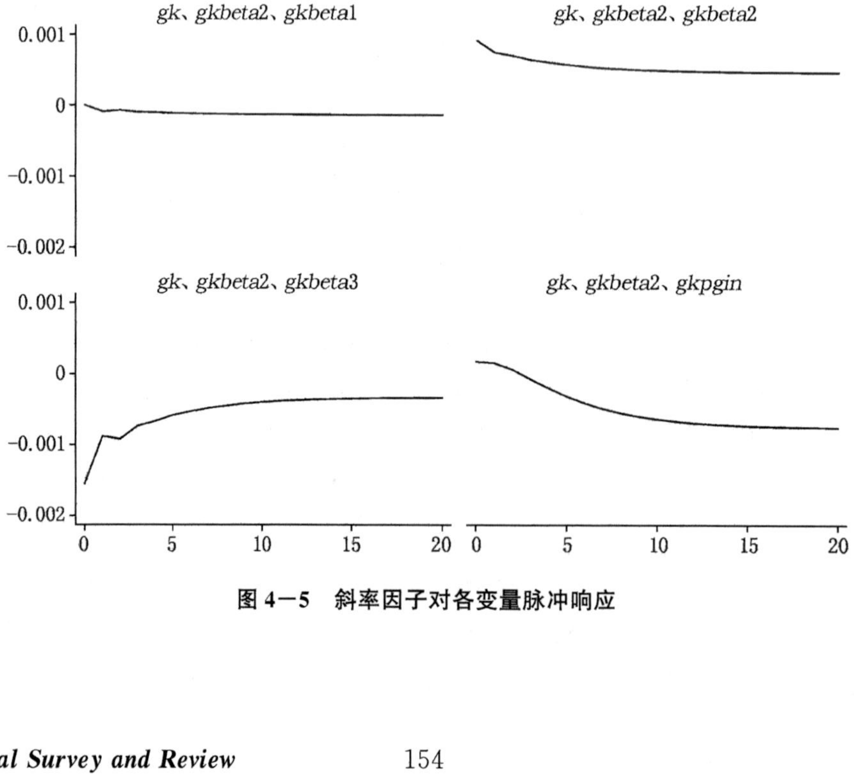

图 4—5　斜率因子对各变量脉冲响应

最后考虑曲率因子对各个变量的影响。从图4—6可以看到，当曲率因子产生一个标准差的正向冲击时，对自身影响较大，并逐渐衰减，对水平因子影响为正，但几乎为零，对斜率因子有一定的正向影响，对市场情绪在短期影响非常小，但在长期有微弱的正向影响。曲率因子的变化说明中期债券利率上升，债券市场整体交易情况发生了变化，会略微带动长期和短期利率。其短期、中期债券的利率上升说明出现较多的卖出报价，推高了利率，导致债券价格偏低，并且会在一定程度上推高市场情绪，增加未来买盘的数量，但曲率变化对债券市场的影响较短。

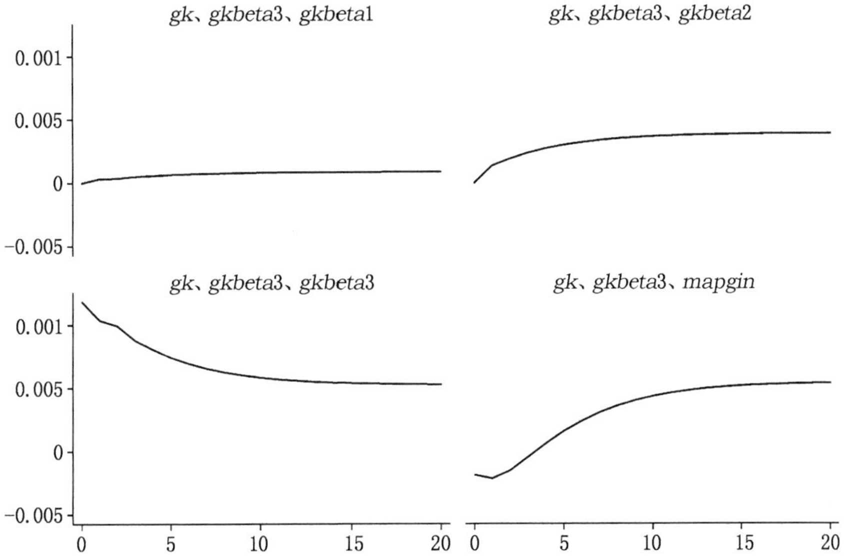

图4—6　曲率因子对各变量脉冲响应

（五）研究结论

从利率债知情信息风险实证分析中，可以看出：

首先，对于国债而言，其知情交易概率受到其他解释变量的影响并不明显，也不是其他变量的格兰杰原因。与此同时，对变量的冲击也是有限的。因此，在国债中，知情交易概率的引入效果并不好。

其次，在国开债中，知情交易概率受到其他解释变量的影响也不显著。但是在格兰杰因果检验中，国开债的水平因子和斜率因子是其原因。此外，对其他变量的冲击也是有限的。

再次，在非国开债中，知情交易概率的回归是显著的，主要受到期限结构因子的影响。但是非国开债的知情交易概率作用于其他变量的能力有限，而根据脉冲图，期限结构各因子的正向冲击会导致其下降。

最后，在地方债务中，知情交易概率值的回归是不显著的，也不是其他变量的格兰杰原因,同时对其他变量的冲击也很有限。从中可以看出,在地方债务中,是否能够引入知情交易概率是有待商榷的。在信用债中,各个信用等级的债券知情交易概率呈现出很明显的自相关现象,这一点值得研究。

在进一步对利率债期限结构时间序列特征的刻画中,将知情交易概率刻画的市场情绪同 Nelson-Siegel 利率期限结构三因子一起建模,发现三因子和市场情绪存在长期协整关系,能够构造平稳的时间序列模型,有助于对利率期限结构进行建模和预测,从而研究市场情绪对利率期限结构三因子的影响。

因此,以知情交易概率衡量的市场情绪有一定的持续性,对期限结构的形状会产生持续性的冲击。市场情绪高涨时,短期利率的变化幅度要高于长期利率的变化幅度。

当水平因子受到影响,即整个债券市场收到外生冲击时,利率期限结构会发生平移。由于对期限结构的平移冲击是持续的,对交易员的预期也是持续的,市场情绪在长期会就此减弱。

当斜率因子受到外部冲击时,可以看到长期利率变化很小,因此可以理解为短期利率即货币市场受到外部冲击时,会使得同期的市场情绪上升。这说明当短期货币市场定价发生偏离时,会引起短期投机者数量的上升,但从长期来看,利率的上升仍旧会导致交易员预期的下降,使得债券市场情绪走弱。

当曲率因子发生外部冲击时,表明债券交易员的交易偏好发生了变化。中期利率的上升表明在同期中期债券交易价格的降低,使得市场情绪在同期略微减弱,但在长期会使得短期利率和市场情绪上升。由此可见,债券市场的结构性变化不会对交易员的预期产生影响,当利率上升、债券价格下跌时,会产生较好的投资机会,促使市场情绪逐渐上升。

(六)政策建议

造成这一结果的原因有很多,如法律法规不健全、约束力不强、多头监管,以及评级质量不高、评级技术有待改进等都是潜在因素,亟须有针对性的解决。

一方面,推进信用评级市场的法制化建设,要在法律框架内明确信用评级机构对于信息披露、完善内部管理、保证评级质量等方面的要求,为市场的健康发展提供法律保障。

另一方面,要加大信用评级标准的研发,借鉴国际评级机构方法和技术,并在此基础上研发适合我国国情的评级模型;要积累各类相关信息,如企业历史违约信息、财务信息等,建立我国债务违约矩阵和违约数据库。

此外,由于发达国家经济格局基本稳定、金融监管大部分完善、产业链接近成熟、发展速度趋于稳定,对其风险估值从而评级就可以实现跨行业、跨地域甚至跨国家采用同一套标准进行风险定价,进而在相同风险评级下加入同风险溢价假设,实现收益率曲线的绘制。公司债与利率债不同的是,每一次息票对付后,其主体基本面会发生变化,有可能会对公司的风险溢价造成影响,甚至影响评级,这点只能靠大样本进行克服。

中国的情况则较为不同,金融监管、行业链条甚至政策稳定性都略逊于国外发达经济体。虽然这也从侧面说明我国为何能够保持一个高速的经济增长态势，但是给信用债估值造成了困扰，主要体现在：

(1)评级偏移比较严重，外评公司监管不力，导致内外"串通""优化"评级。

(2)跨行业、跨地域甚至国企和民企差异非常大，及时公平公正的相同评级，风险溢价可能天差地别。

(3)市场信息传导效率不足，有效性差，公开信息无法真实、及时反映公司的基本面变化，必须依靠实际尽调等方式方能获得一手资料。

(4)信用债估值研究团队较少，主要原因是银行间数据可得性太差，缺乏相关实证研究。

(5)公司债交易数量较少，无法用大样本克服息票对于企业基本面的变化影响。

(6)由于股票流动性较好且资本利得不用交税，使得企业债的地位相比之下就非常尴尬，交易量差异大、交易稀疏导致恶性循环。

因此，评级机构要加强自身建设，不断提升企业实力。评级机构要加大人才队伍建设，打造自身业务特色，从"全能型"向"专业型"转变，以适应债券市场投资者结构的变化。信用评级市场的主要功能是价值发现和信用风险揭示，评级机构要在吸收国外信用评级管理理念、信用评级技术的基础上，与国内信用文化和已有的成熟做法相结合，力争走出一条具有我国特点的信用评级之路，在为债券市场投资者揭示信用风险和发现其价值方面发挥积极作用，以适应我国债券市场不断加大的对外开放步伐。

四、基于知情交易模型的利率债券即期利率风险传染研究

在上文的基础上，本部分内容将知情交易模型引入到债券即期利率市场，再次用银行间利率债的报价数据进行研究。由于国债和国开债在银行间市场的交易最为活跃，故选取 2017 年 8 月 2 日到 2019 年 2 月 1 日的银行间市场各只国债和国开债的逐笔询价进行研究。根据我国银行间市场的惯例，将买入询价称为 Bid，将卖出询价称为 Ofr。所有数据来源于上海财经大学金融科学实验中心自建数据库。原始数据结构包括债券的名称、价格、买卖方向，以及债券的一些基本信息。由于不是所有交易员都会在询价时提供交易量，因此在建模时只使用了每日的成交笔数。

对数据的处理包括以下几个部分：首先根据日期债券类别取各只债券当日买卖询价，计算出利率期限结构的 NS 三因子，构造动态时间序列模型，再对利率期限结构形状的变化进行建模。其次根据每一类债券当天的询价数量和成交数量，估计每日的知情交易概率。最后将知情交易概率与 Nelson-Siegel 三因子一起构造动态时间序列模型，并比较两种方法在利率预测上的优劣。

（一）Nelson-Siegel 参数估计

采用 Nelson-Siegel 对每日的买卖询价中间价的利率期限结构分别进行估计，选取国债双边询价数据，估计结果如图 4—7 所示，描述性统计结果如表 4—9 所示。估计结果显示，这段时间我国国债的远端利率波动范围为 3.35%～4.54%，并且呈现下降的趋势，与预期基本符合。2017 年三季度由于流动性紧张、债券需求减少等因素的影响，导致询价数据较少，询价中间价的斜率因子出现大幅波动。2018 年全年债券市场受到经济下行压力和货币政策宽松的影响，使得利率下行，整体表现为牛市行情。

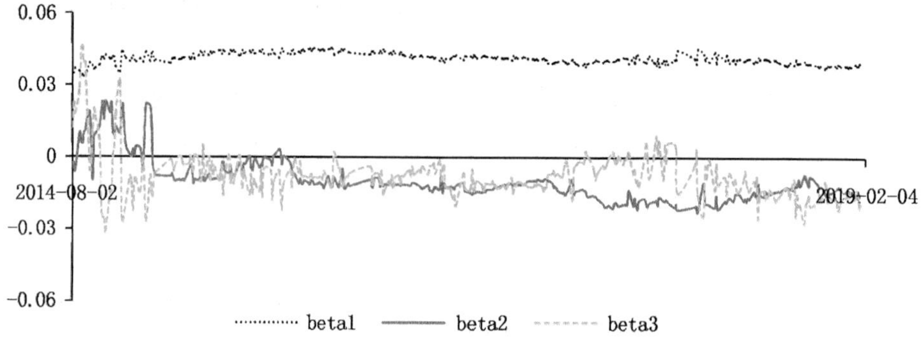

图 4—7　状态因子拟合值

表 4—9　状态因子拟合值描述性统计

	beta1	beta2	beta3
平均	0.041 209	—0.009 87	—0.007 83
中位数	0.041 179	—0.011 66	—0.008 78
标准差	0.002 165	0.008 578	0.009 794
方差	4.69E—06	7.36E—05	9.59E—05
峰度	0.689 775	3.954 039	8.449 323
偏度	—0.504 41	1.853 342	2.035 029
最小值	0.033 48	—0.022 52	—0.031 45
最大值	0.045 402	0.023 007	0.046 093
观测数	346	346	346

（二）PIN 模型参数估计

通过对每天市场上的知情交易概率进行估计，知情交易概率走势如图 4—8 所示，PIN 模型的各个参数描述性统计如表 4—10 所示。总体来看市场上发生消息的概率较小，在消息发生的情况下，产生坏消息的概率大。这说明市场预期总体比较乐观，对坏消息的反映比较敏感，也使得好消息知情概率总体处于零轴附近，变化不大。

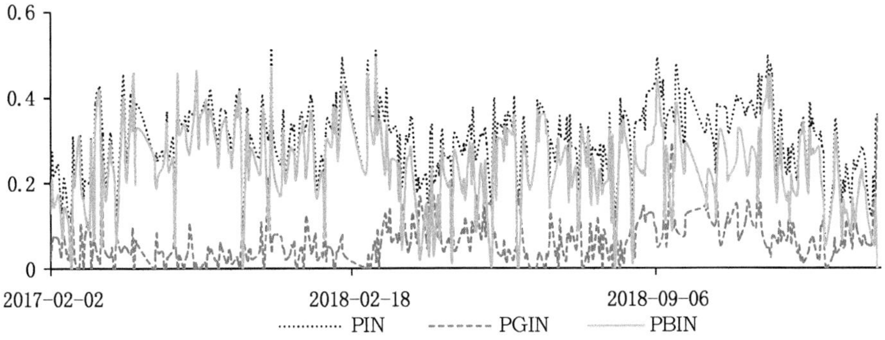

图 4-8 知情交易概率参数

表 4-10 PIN 参数描述性统计

	α	δ	μ	ε	*pin*	*pgin*	*pbin*
平均	0.23	0.76	12.50	3.03	0.31	0.07	0.24
标准误差	0.01	0.01	0.30	0.07	0.00	0.00	0.01
中位数	0.22	0.81	12.06	2.90	0.31	0.06	0.25
标准差	0.11	0.21	5.61	1.30	0.08	0.05	0.10
方差	0.01	0.05	31.51	1.69	0.01	0.00	0.01
峰度	10.73	2.54	12.30	−0.04	−0.10	4.36	−0.10
偏度	1.99	−1.54	2.20	0.61	−0.20	1.49	−0.23
最小值	0.01	0.00	0.92	0.90	0.06	0.00	0.00
最大值	1.00	1.00	57.32	7.34	0.51	0.36	0.49
观测数	346	346	346	346	346	346	346

PIN 是知情交易概率，衡量的是每一天市场买卖供需的非平衡关系，PGIN 代表了其中的买方需求，PBIN 代表了卖方需求。因此结合趋势图来看，三者之间存在较高的相关性。对 PIN、PGIN、PBIN 做相关性分析可以看到(见表 4-11)，PIN 和 PBIN 的相关性最高，PGIN 和 PIN 的相关性虽然较低，但 PGIN 仍旧和 PBIN 存在较高的负相关，在一定程度上存在此消彼长的关系。因此在构造时间序列模型的时候，选择 PBIN 作为知情交易概率的代表因子。

表 4-11 知情交易概率相关系数

	pin	*pgin*	*pbin*
pin	1.00		
pgin	−0.05	1.00	
pbin	0.85	−0.56	1.00

(三)时间序列模型参数估计

首先检验各个变量的平稳性,Nelson-Siegel 的三因子和利率相关,而利率是债券的价格表现。一般而言,资产价格的时间序列都是一阶单整的。采用 DF-GLS 方法对各个变量的平稳性进行检验,检验结果如表 4—12 所示。

表 4—12　　平稳性检验结果

	SC	DFGLS	1%	5%	MAIC	DFGLS	1%	5%
β_1	4	−2.073**	−2.58	−1.988	5	−1.939*	−2.58	−1.986
β_2	3	−2.075**	−2.58	−1.994	8	−1.474	2.58	−1.977
β_3	4	−1.849*	−2.58	−1.988	4	−1.849*	−2.58	−1.988
pbin	3	−3.233***	−2.58	−1.991	8	−1.929*	−2.58	−1.977
$\Delta\beta_1$	7	−3.24***	−2.58	−1.98	8	−3.863***	−2.58	−1.977
$\Delta\beta_2$	2	−16.737***	−2.58	−1.994	8	−4.66***	−2.58	−1.977
$\Delta\beta_3$	4	−3.922***	−2.58	−1.988	4	−3.922***	−2.58	−1.988
$\Delta pbin$	4	−3.532***	−2.58	−1.988	4	−3.532***	−2.58	−1.988

注:* 代表 1%水平下显著;** 代表 5%水平下显著;*** 代表 10%水平下显著。

表中 SC 和 MAIC 分别代表最小 SC 信息准则和最小 MAIC 信息准则下的滞后阶数,DFGLS 代表对应的统计量,1%和 5%分别是对应阶数显著性水平下的临界值。从表 4—12 可以看到,在 1%显著性水平下,四个变量均不是,或者无法在两个准则下同时保证平稳。因此对四个变量做一阶差分后再次进行检验,发现四个变量均在 1%显著性水平下平稳。

其次,根据学者已有的研究对 Nelson-Siegel 状态因子构造向量自回归模型,并进行滞后阶数确定(见表 4—13)。其中 AIC 和 HQIC 信息准则认为四阶滞后最优,而 SBIC 信息准则认为二阶滞后最优。考虑到四阶滞后的四个变量 VAR 模型需要较多的参数估计,会损失较大的自由度,以下选择 VAR(2)构造 Nelson-Siegel 的动态过程。

$$y_t=\mu+\Gamma_1 y_{t-1}+\Gamma_2 y_{t-2}+\varepsilon_t \tag{4—10}$$

$$y_t=(\beta_{1t}\quad \beta_{2t}\quad \beta_{3t})' \tag{4—11}$$

表 4—13　　NS 状态因子 VAR 滞后阶数检验结果

lag	LL	LR	df	p	FPE	AIC	HQIC	SBIC
0	3 828.54				0.00	−23.69	−23.67	23.65
1	4 531.16	1 405.20	9.00	0.00	0.00	−27.98	−27.93	27.84
2	4 570.88	79.43	9.00	0.00	0.00	−28.17	−28.07	−27.93*
3	4 584.63	27.50	9.00	0.00	0.00	−28.20	−28.06	27.85
4	4 613.00	56.75	9.00	0.00	0.00	−28.32*	−28.14*	27.87

注:* 表示不同准则下的最优结果。

状态因子的动态模型估计结果如表4—14所示。从估计结果来看，大多数参数还是非常显著的，三个因子均存在较强的持续性，并且水平因子与其他两个因子之间存在较强的相互作用。

表4—14　NS状态因子VAR模型估计系数

	β_{1t}	β_{2t}	β_{3t}
β_{1t-1}	0.587***	0.786***	0.040 5
	(0.0972)	(0.283)	(0.559)
β_{2t-1}	0.020 1	0.704***	−0.042 7
	(0.0198)	(0.0576)	(0.114)
β_{3t-1}	0.029 0	0.201***	0.546***
	(0.0180)	(0.0525)	(0.104)
β_{1t-2}	0.325***	−0.798***	0.290
	(0.0967)	(0.281)	(0.556)
β_{2t-2}	−0.012 9	0.222***	0.041 3
	(0.0196)	(0.0570)	(0.113)
β_{3t-2}	−0.000 136	−0.128**	0.234**
	(0.0188)	(0.0546)	(0.108)
μ	0.003 95***	0.000 304	−0.015 5**
	(0.00137)	(0.00397)	(0.00785)

注：*** 表示 $p<0.01$，** 表示 $p<0.05$。

进一步对VAR模型的平稳性进行检验，如果VAR模型是非平稳的，那么该模型无法刻画变量之间的长期均衡关系，对变量的多步预测也容易出现较大的偏离。

从检验结果来看(见表4—15、图4—9)，构造的VAR模型的特征值有两个非常接近1，不能认为该模型是平稳的。对模型做Johansen协整检验发现(见表4—16)，三个状态因子之间并不存在协整关系。因此，接下来会将知情交易概率纳入其中，构造四个变量的动态模型。

表4—15　NS状态因子VAR平稳性检验结果

特征值	模
0.979 472	0.979 472
0.934 866	0.934 865
0.786 996	0.786 996
0.420 777	0.420 777
0.221 77+0.074 414 37i	0.233 922
0.221 77−0.074 414 37i	0.233 922

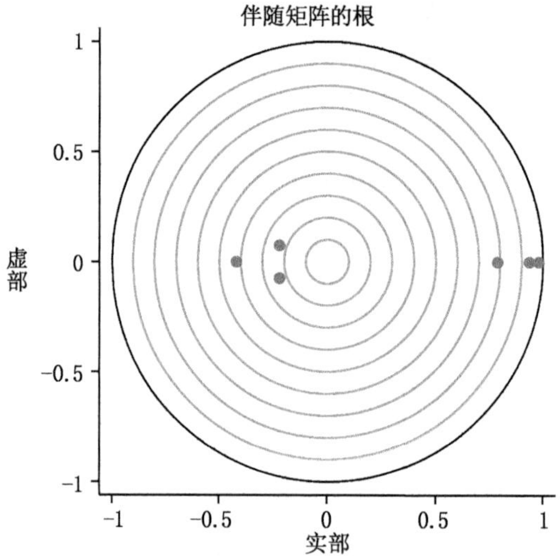

图 4—9　NS 状态因子 VAR 平稳性检验 0.5 结果

表 4—16　　NS 状态因子 VAR 协整检验结果

秩	特征值	迹检验统计量	5%	最大特征值统计量	5%
0	0.000 00	20.038 8	29.68	15.356 1	20.97
1	0.054 12	4.682 7	15.41	4.547 1	14.07
2	0.016 34	0.135 6	3.76	0.135 6	3.76
3	0.000 49				

与上述过程类似，先要确定四个变量的向量自回归模型的滞后阶数，根据 HQIC 和 SBIC 信息准则选择二阶滞后，根据 AIC 信息准则应选择四阶滞后(见表 4—17)。同样出于自由度的考虑以及与上述模型保持一致，最终选择 VAR(2)构造动态时间序列。

$$y_t=\mu+\Gamma_1 y_{t-1}+\Gamma_2 y_{t-2}+\varepsilon_t \quad (4-12)$$

$$y_t=(\beta_{1t}\quad \beta_{2t}\quad \beta_{3t}\quad pbin_t)' \quad (4-13)$$

表 4—17　　基于 PIN 的 VAR 模型滞后阶数检验结果

lag	LL	LR	df	p	FPE	AIC	HQIC	SBIC
0	4 122.43				0.00	−24.81	−24.79	−24.76
1	4 899.13	1 553.40	16.00	0.00	0.00	−29.39	−29.30	29.16
2	4 958.31	118.35	16.00	0.00	0.00	−29.65	−29.49*	29.24*
3	4 982.25	47.89	16.00	0.00	0.00	−29.70	−29.46	29.10
4	5 010.91	57.32*	16.00	0.00	0.00*	−29.78*	−29.47	29.00

注：* 表示不同准则下的最优结果。

同样对构造的 VAR 模型做平稳性检验(见表 4－18、图 4－10),可以看到同上述模型一样,四个变量的向量自回归模型也无法满足稳定性的要求,可能存在两个单位根。对模型做 Johansen 协整检验,发现迹检验和最大特征值检验均拒绝了不存在协整关系的假设,并在 5%显著性水平下接受了存在一个协整关系的原假设(见表 4－19)。因此,以下将构造一个存在协整关系的向量误差修正模型,对四个变量的因子重新进行建模。

$$\Delta y_t=\mu+\Gamma_0 y_{t-1}+\Gamma_1\Delta y_{t-1}+\Gamma_2\Delta y_{t-2}+\varepsilon_t \tag{4－14}$$

$$y_t=(\beta_{1t}\quad \beta_{2t}\quad \beta_{3t}\quad pbin_t)' \tag{4－15}$$

表 4－18　　基于 PIN 的 VAR 平稳性检验结果

特征值	模
0.979 675	0.979 675
0.935 217	0.935 217
0.785 646	0.785 646
0.475 856	0.475 856
0.409 978	0.409 978
0.301 379	0.301 379
0.177 764 1＋0.139 335 i	0.225 863
0.177 764 1－0.139 335 i	0.225 863

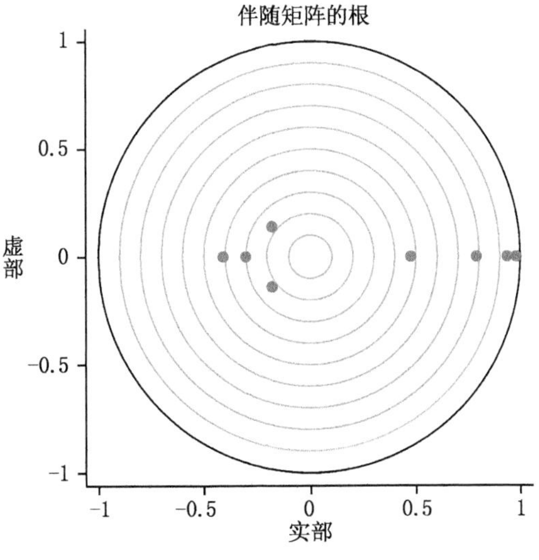

图 4－10　基于 PIN 的 VAR 平稳性检验结果

表 4—19　　　　基于 PIN 的 VAR 协整检验结果

秩	特征值	迹检验统计量	5%	最大特征值统计量	5%
0	0	61.153 9	47.21	36.237	27.07
1	0.123 04	24.917 0*	29.68	19.882 6	20.97
2	0.069 5	5.034 4	15.41	4.753	14.07
3	0.017 07	0.281 3	3.76	0.281 3	3.76
4	0.001 02				

注：* 代表拒绝当前至少存在 n 个单位根的原假设，n 为表中第一列秩的值。

参数估计结果如表 4—20 所示。从估计结果来看，误差修正项的系数均显著，说明期限结构的形状和市场供需的不平衡状态存在长期均衡关系。供需关系的不平衡会对市场自发调整，最后影响利率期限结构的形状。

表 4—20　　　　基于 PIN 的 VECM 估计系数

	$\Delta\beta_{1t}$	$\Delta\beta_{2t}$	$\Delta\beta_{3t}$	$\Delta pbin_t$
ecm_{t-1}	−0.0651***	−0.0971*	0.349***	12.36***
	(0.018 9)	(0.054 7)	(0.109)	(1.395)
$\Delta\beta_{1t-1}$	−0.298***	0.925***	−0.579	−6.143
	(0.098 6)	(0.286)	(0.572)	(7.292)
$\Delta\beta_{2t-1}$	0.024 7	−0.234***	−0.104	−0.332
	(0.020 0)	(0.0579)	(0.116)	(1.477)
$\Delta\beta_{3t-1}$	0.019 9	0.183***	−0.387***	−0.439
	(0.018 6)	(0.054 1)	(0.108)	(1.378)
$\Delta pbin_{t-1}$	−0.002 34***	−0.001 61	0.013 4***	−0.129**
	(0.000 743)	(0.002 16)	(0.004 31)	(0.054 9)
μ	1.52e−05	−4.20e−05	−0.000 142	3.75e−06
	(6.54e−05)	(0.000 190)	(0.000 379)	(0.004 83)

注：*、**、*** 分别表示在 10%、5%、1%的水平上显著。

最后对 VECM 的平稳性再次进行检验，检验结果如表 4—21 和图 4—11 所示。除了模型假设的三个单位根外，其他特征值均落在单位圆内，模型是平稳的。

为了进一步了解银行间市场利率期限结构与市场情绪的关系，发现市场情绪在不同期限利率的传导特征，此处将 VECM 模型改写为 VAR 进行脉冲响应分析，考虑市场情绪对期限结构的影响。

表 4－21　基于 PIN 的 VECM 平稳性检验结果

特征值	模
1	1
1	1
1	1
0.456 229	0.456 229
0.436 003	0.436 003
0.271 498	0.271 498
0.217 392 7＋0.127 013 9 i	0.251 778
0.217 392 7－0.127 013 9 i	0.251 778

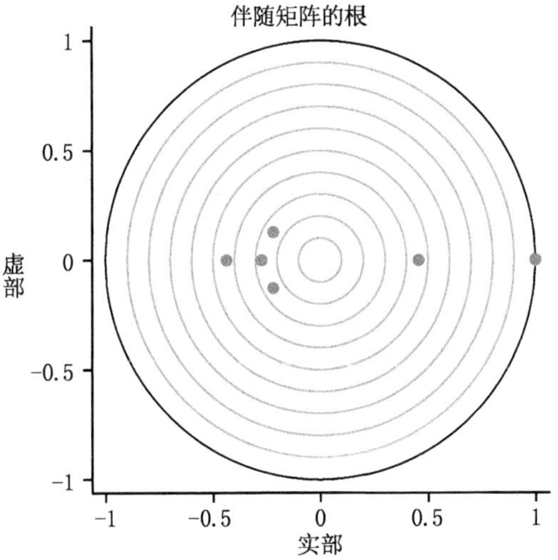

图 4－11　基于 PIN 的 VECM 平稳性检验结果

从图 4－12 可以看出，消息或者说市场情绪的冲击对利率期限结构的影响是持续的。从三个状态因子分别来看，在一个标准差的坏消息知情概率冲击下，对水平因子有较小的正向冲击，对斜率因子有更大的正向冲击，对曲率因子则产生了负向冲击。这说明在坏消息发生、债券市场利空的情况下，会导致整体利率水平的上升、债券价格的下降，并且短期利率的上升幅度要明显大于长期利率，使收益率曲线整体变得平坦。

（四）模型对比分析

在债券组合管理的研究中，对 Nelson-Siegel 状态因子构造动态模型的一个重要作用在于预测利率、发现价值，起到债券主动投资组合管理的目的。以下将比较 Nelson-Siegel 三因子状态变量构造的 VAR(2)和结合知情交易概率 PBIN 构造的 VECM(2)在利率预

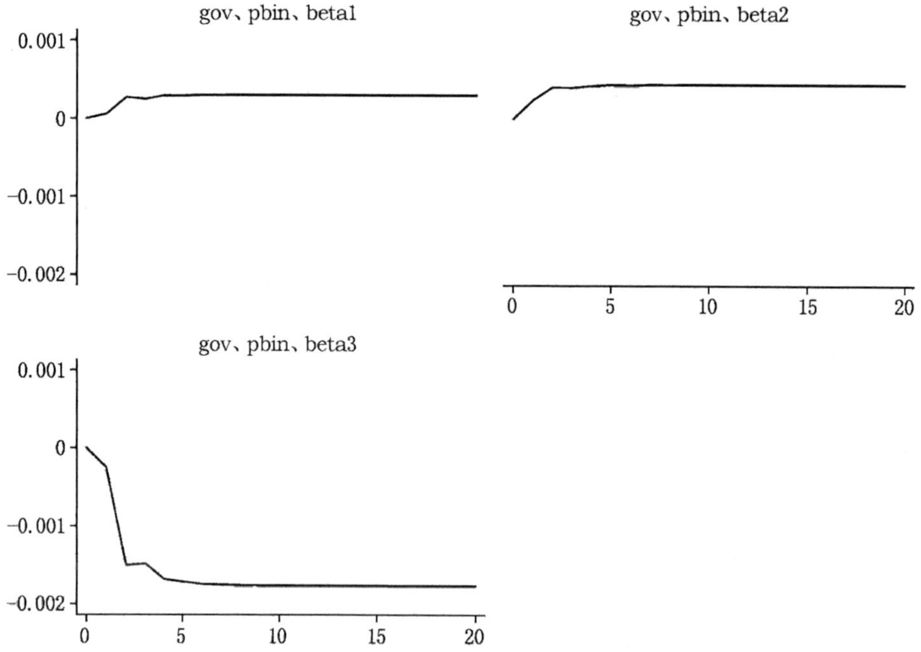

图 4—12 基于 PIN 的 VECM 脉冲响应

测上的优劣。预测的方法采用滚动迭代，预测步长为第 1、5、10 个交易日，模型的数据来源为预测日前 100 个交易日的询价数据，即如果以 2018 年 11 月 30 日作为最后一个交易日，则选取 11 月 30 日前 100 个交易日的数据来建模，并预测 12 月 3 日、7 日、14 日（分别为 11 月 30 日后的第 1、5、10 个交易日）的利率，比较两个模型在预测上的优劣。预测的比较基准为预测日的静态 Nelson-Siegel 模型的状态因子。先将两个模型应用于国债数据进行比较。

预测的结果如表 4—22 所示，其中纵列表示模型和预测的步长，横排表示对应预测的因子，表格内是预测误差的均值和标准差。从预测的结果来看，Nelson－Siegel 三因子 VAR 模型在 1 步预测要优于四因子 VECM 模型，但是随着预测步长的增加，VAR 模型的预测效果越来越差，而 VECM 由于存在长期均衡约束的关系，多步预测的效果要优于 VAR 模型。

表 4—22　　VAR 与 VECM 模型对国债期限结构预测结果　　单位：10^{-5}

	bias1	bias2	bias3
var_f1	0.097 3 (0.2482)	0.364 6 (0.9216)	2.502 5 (5.1168)

续表

	bias1	bias2	bias3
vec_f1	0.107 8 (0.278 1)	0.384 5 (1.122 0)	2.671 9 (5.367 5)
var_f5	0.122 7 (0.235 0)	0.648 9 (0.857 0)	3.458 6 (5.541 9)
vec_f5	0.109 0 (0.280 2)	0.390 1 (1.130 4)	2.692 2 (5.404 4)
var_f10	0.164 8 (0.284 0)	1.055 4 (1.192 1)	4.417 5 (6.733 4)
vec_f10	0.111 0 (0.282 9)	0.397 7 (1.141 1)	2.739 3 (5.451 1)

将两个模型应用到国开债数据，再次进行比较。从表 4—23 中可以看到，在多步预测的情况下，VECM 仍旧要优于 VAR 模型。因此，利用债券交易高频数据对债券组合进行主动管理时，VECM 能够提供更加稳定的预测结果，减少组合的波动。

表 4—23　　VAR 与 VECM 模型对国开债期限结构预测结果　　单位：10^{-5}

	bias1	bias2	bias3
var_f1	0.179 0 (0.434 0)	0.235 0 (0.384 8)	2.392 2 (5.642 4)
vec_f1	0.186 2 (0.534 9)	0.207 1 (0.399 8)	2.585 2 (6.407 4)
var_f5	0.338 2 (0.439 8)	0.786 9 (0.861 4)	3.552 3 (5.594 2)
vec_f5	0.189 3 (0.539 2)	0.210 1 (0.402 7)	2.616 2 (6.460 1)
var_f10	0.470 5 (0.540 3)	1.403 7 (1.423 4)	4.319 8 (6.624 2)
vec_f10	0.193 4 (0.544 7)	0.214 0 (0.406 5)	2.675 3 (6.522 9)

（五）结论

通过估计 Nelson-Siegel 利率期限结构模型的状态因子和知情交易概率 PIN，并对 NS 状态因子构造动态模型进行分析，发现 NS 状态因子构造的 VAR 模型是不平稳的且不存在协整关系，在多步预测的情况下，容易出现较大偏差。

知情交易概率反映的是市场买卖的不平衡关系。当市场上有事件发生，好消息或者消息传导到市场时,会引起买卖供需关系的不平衡,其中直接表现在市场上的买卖询价数量发生了变化。市场供需的不平衡会在资产价格上直接反应,并且在市场出现不理性的情况下,会自发进行调整。故猜测知情交易概率会与利率期限结构的状态因子存在长期均衡,以满足市场自发调整的要求。因此考虑将知情交易概率纳入模型中重新建模。重新构造的向量自回归模型仍旧不平稳,但 Johansen 检验发现其确实存在一个协整关系。当构造向量误差修正模型后,模型平稳。

通过对模型做脉冲响应可以看到,在现阶段我国银行间债券市场,当知情交易概率发生变化时,负面消息会导致整体利率期限结构向上平移、长短期利差缩小。具体来看,对水平因子有较小的正向冲击,对斜率因子有更大的正向冲击,对曲率因子则产生了负向冲击。这说明在坏消息发生、债券市场利空的情况下,会导致整体利率水平的上升、债券价格的下降,并且短期利率的上升幅度要明显大于长期利率,收益率曲线整体变得平坦。从市场经验来看,收益率曲线变得平坦往往是受到流动性因素的影响,根据利率的下行或者上行分为“牛平”和“熊平”。从 2018 年市场整体来看,长期利率受到经济下行的影响,而短期利率主要和市场整体资金面情况相关,主要受到货币政策等监管层面因素的影响。

对于债券投资组合管理而言,对利率的准确预测能够帮助投资者更好地管理资产,获得超额收益,预测的稳定性和准确性能够减少净值的波动。因此,通过比较两个模型在利率预测上的效果,发现 VAR 模型在一步预测上要优于 VECM 模型,但在多步预测上,由于状态变量本身的非平稳性导致 VAR 模型预测结果出现较大的偏离,而引入知情交易概率的 VECM 能够通过长期均衡关系的约束,对产生偏离的状态变量进行调整,反映了市场自发调节的状态。综上所述,VECM 对状态因子多步预测的效果要优于 VAR。

(六)政策建议

据此,发现我国债券市场的知情交易并不“真”知情,其交易行为极有可能是由于信息传导效率低下而带来的情绪化过度反应所导致的,但这种反应又和价格存在稳定关系,反而可以对价格的过度程度进行修正,完善定价。因此,知情交易的建模有助于完善我国利率市场的定价研究,为合理寻价找到新方向。

同时,这也说明我国债券市场避险机制不健全。债券市场投资者通常会面临各类市场风险,如利率风险等,此时如果缺乏有效的风险对冲工具,风险将无法转移,投资者就难以避免损失。因此需要完善债券市场对外开放的配套措施,发展债券衍生品市场。衍生品市场流动性不足难以发挥其功能,投资者也无法灵活地运用金融工具管理资产和风险。我国应充分发挥国债期货市场的作用,使得债券市场投资者可以有一个较好规避风险的渠道。

当然,最终还需要改善投资者结构,积极引导大型金融机构进入国债期货市场,提高投资者专业性。规范国债期货市场的运行,强化对国债期货价格交割违约风险的防范,并积极推动期货、现货市场的联通,增大期货市场的价格溢出效应。除积极发展国债期货市场外,还应探索推出其他适用利率期货期权的品种,使投资者可以有更好的选择,以对冲投资风险。

五、基于知情交易模型的银行间债券流动性研究

(一)研究背景

国内学者对我国银行间债券市场机制的研究主要集中于做市商的报价。学者马永波和郭牧炫(2016)研究了银行间市场的做市商,发现银行间做市商市场主要的激励机制是类似交易商协会公布的排名,而不是做市商自身的盈利,因此这样的激励导致除大型商业银行外,其他机构的做市意愿很弱,提供的流动性不足。根据《银行间债券市场做市业务评价指标体系》来看,做市商的排名是根据做市商的报价、报家量等做事行为进行评分,包括双边报价指标、双边成交指标和请求报价指标。以双边报价指标为例,其评分公式为:

$$双边报价指标=\sum 报价量\times 报价点差系数\times 期限系数\times 报价时间 \quad (4-16)$$

报价点差系数如表4—24所示,期限系数和期限成正比,报价时间若低于四个小时则忽略不计。

表4—24　　报价点差系数

报价点差系数	2	1.3	1
利率债	(0,10]bps	(10,30]bps	(30,50]bps
信用债	(0,30]bps	(30,65]bps	(65,100]bps

在银行间市场,一般10年期左右的国债交易会比较活跃,结合外汇交易中心每日公告的做市商报价来看,2019年2月3日,18附息国债19(代码180019)的做市商报价如表4—25所示,绝大多数银行包括全国性大型商业银行的做市报价都在40～50bps,基本都在评级体系中报价点差数的最后一档。因此对做市商的激励效果非常有限,做市商只能在不撤销报价的前提下充当流动性的最后提供者,在现阶段提供的流动性远远不足。

表4—25　　银行间做市商报价价差示例

报价机构	买入/卖出净价(元)	买入/卖出收益率(%)
恒丰银行	101.50/105.63	3.355 0/2.860 0
上海银行	101.54/105.63	3.350 0/2.860 0
工商银行	101.95/106.06	3.300 0/2.810 0
兴业银行	102.69/104.36	3.210 0/3.010 0
邮储银行	101.78/105.12	3.320 0/2.920 0
江苏银行	101.86/105.20	3.310 0/2.910 0
国开行	102.52/105.03	3.230 0/2.930 5
摩根大通银行	102.36/104.02	3.250 0/3.050 0
中国银行	102.24/104.74	3.264 2/2.964 2

续表

报价机构	买入/卖出净价(元)	买入/卖出收益率(%)
南京银行	101.37/105.54	3.370 0/2.870 0
中信银行	101.43/105.58	3.363 2/2.865 2
交通银行	101.54/106.14	3.350 0/2.800 0
广发银行	102.22/104.71	3.267 0/2.968 0
北京银行	101.46/105.63	3.360 0/2.860 0
汉口银行	101.95/105.29	3.300 0/2.900 0
杭州银行	101.46/105.54	3.360 0/2.870 0
招商银行	101.13/105.29	3.400 0/2.900 0

根据之前学者的研究，不同债券由于交易的活跃程度不同，买卖价差不同，活跃券即成交量大，剩余期限长，成交价波动较小的债券买卖价差较小。本课题基于此研究影响银行间询价的因素。

知情交易概率 PIN 反映的是在消息发生时，市场买卖供需的不平衡关系。对于做市商市场而言，未知的消息增加了做市商对市场环境判断的不确定性。因此做市商会扩大自己的买卖价差，寻求更高的安全边际。但对于询价市场而言，当消息发生时，消息利好的一方会增多，而消息利空的一方会减少。有鉴于此，知情交易概率的增加应当会促进某一个方向询价的竞争，进而缩小买卖价差。以下将就这个问题进行分析，研究债券的买卖价差与知情交易概率的关系。

（二）模型建立

1. 研究假设

基于上述分析做出如下假设：一是询价波动性与买卖价差呈正相关；二是成交数量与买卖价差呈负相关；三是考虑到市场偏好的问题，上市日期越远的债券，买卖价差越大；四是市场知情交易概率越高的买卖价差越小。

另外，根据观察，到期期限和买卖价差存在非线性关系，6 至 8 年期的债券买卖价差往往要大于 5 年期和 10 年期的债券。市场上的债券交易者可能对某一段期限债券的偏好要优于其他证券，因此根据到期期限的不同对债券进行划分，共分成(0,1]，(1,2]，…，(9,10]，(10,50]11 组，以此控制因市场偏好所导致的额外价差。

模型如公式 4－17 所示：

$$Spread = \beta_0 + \beta_1 TradeCount + \beta_2 BidStd_i + \beta_3 OfrStd_i + \beta_4 ListedDays + \beta_5 Pin + \beta_6 I_1 + \beta_7 I_2 + \cdots + \beta_{15} I_{10} + \beta_{16} t + \varepsilon \quad (4-17)$$

2. 数据说明

与上文部分数据相同，选取 2017 年 8 月 2 日至 2019 年 2 月 1 日的银行间市场各只国债的逐笔询价进行研究，对每日每只债券的买卖询价取平均，得到每只债券的每日平均询价和价差，根据询价价格计算买入和卖出询价的波动性。另外，银行间市场根据上市日期和交易日计算上市后的自然日数量，根据上文方法计算出当天某一类债券的知情交易概率，根据到期日和交易日计算到期期限的年份。由于银行间市场无法完全统计到债券的成交量，因此以可观察到的成交笔数来代替。具体变量说明如表 4—26 所示。

表 4—26　　变量说明

变量符号	变量名称	变量说明
Spread	买卖价差	债券日平均询价价差
TradCount	成交笔数	债券日成交笔数，代替成交量
BidStd	买入询价波动	买入询价的标准差
OfrStd	卖出询价波动	卖出询价的标准差
ListedDays	上市时间	从上市日到交易日的自然日数量
Pin	知情交易概率	某一类债券当日买卖供需的非平衡关系
I_i	年份	债券到期时间对应的年份虚拟标量，$i\in[1,2,\cdots,10]$，$i=0$ 时在截距项反映，分别表示$(i,i+1]$年，$i=1,2,\cdots,9$，10 表示大于 10 年
t	时间	时间的控制项

由于每天有询价的债券并不完全一样，且同为利率债，考虑到债券基本要素差异的情况下债券的个体效应并不明显，因此此处数据结构不是非平衡面板，而是混合截面数据。

（三）实证结果

通过 OLS 对模型的参数进行估计，估计结果如表 4—27 所示

表 4—27　　估计结果

	国债		国开	
	系数	标准差	系数	标准差
TradeCount	−0.001 97***	(0.000 08)	−4.80e−05***	(0.000 008)
BidStd	0.103***	(0.005 15)	0.207***	(0.010 500)
OfrStd	0.300***	(0.017 00)	0.420***	(0.015 200)
PIN	−0.021 8**	(0.008 73)	−0.012 9**	(0.005 040)
ListedDays	1.13e−05***	(0.000 00)	3.33e−05***	(0.000 001)
I_1	0.004 83	(0.003 21)	0.007 86***	(0.001 550)
I_2	0.006 21**	(0.003 04)	−0.011 6***	(0.001 590)
I_3	0.044 7***	(0.003 50)	0.005 28***	(0.001 980)
I_4	−0.002 14	(0.002 70)	−0.009 88***	(0.001 860)
I_5	0.003 64	(0.003 46)	0.002 09	(0.002 300)
I_6	−0.008 36**	(0.003 38)	−0.012 5***	(0.001 970)
I_7	0.004 79	(0.004 13)	−0.034 2***	(0.002 430)
I_8	−0.021 8***	(0.003 37)	−0.037 9***	(0.002 410)
I_9	−0.027 8***	(0.003 35)	−0.025 6***	(0.003 520)
I_10	−0.048 3***	(0.002 71)	−0.010 9***	(0.002 800)
t	−2.46E−06	(0.000 00)	−3.99e−05***	(0.000 003)
constant	0.154	(0.095 80)	0.891***	(0.068 200)

注：**、*** 分别表示在 5%、1%的水平上显著。

从估计结果来看，成交数量增加会减小买卖价差，买卖询价波动的上升会导致价差的变大，并且对卖出询价波动的反应要高于买入询价，知情交易概率会导致买卖价差的缩小，上市时间越远的债券价差越大。这说明投资者对于相同期限的债券，偏好当年或者最近发行的。

分别看期限对国债和国开债的影响。首先看国债，期限上 2，3，6，8，9，10 年对应虚拟变量是显著的，并且 6，8，9，10 的系数随着期限的增长递减，所以在到期期限为 6 至 7 年以及大于 8 年的情况下，期限越久，买卖利差越小。但是到期期限在 7 至 8 年的债券系数为正且不显著，这说明市场上的投资者不愿意购买，尚存在分歧，导致部分债券买卖利差变大，流动性较弱。从其他期限来看，2 至 4 年期债券的系数也是显著的。但是和长期债券不同的是，2 至 4 年期对于债券价差的影响是正的，这说明市场上的投资者在对该部分债券询价时，需要更大的价差以寻求更大的安全边际。从期限结构来看，2 至 4 年受到期限结构曲率变化的影响最大，可能是导致询价时价差较大的原因。

其次看国开债，国开债在期限上的系数几乎都是显著的，但是结果与国债相比有些区别。在 6 至 9 年期债券上，价差随着期限的增长而减小；在大于 9 年期后，国开债的买卖价差随着期限的增大而增大。期限在 5 年期以下的债券，价差和期限不存在趋势性变化，2、4 年期债券的价差较小，1、3 年期则价差较大。

（四）结论

随着经纪商市场的发展，经纪商询价模式已经取代做市商报价，成为银行间市场上最主要的交易模式。通过对询价价差的分析发现，询价波动、成交数量、知情交易概率、上市时间和到期期限都对询价利差有着显著的影响。

具体来看，成交数量反映了交易的活跃程度，活跃债券的询价利差较小。询价价格波动反映了买方或者卖方对单只债券意见的分歧，分歧越大，价差越大。知情交易概率是由消息引起地对这一类债券整体不平衡的买卖供需关系。当消息发生时，知情交易员会推动某一侧询价，向另一侧询价靠拢，导致知情交易概率越高，询价价差越小。

从上市日期来看，交易员普遍偏好近期上市的债券，导致债券上市日越早，其价差就越大。最后从到期日来看，不同到期年份因对价差的不同，呈现出非线性的关系，主要特点表现为中期债券的利差要比短期和长期的利差大。

（五）政策建议

目前看来，我国债券市场的经纪业务尚不足以起到有效的价格发现作用，因此还是需要建立多层次的市场，规范市场并提升市场效率，稳步推进市场分层。通过借鉴国外经验，制定交易商间（B2B）市场的相关制度，定义交易商的资格标准，包括资产规模、交易量、风险控制能力等，而且交易商应主要为金融机构。

同时在交易商市场内部，要搭建做市商之间的直接交易市场。此外，对于未注册为交易商的其他市场参与者均定义为客户，只能进入投资者（B2C）市场交易。而在交易方式上，投资者只能与做市商进行交易，做市商报出买入和卖出价后，投资者可以点击报价或请求报价，以完成交易。

市场分层是一项系统工程，需要在统一监管、市场定位等方面进行顶层设计，以避免在实施过程中走弯路。在监管框架方面，要适应市场发展，监管分工要更加明确，监管边界要更加清晰。在市场准入和信息披露方面，各类标准要统一。

增加做市商数量，丰富做市商种类。我国债券市场目前做市商的数量较少，且机构类型有单一和趋同的特点。完善做市商制度很重要的一点就是扩大市场容量，丰富机构类型，促进做市商之间良性竞争。因此，应该增加做市商的数量，一方面将交易活跃、信誉优良的金融机构纳入做市商队伍，并丰富做市商类型；另一方面将做市商的队伍扩大到包括商业银行及证券、保险、基金公司等在内的各类金融机构，实现做市商之间的业务互补性。另外，由于做市商承担着为市场提供流动性的义务，因此对其资金实力应有严格要求。对申请成为做市商的机构设定最低流动资金标准，并对不同类型的做市商设定不同净资本或自有资本的要求。

给予做市商政策支持，加强监管机制建设和完善资信评估制度。做市商在为投资者提供连续双边报价时承担了一定的风险。因此，为提高做市商的积极性，应给予做市商一定的政策扶持，让其享有更多的权利，如适当减免税收和费用，为做市商提供融资、融券的便利，建立相关激励机制，以做市商的业绩作为选择做市商的标准；还可以考虑给做市的承销商优先开展新业务的权利，通过激励机制调动做市商做市的积极性。市场主管部门应加强对做市商的监管、评估，对做市商的资格和资信进行严格、科学的考核，促进做市商提高自身素质，保证做市商队伍的专业水准，以适应债券市场对外开放中多元化投资者的不同需求。

六、银行间市场与国外市场联动研究

（一）研究背景

在对银行间市场的微观结构进行深入挖掘后，本课题组还尝试对国内外市场互动情况进行偏宏观层面的分析。考虑到重要性，研究对象主要集中在中美两国：一方面是因为中国是海外美债最大的持有国，研究美债的变化规律对于我国防范外汇储备波动风险具有现实意义；另一方面则是因为近期中美贸易摩擦，有必要从金融市场传导的角度来研究分析中国市场与美国的联动关系，更好地防范系统性风险。

（二）数据变量

目前的研究暂时聚焦在中美两国的数据，经过一定的尝试，暂时选取人民币兑美元汇率（cnysp）、彭博巴克莱美元国债 7—10 年指数（lblus710bx）、中债国债 7—10 年指数（lcb710wx），后续加入短期利率影响和扩展回归国家。

通过采用 ADF 检验、PP 检验和 KPSS 检验对上述各变量的平稳性进行单位根检验。各变量的水平值均存在单位根，对其取对数收益率后，发现各变量在 1%的显著性水平下表现为无单位根的平稳序列。

(三)研究模型

出于全面性考虑，此处不适用具有先验经济假设的联立方程，而采用 VAR 类模型，并充分考虑利率市场特点，最后选择带有随机波动率的时变参数结构向量自回归(SV-TVP-SVAR)作为一阶传导的估计模型，动态条件方法均值广义异方差模型(DCC-MGARCH)作为二阶传导模型。

其中 SV-TVP-SVAR 模型不仅能较好兼顾 VAR 不需要指定内外生变量的优势，而且能进一步考虑 VAR 系数、误差项方差的时变特征以及对于随机波动的修正。由于该模型较为复杂，具体方法参见 Nakajima(2011)的计算说明，参数估计采用 MCMC 法。而非对称的 DCC－MGARCH，则应用了 Engle(2002)年提出的动态条件相关方法，可以较好捕捉市场间动态相关系数，从而更精准地考察两市之间联动性的变化特征。

(四)估计结果

1. 一阶结果

在对 SV-TVP-SVAR 模型进行参数估计前，通过 AIC、HQ、SC 等方式，选择滞后阶数为 1。参照 Nakajima(2011)的方法，对模型参数进行 MCMC 抽样。在进行 10 000 次抽样后，舍弃了 10%不稳定的结果，得到模型的后验分布。参数结果展示在表 4－28 和图 4－13 中。

表 4－28　　变量说明

变量	均值	标准差	上区间	下区间	Geweke	Inef
*sb*1	0.002 3	0.000 3	0.001 9	0.002 8	0.338	56.22
*sb*2	0.002 2	0.000 3	0.001 8	0.002 8	0.934	80.53
*sa*1	0.010 8	0.003 4	0.005 7	0.018 6	0.956	255.75
*sa*2	0.005 6	0.001 7	0.003 3	0.010 1	0.163	245.52
*sh*1	0.570 1	0.033 9	0.504 7	0.637	0.512	47.84
*sh*2	0.331 8	0.021 8	0.291	0.375 1	0.866	52.76

注：第二列参数统计值是基于 10 000 次 MCMC 参数估计值计算而得的均值；第三列是以参数统计值下方括号内的统计值为参数估计值的标准差；第四、五列是在 95%置信水平下模型方程中参数估计值的置信区间；第六列是基于 Geweke(1992)给出的方法计算得到的收敛诊断值；第七列中无效因子统计值是基于样本数据运用蒙特卡洛(MC)模拟计算得到的统计值，主要反映状态变量和参数采样的有效性。

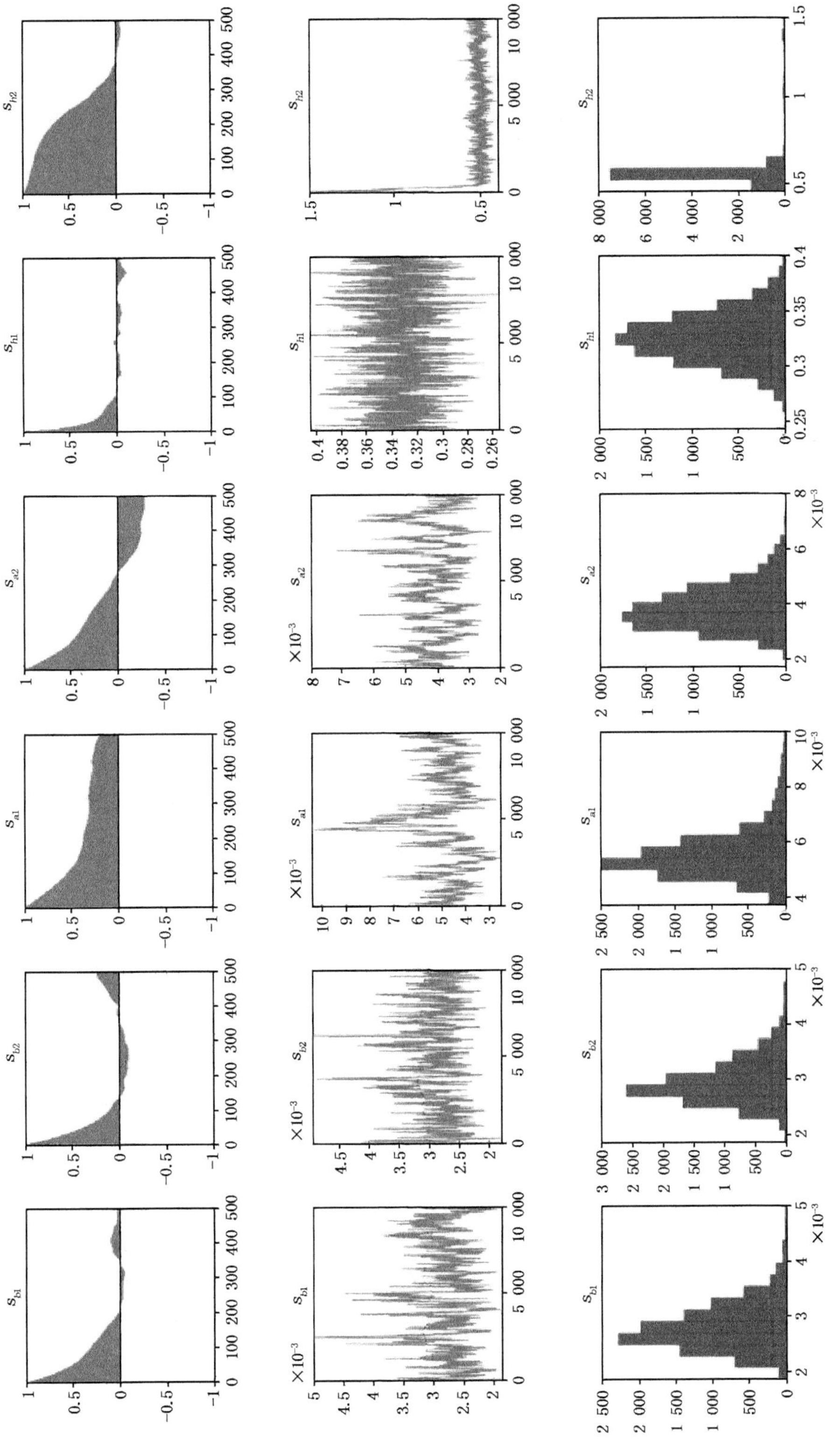

图 4-13 SV-TVP-SVAR 模型的估计结果

图 4—13 呈现了抽样得到的自相关系数、收敛轨迹和后验分布函数。从第一行的自相关系数可以看出，经过迭代抽样后的自相关系数迅速衰减，但是将迭代周期进一步加长有利于得到更稳健的结果。从第二行的收敛轨迹可以看出，参数序列基本围绕后验均值呈现“白噪音”波动轨迹，表明抽样得到的参数之间是相互独立的。因此，从整体上看，目前研究的抽样结果是有效的。

图 4—14 显示了美国国债指数收益率对人民币国债指数收益率的影响。从总体上看，两者之间的相关性在不断增强，这与我国的债券市场开放程度相符合，而美国国债指数收益对于人民币汇率的影响在“811 汇改”后出现了结构性的变化，这与外汇市场的市场化进程也基本相符。

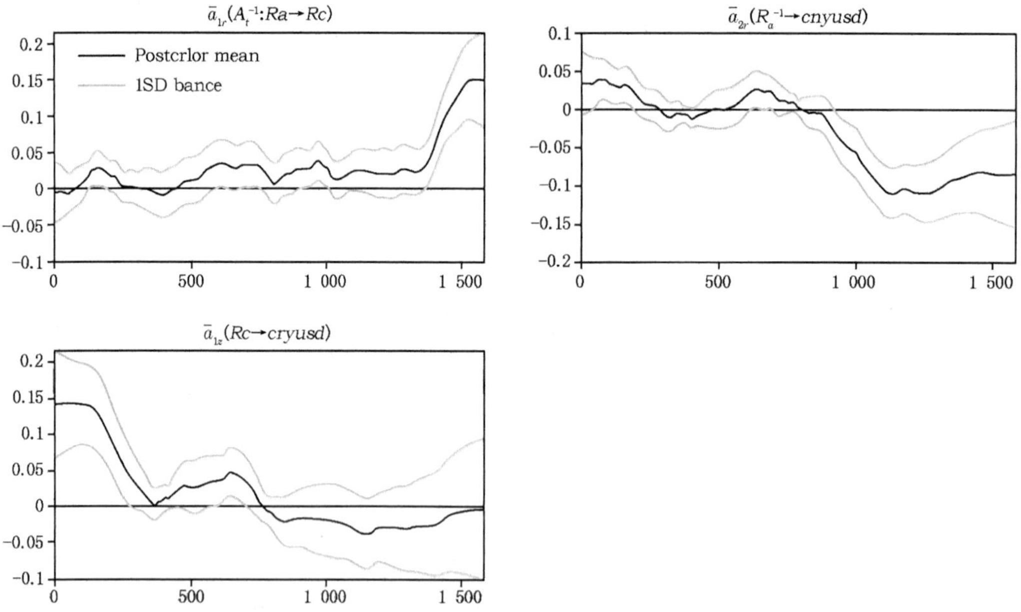

图 4—14　各变量相互影响的时变特征

在对未知参数进行有效抽样之后，可以得到各内生变量的相互时变脉冲响应函数。与不变参数的 SVAR 模型有所不同，研究中采用的 SV-TVP-SVAR 模型提供了两种类型的脉冲响应函数，即等间隔脉冲响应函数和时点脉冲响应函数。这里主要观察各变量的等间隔脉冲响应图（见图 4—15），中间的三条实线分别代表滞后 1 天、2 天和 3 天的脉冲响应曲线。从图中可以看出，在不同的滞后时期，美国市场和外汇对美国国债价格冲击的脉冲响应均存在一定的过度反应，而人民币国债的反应相对滞后，体现出市场的信息传导效率差异。在“811 汇改”前的一段时间，人民币利率变动对于汇率的影响发生了结构性变化，这可能是由于汇改导致的政策性冲击。同时，随着滞后期数的增加，脉冲响应程度逐步衰减。当面对滞后 4 天的正交化冲击时，各变量的脉冲响应函数基本收敛于零。

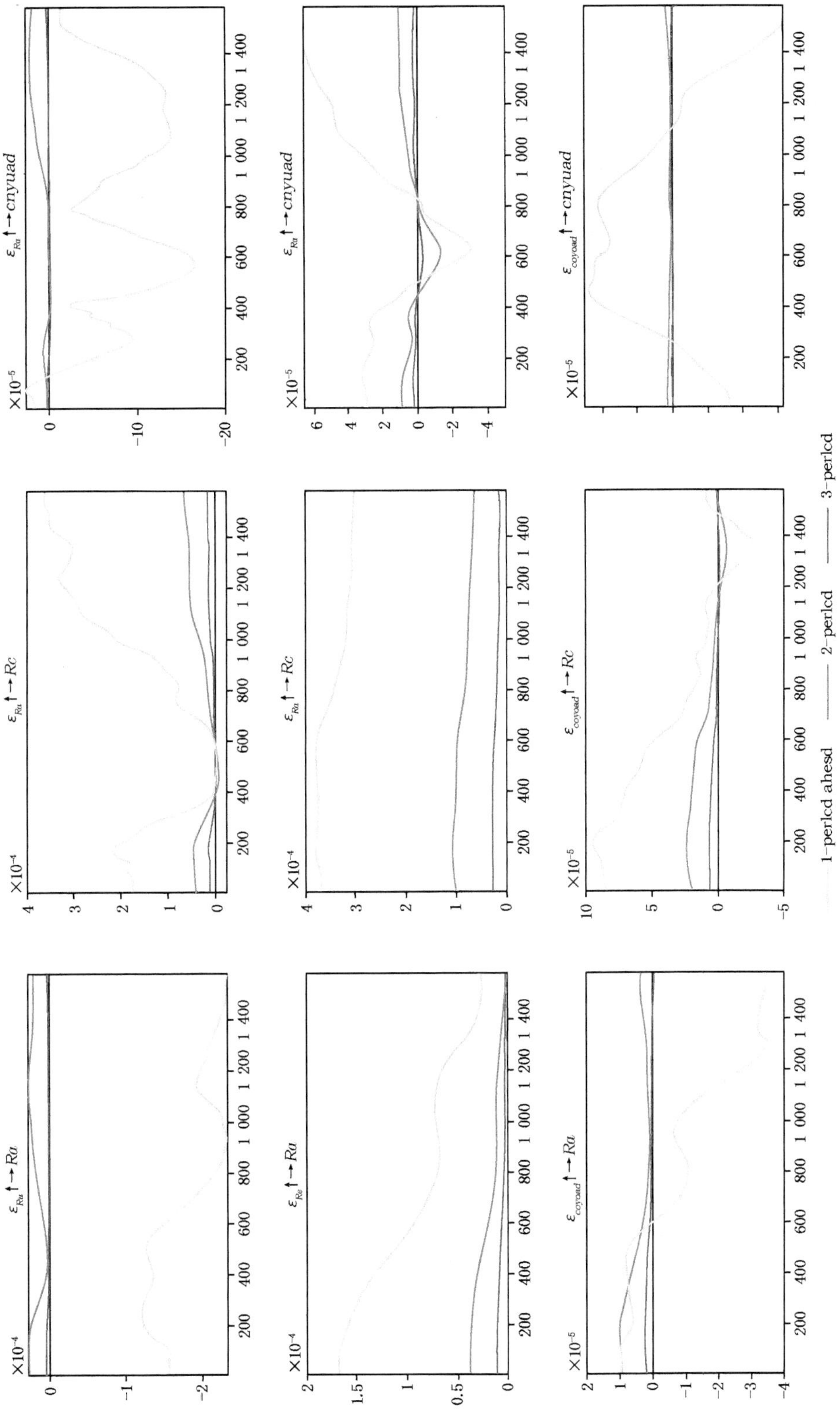

ε_Ra → cnyuad
ε_Ra → Rc
ε_Ra → Ra
ε_Ra → cnyuad
ε_Ra → Rc
ε_Re → Ra
ε_coyoad → cnyuad
ε_coyoad → Rc
ε_coyoad → Ra
1-perlcd ahesd
2-perlcd
3-perlcd

图 4-15 脉冲响应

2. 二阶结果

DCC-MGARCH 模型采用两步法进行估计。第一步使用 GARCH 模型估计单一收益率序列的波动性，并获得标准化残差；第二步利用第一步所得的标准化残差，使用极大似然法估计 DCC 模型的参数和动态相关系数矩阵。

如图 4—16 和图 4—17 所示，两国各自汇率对利率的波动溢出效应(二阶)并不明显。这说明各国利率变化对于汇率的短期波动影响并不大，至少不是决定性因素。但汇改前后的突变可以发现，汇率的政策冲击还是会对利率造成短期的波动风险影响，需要在具体的实务操作中进行相关风险防范。

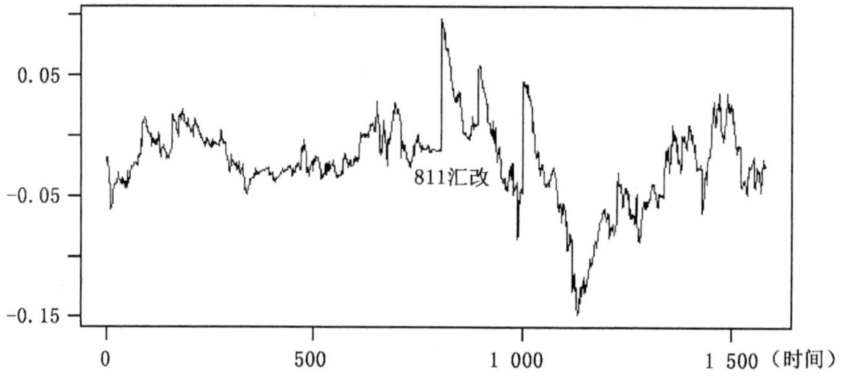

图 4—16 人民币汇率对美元国债指数动态相关关系

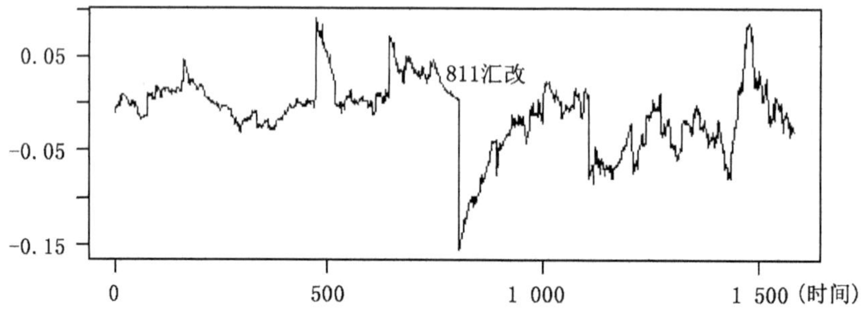

图 4—17 人民币汇率对人民币国债指数动态相关关系

从图 4—18 看，美元利率的波动对于人民币利率有显著的波动率溢出，即美债市场的风险对中国国债具有传染效应，而且可以发现随着近年来我国金融市场的不断开放，这种溢出效应已经呈现出明显的趋势特征并不断加大。这说明我国债券市场与国际市场的联动态势已经形成，相关监管部门和具体从业人员需要加大对于国际市场的认知，防范外部风险传入。这个传染效应只有在汇改期间会显著下降，有可能是汇改政策的冲击大于其他波动冲击所导致的，并不是市场的原生趋势。

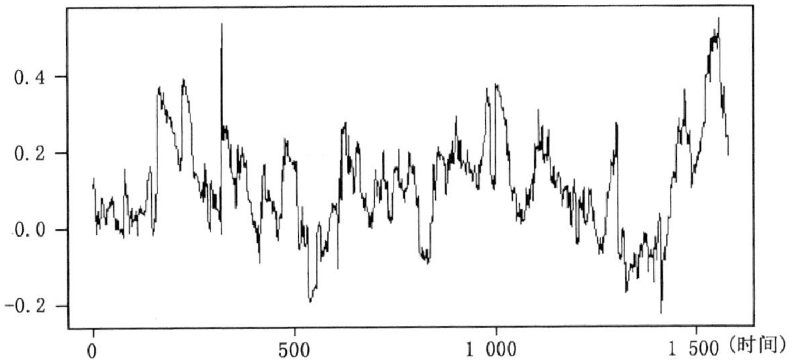

图 4—18　美元国债指数对人民币国债动态条件相关系数

无论是美元国债价格指数还是人民币国债价格指数对人民币汇率波动的效应只在短时间范围内存在(见图 4—19、图 4—20),这应该与央行对于人民币汇率的阈值设置、干预有关。具体原因和机理需要进一步研究支持,一个可行的思路是用利率数据替代债券价格指数做一些尝试。

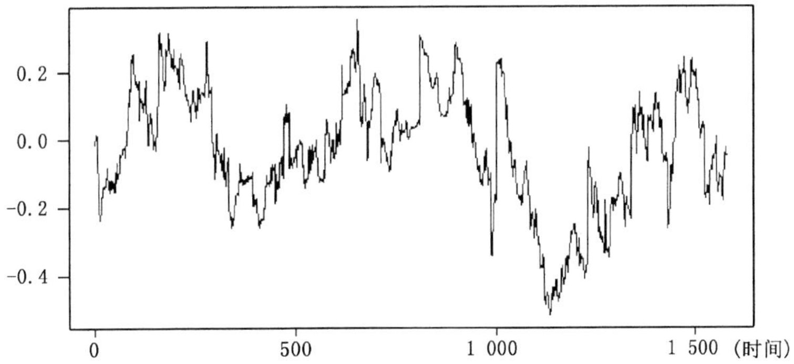

图 4—19　美元国债指数波动对人民币汇率动态相关关系

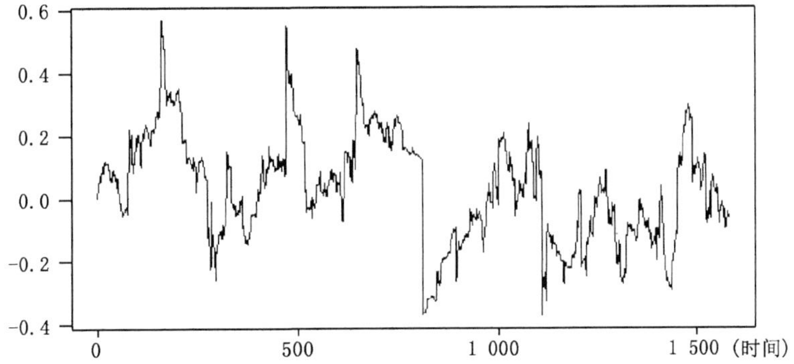

图 4—20　人民币国债指数波动对人民币汇率动态相关关系

（五）总结

研究发现，无论是收益率（收益一阶）还是波动率（风险二阶），美国债券市场与中国债券市场都有了相关性增强的变化趋势。从细节上看，对于收益，中国债券市场的信息反应速度还是相对较弱，与美国债券市场存在差异；对于风险，美国债券市场的风险溢出效应越发增强，与国内可形成较强风险联动，这需要我们在具体操作和相关监管政策上提高警惕，防范外来“黑天鹅”“灰犀牛”入侵。

同时，汇率政策对于债市冲击效应非常显著，无论是收益率还是波动率，均能产生结构性变化。这需要相关业务人员在具体政策实施前后严密注意市场风险，提前做好相关风险对冲工作，保证市场的稳定性。

（六）政策建议

综上所述，与国外相比，我国债券市场的发展还存在差距，因此在对外开放过程中应以国际标准推动债券市场深化改革，构建一个与国际接轨的规则统一、品类齐全、功能合理的市场体系。在法律法规体系方面，目前债券市场缺乏统一的立法体系，从各国实践看，债券市场和证券市场都应该是《证券法》调整的范畴，所以我国应调整《证券法》的适用范围，以便可以涵盖各种类型债券。在监管体制方面，目前由于多头监管，造成政府监管力度不够，在债券市场对外开放进程中，应逐步统一监管机构、监管规则和监管标准，建立健全统一、权威、高效的债券市场监管体制。

债券市场对外开放可以有效改善市场投资者结构。目前我国债券市场中商业银行在债券托管规模和交易额方面占有过高的比重。在市场中，当某一类投资者占比过高，因其持有债券的目的基本相同，投资理念、投资行为也趋同，易造成市场的同向性和单边性，降低市场活力和流动性。引入境外投资者，可以有效改善市场投资者结构，进而增强市场流动性，提高市场运行效率。

债券市场对外开放不是一个简单的引进外部投资者的问题，而是要在更高的层面上统筹考虑境内外主体对市场的需求，以便统一市场政策。从微观方面来看，如“债券通”开通后，两地监管机构应保持沟通和协调，统一建设在岸和离岸市场完善的合作型监管体系；在市场基础设施方面，进一步无缝对接。从宏观方面来看，则要努力打造一个适应国际需求又符合中国国情的法制、制度和市场环境，推动债券市场进一步深化改革。

七、研究总结与政策建议

根据以上研究结果，发现当前我国债券市场主要存在以下几个问题。

一是信用评级体系不健全，投资者识别难度大。目前国内的信用评级方式绝大多数都已被动评级为主，但是这一类评级机构并不能对企业资信做出很好的区分，因此绝大多数企业都集中在 AA 级以上的高评级，这也导致近几年 AA－、AA 甚至 AA＋评级的企业都有逾期付息或者到期无法偿还的违约现象。从定价的角度来看，大多数债券集中于AAA，其他评级的信用债成交非常少，也使得信用债的利率期限结构失去了对债券定价的指导意义。目前中债估值是市场上各类机构投资者使用最为广泛的估值指标，为了解决评级较为混乱、难以估计各评级利率期限结构、对各只债券合理定价的问题，中债利用其债券托管的优势，推出了隐含评级，根据各债券的交易价格反推债券评级。但这样的操作违背了评级的初衷，也失去了评级的真正意义。虽然机构投资者使用较为广泛，但是由中央国债登记结算公司推出的评级体系无形中对债券赋予了国家信用背书，并不利于我国信用市场的发展。

二是利率更新频率不及时，做市商缺少参考依据。当前我国债券市场的债券估值主要参照中债、中证和上清所三家托管机构，其估值数据一般在每日收盘后更新，但是日度更新的利率期限结构和债券估值无法及时反映债券市场的变化。另外，许多做市能力较弱的做市商或者尝试做市商，由于无法及时对债券市场变化做出反应，为了保证不出现较大亏损，并寻求较高的安全边际，在进行双边报价时会将买卖价差拉大。然而，这一类做市商并没有对市场上的投资者提供足够的流动性，失去了其做市的意义。

三是市场结构存在缺陷，价格信息传导机制不顺畅。目前银行间债券市场还是一个点对点询价的场外市场，即便有货币中介的润滑作用，也很难提高点对点市场的效率，一笔交易从询价到保单到外汇交易中心可能需要10分钟到几个小时的时间。因此，从回归结果上可以看到，投资者在询价的过程中呈现出超调的非理性特征。各交易商为了避免信息不对称，势必要付出更高的时间成本和经济成本来减少交易段的损失，这也使得银行间市场内的价格传导机制不够顺畅，最终结果会导致市场效率的损失。

四是市场结构刻画不完整，投资者情绪难以衡量。对债券市场特征最主要的刻画方式是各类型债券的各种利率期限结构，但是在市场发展还不够成熟的情况下，单一的价格维度(收盘价或者平均价)刻画的利率期限结构，并不能完整反映市场的特征。机构投资者的交易行为、买卖价差以及由此体现的供需关系等(也包含信息)，可以对未来的利率进行刻画。如中债、中证这些机构给出的债券估值往往是第二天各类机构交易时的重要参考依据，因此在刻画债券市场特征时，应当更加全面。

五是货币政策缺乏独立性，受到外部市场的影响较大。由于经济全球化的不断推进，美元在世界经济中的作用越来越大，特别是对于发展中国家而言，美联储货币政策的溢出效应非常大，即使是资本自由流动和汇率自由浮动的国家也难以获得货币政策的自主选择权。我国目前的汇率制度还不是完全自由浮动的，而是一种有管理的浮动汇率制，内外多方面的因素都会影响到我国货币政策的独立性。

对于这些问题的解决办法，主要包括以下几点：

(1)在信用债评级体系上，应当鼓励更多的主动评级机构开展评级评分业务，以投顾或者其他方式，直接服务金融机构，避免金融机构过多的开展内部评级、重复劳动，造成大量人力物力的浪费。人民银行和证监会应对被动评级公司执行更加严格的监管，对于出现违约的公司，在条件允许的情况下，由其他机构利用公开信息对违约公司的信用重新评级，如果存在刻意和故意抬高评级，造成投资者损失的，应当实施严重的处罚。

（2）利率期限结构的更新频率可以更高。随着债券市场交易愈发活跃，实时更新的利率期限结构才能更好地反映市场的特征，外汇交易中心和交易所有条件也有能力向全市场发布所实施的期限结构。部分做市商也可以此为参考，及时调整自己的双边报价。

（3）根据本课题的研究结果，在原有利率期限结构的参考估计上，可以将投资者的交易行为作为刻画利率期限结构的因子。知情交易概率的本质是通过交易行为对市场的不平衡状态进行刻画，以反映市场的整体情绪，因而可以对利率期限结构的刻画和修正做进一步的补充。交易所、外汇交易中心或者中证指数公司可以发布相关指标或指数对市场流动性、非理性等特征进行刻画。

（4）银行间做市商可以通过银行间债券询价和债券价差模型，实时更新各类债券的做市报价，提高做市效率，为债券市场提供更多的流动性。

（5）债券市场的对外开放步伐应当与人民币汇率改革的步伐相协调，应注重引导中长期机构投资者配置人民币债券，平衡资本流动对于国内经济的影响。

（6）建议允许境外投资者开展回购等交易，并允许投资中国银行间债券市场的境外机构、境外投资者到银行间外汇市场开展外汇风险对冲交易，使得境外投资者可以更好地对冲汇率风险，降低其对于汇率波动的恐惧。

参考文献

[1]余文龙，王安兴．基于动态 Nelson－Siegel 模型的国债管理策略分析[J]．经济学(季刊)，2010(4)：1403－1426.

[2]陈芳菲，沈长征．Nelson-Siegel 模型与国债收益率曲线的预测[J]．统计与决策，2006(4)：133－135.

[3]崔嵬．审慎推进我国银行间债券市场两类回购改革[J]．金融研究，2018(6)：47－55.

[4]冯超，王银．我国商业银行系统性风险处置研究——基于银行间市场网络模型[J]．金融研究，2015(1)：166－176.

[5]郭夊，包晓川．问脉我国银行间市场货币经纪业务[J]．金融市场研究，2014(9)：109－119.

[6]郭泓，杨之曙．交易所和银行间市场债券交易价格发现实证研究[J]．金融研究，2007(12)：142－153.

[7]韩立岩，郑君彦，李东辉．沪市知情交易概率(PIN)特征与风险定价能力[J]．中国管理科学，2008(1)：16－24.

[8]康书隆，王志强．中国国债利率期限结构的风险特征及其内含信息研究[J]．世界经济，2010(7)：121－143.

[9]马永波．从双边报价看如何提升信用债流动性——基于银行间市场做市商行为的研究[J]．财经研究，2015(10)：69－82.

[10]马永波，郭牧炫．做市商制度、双边价差与市场稳定性——基于银行间债券市场做市行为的研究[J]．金融研究，2016(4)：50－65.

[11]倪宣明，钱龙，倪际航．VPIN和DPIN对流动性和波动率的影响探析——基于股指期货的实证分析[J]．武汉金融，2018(3)：33－38.

[12]时文朝．增强透明度对我国银行间债券市场信息效率的影响——以交易信息对流动性的影响为例[J]．金融研究，2009(12)：99－108.

[13]王硕，李鹏程，杨宝臣．基于指令驱动市场EKOP模型的异质期望研究[J]．管理科学，2016(3)：123－135.

[14]文忠桥．中国银行间国债市场利率期限结构实证分析——基于Nelson-Siegel模型[J]．财贸研究，2013(3)：124－129.

[15]吴晓求，陶晓红，张焞．发展中国债券市场需要重点思考的几个问题[J]．财贸经济，2018(3)：5－16.

[16]徐小华，史浩然，曹丹，陈琦．债券市场利率期限结构的信息价值——银行间市场与交易所市场比较研究[J]．金融论坛，2017(12)：33－46.

[17]杨之曙，姚松瑶．沪市买卖价差和信息性交易实证研究[J]．金融研究，2004(4)：45－56.

[18]张瀛．做市商、流动性与买卖价差：基于银行间债券市场的流动性分析[J]．世界经济，2007(10)：86－95.

[19]郑振龙，杨伟．基于经典PIN模型的股票信息风险测度研究[J]．管理科学，2010(6)：91－99.

[20]郑振龙，杨伟．基于修正的PIN模型的股票信息风险测度研究[J]．金融评论，2009(1)：15－26.

[21]钟红．基于货币国际化视角的国际债券市场研究文献综述[J]．国际金融研究，2018(7)：64－77.

[22]周强龙，朱燕建，贾璐熙．市场知情交易概率、流动性与波动性——来自中国股指期货市场的经验证据[J]．金融研究，2015(5)：132－147.

[23]朱世武，陈健恒．交易所国债利率期限结构实证研究[J]．金融研究，2003(10)：63－73.

[24]朱世武，许凯．银行间债券市场流动性研究[J]．统计研究，2004(11)：41－46.

[25]Cox J C，Ingersoll J E，Ross S A. A Theory of the Term Structure of Interest Rates[J]. *Econometrica*，1985，53(2)：385.

[26]Diebold F X，Li C. Forecasting the Term Structure of Government Bond Yields[J]. *Journal of Econometrics*，2006，130(2)：337－364.

[27]Easley D，de Prado M L，O′Hara M. Discerning Information from Trade Data[J]. *Journal of Financial Economics*，2006，130(2)：269－285.

[28]Easley D，Engle R F，O′Hara M，Wu L. Time-Varying Arrival Rates of Informed and Uninformed Trades[J]. *Journal of Financial Econometrics*，2008，6(2)：171－207.

[29]Easley D，Kiefer N M，O′Hara M，Paperman J B. Liquidity，Information，and Infrequently

Traded Stocks[J]. *The Journal of Finance*, 1996,51(4)1405.

[30]Easley D,Lopez de Prado M M,O'Hara M. The Volume Clock: Insights into the High-Frequency Paradigm[J]. *Journal of Portfolio Management*,2012,39(1):19—29.

[31]Easley D,Marcos M L D P,O'Hara M. Flow Toxicity and Liquidity in a High-frequency World [J]. *The Review of Financial Studies*,2012,25(5):1457—1493.

[32]Easley D,O'Hara M. Price, Trade Size, and Information in Securities Markets[J]. *Journal of Financial Economics*,1987,19(1):69—90.

[33]Engle R. Dynamic Conditional Correlation:A Simple Class of Multivariate Generalized Autoregressive Conditional Heteroskedasticity Model[J]. *Journal of Business & Economic Statistics*,2002,20(3):339—350.

[34]Geweke J. Evaluating the Accuracy of Sampling-Based Approaches to Calculating Posterior Moments[R]. J M Bernard *et al*,1992.

[35]Glosten L R,Milgrom P R. Bid, Ask and Transaction Prices in a Specialist Market with Heterogeneously Informed Traders[J]. *Journal of Financial Economics*,1985,14(1):71—100.

[36]Heath D,Jarrow R,Morton A. Bond Pricing and the Term Structure of Interest Rates: A New Methodology for Contingent Claims Valuation[J]. *Econometrica*,1992,60(1):77.

[37]Ho T S Y,Lee S. Term Structure Movements and Pricing Interest Rate Contingent Claims [J]. *The Journal of Finance*,1986,41(5):1011.

[38]Nakajima J. Time-Varying Parameter Var Model with Stochastic Volatility:An Overview of Methodology and Empirical Applications[R]. *Institute for Monetary and Economic Studies*, *Bank of Japan*,2011.

[39]Nelson C R,Siegel A F. Parsimonious Modeling of Yield Curves[J]. *The Journal of Business*, 1987,60(4):473—489.

[40]Sims C A. Macroeconomics and Reality[J]. *Econometrica*:*Journal of the Econometric Society*, 1980:1—48.

[41]Svensson L E O. Estimating and Interpreting Forward Interest Rates:Sweden 1992—1994 [J]. *IMF Working Papers*,1994,94(114):1.

[42]Vasicek O A. An Equilibrium Characterization of the Term Structure[J]. *The Journal of Financial and Quantitative Analysis*,1977,12(4):627.